LES QUATRE CLÉS
DE L'ÉQUILIBRE PERSONNEL

Quand il faut soigner sa vie

Jacques Lafleur, psychologue

Robert Béliveau, médecin

LES QUATRE CLÉS DE L'ÉQUILIBRE PERSONNEL

QUAND IL FAUT SOIGNER SA VIE

Les Éditions
LOGIQUES

LOGIQUES est une maison d'édition reconnue par les organismes d'État responsables de la culture et des communications.

Nous remercions le Conseil des Arts du Canada, le ministère du Patrimoine canadien et la Société de développement des entreprises culturelles pour leur appui à notre programme de publication.

Nous reconnaissons l'aide financière du gouvernement du Canada par l'entremise du Programme d'Aide au Développement de l'Industrie de l'Édition (PADIÉ) pour nos activités d'édition.

Révision linguistique: Andrée Laprise
Mise en pages: Zéro Faute
Graphisme de la couverture: Manon André

Distribution au Canada:

Québec-Livres, 2185, autoroute des Laurentides, Laval (Québec) H7S 1Z6
Téléphone: (450) 687-1210 • Télécopieur: (450) 687-1331

Distribution en France:

Casteilla/Chiron, 10, rue Léon-Foucault, 78184 Saint-Quentin-en-Yvelynes
Téléphone: (33) 01 30 14 19 30 • Télécopieur: (33) 01 34 60 31 32

Distribution en Belgique:

Diffusion Vander, avenue des Volontaires, 321, B-1150 Bruxelles
Téléphone: (32-2) 762-9804 • Télécopieur: (32-2) 762-0062

Distribution en Suisse:

Diffusion Transat s.a., route des Jeunes, 4 ter, C.P. 1210, 1211 Genève 26
Téléphone: (022) 342-7740 • Télécopieur: (022) 343-4646

Les Éditions LOGIQUES
7, chemin Bates, Outremont (Québec) H2V 1A6
Téléphone: (514) 270-0208 • Télécopieur: (514) 270-3515

Les quatre clés de l'équilibre personnel

© Les Éditions LOGIQUES inc., 1994
Dépôt légal: Quatrième trimestre 1994
Bibliothèque nationale du Québec
Bibliothèque nationale du Canada

ISBN   2-89381-230-9
LX-252

TABLE DES MATIÈRES

REMERCIEMENTS

Merci à Roger Clark pour sa façon inspirante de parler du stress.

Merci à Jacques Lalanne qui a lu très attentivement et annoté nos manuscrits successifs. Il nous a aidés à donner à l'ouvrage un style plus didactique et beaucoup plus concret que celui qu'il aurait eu sans son influence.

Merci à Marie Charlebois. Ses commentaires constructifs nous ont amenés à inclure des contenus importants que nous avions négligés et à apporter des nuances là où nous avions tourné les coins un peu vite.

Merci à tous ces auteurs qui ont écrit avant nous et ont trouvé des mots simples pour rendre compréhensibles des réalités parfois complexes. Qu'il soit bien clair que nous n'avons pas réinventé la roue.

Finalement, merci à toutes les personnes qui nous ont confié leurs difficultés et leur souffrance, et qui ont accepté de changer pour retrouver leur joie de vivre. À chaque jour, elles nous montrent que l'utilisation des quatre clés peut vraiment transformer la souffrance en occasion de croissance et changer le stress malsain en stress vivifiant.

AVANT-PROPOS

Notre travail consiste à aider les gens à aller mieux.

Nous avons écrit ce livre avec la même intention. Nous voulons dire non seulement qu'il est possible d'aller mieux, mais aussi et surtout montrer qu'en acceptant de changer des choses, on peut s'aider beaucoup soi-même.

Quinze années de pratique en médecine et en psychologie nous ont progressivement amenés à comprendre que nos interventions professionnelles étaient d'autant plus efficaces qu'elles aidaient ceux qui nous consultent non seulement à être soulagés de leurs symptômes, mais aussi et surtout à retrouver leur équilibre en vivant plus sainement.

Or vivre plus sainement demande beaucoup plus que de bien manger, de cesser de fumer ou de faire régulièrement de l'exercice physique. Cela suppose notamment qu'on poursuive des buts sains et réalisables qui donnent du sens à notre vie, et qu'on le fasse sans constamment dépasser nos limites.

On souffre avant tout d'un déséquilibre entre nos aspirations et notre capacité à les réaliser. Vivre plus sainement, c'est donc mieux tenir compte de notre corps, soit, mais aussi de notre vie affective, de notre désir d'apprendre, de notre besoin d'être utile. C'est vivre en fonction d'aspirations saines et développer plus d'harmonie en nous pour mieux répondre à tout ce à quoi on est exposé-e. Vivre plus pleinement *sa* vie reste la meilleure façon de vivre en santé.

Pour transmettre ce message aux personnes qui nous consultent, nous avons planifié et donné un atelier sur le stress. Nous voulions dire à ces gens que leurs problèmes digestifs et leurs angoisses pouvaient dépendre en bonne partie de leurs insatisfactions, de leur surmenage ou de leur investissement à poursuivre des buts chimériques. Nous ne négligeons pas la nécessité des médicaments dans certains cas et l'évidente valeur des habitudes de santé. Mais nous voulons dire que le maintien de la santé nécessite *plus* que les solutions traditionnelles, telles que les soins du corps ou les interventions de spécialistes.

Plus nous donnions cet atelier, plus nous devions ajouter des éléments nouveaux pour répondre aux questions qui nous étaient posées, si bien que le document d'information que nous transmettions aux participant-es augmentait à chaque session d'une dizaine de pages. Lorsqu'il dépassa les cent pages, il nous est venu à l'idée d'en faire un livre. Vous l'avez entre les mains.

Nous souhaitons qu'il vous aidera à vivre plus sainement et plus pleinement.

Jacques Lafleur
Robert Béliveau

Remarques sur le langage
que nous avons utilisé dans ce livre

Nous avons choisi d'écrire ce livre en commettant quelques crimes grammaticaux. Les voici, en espérant que faute avouée soit à demi pardonnée...

Masculin et féminin

Le lecteur étant souvent une lectrice, nous avons cru bon de le souligner, tout comme nous avons voulu éviter de donner au texte trop de lourdeur. Nous avons résolu le dilemme en ajoutant un «-e» à tous les mots qui auraient nécessité un «e» si le sujet auquel ils se rapportent avait été explicitement féminin. Nous avons cependant évité les tournures du genre: «le/la, mon/ma», etc. Par exemple, nous avons écrit: «Si notre conjoint-e est heureux-se ...»

Les mots «la personne», «l'individu», «les gens» conservent leur genre respectif tout en représentant indifféremment un homme ou une femme. Ainsi, «l'individu anxieux» tout comme «la personne anxieuse» peuvent être tout aussi bien une femme qu'un homme.

Le pronom «on»

Le pronom «on», lorsque sujet du verbe, désigne le plus souvent toute personne qui se reconnaît dans la phrase. Par exemple: «Le problème se présente différemment si on est à la retraite...»

Il suit notre règle du genre: «Si on est fatigué-e...» De la même manière, «on» peut être complété par «nous», comme dans: «Si on veut continuer à aimer les personnes qui vivent près de nous...» L'expression «nous-même» est le plus souvent utilisée au singulier. Par exemple: «Si on le fait nous-même...»

Dans les énoncés plus généraux, «on» sera cependant employé à la troisième personne. Par exemple: «On peut faire beaucoup pour s'aider soi-même.»

INTRODUCTION

UN LIVRE POUR AIDER À CHANGER

Il faut souvent être prêt-e à changer certaines de nos façons de penser et de vivre si on veut aller mieux. Quand notre ulcère d'estomac apparaît avec l'augmentation de notre charge de travail ou quand nos sentiments dépressifs surviennent après de longues années d'insatisfaction ou d'acharnement, les seules pilules du médecin, comme les seules interventions des praticien-nes des médecines douces, ne font que nous soulager à court terme des manifestations physiques ou psychologiques de ce déséquilibre.

Si rien ne change, le fardeau de la tâche ou l'insatisfaction reprennent le dessus et les symptômes réapparaissent tôt ou tard. De plus, la façon la plus sûre pour que *ça* change, c'est d'initier *nous-même* les modifications qui s'imposent dans notre vie. Quand il y a un déséquilibre dans notre vie, il se crée du stress qui nous indique qu'*on* a besoin de changer.

Évidemment, le type de soulagement ou de guérison qui peut être obtenu par une intervention de spécialistes n'est ni négligeable ni superflue. Nous mettons nous-même tout en œuvre dans notre travail pour donner les meilleurs rendements possibles en ce sens. S'occuper activement de ses symptômes, c'est important. Cependant, quand beaucoup de symptômes de stress persistent ou reviennent, il est nécessaire de mettre *aussi* en place d'autres types de solutions, que nous explorerons avec vous. Nous voulons présenter une vision plus large de la santé, où elle est vue comme le résultat d'un équilibre. Ce livre vous aidera si vous voulez travailler à garder ou à retrouver cet équilibre, en changeant des façons d'être, de penser et de faire.

Nous souhaitons aussi apporter le même éclairage aux personnes qui travaillent dans des domaines reliés au bien-être et à la santé. Aider des personnes qui souffrent demande beaucoup plus que de savoir utiliser de façon professionnelle un ensemble de connaissances ou de

15

techniques; c'est d'autant plus vrai quand le professionnalisme étroit déshumanise les soins, lorsque la personne qui souffre est délaissée au profit de ses symptômes ou de la paperasse. La science et la bureau-cratie sont satisfaites, la personne ne l'est pas nécessairement.

Le courant scientifique actuel confie à des hyperspécialistes (qui savent presque tout sur presque rien...) le soin de former les généra-listes. Cela fait en sorte que les intervenant-es en santé étudient les organes, les tissus, les cellules et leurs composantes en les isolant de la personne, comme si leur fonctionnement n'était pas influencé par la vie psychologique. Nous allons un peu dans le sens contraire, en proposant à des spécialistes (en nutrition, en médecine, en massothérapie, en psy-chologie, etc.) d'intégrer leurs interventions spécialisées, utiles et nécessaires, dans l'ensemble de la situation de chacune des personnes qui les consultent.

Nos techniques thérapeutiques donnent de meilleurs résultats quand nous nous occupons non seulement des symptômes, mais aussi des personnes qui en souffrent. Les interventions chirurgicales réussissent mieux quand le patient est sécurisé et mis en confiance. Les régimes alimentaires ne donnent pas de résultat satisfaisant à moyen terme si, par exemple, les liens entre l'alimentation et la vie affective sont négli-gés. Même si on est honnête et que l'on a le sens du devoir, notre inconscient agit lui aussi dans le processus de maladie et de guérison; c'est pourquoi on guérit moins vite d'un mal de dos incapacitant si on déteste notre travail que si on l'apprécie vivement. L'intervenant-e doit en tenir compte.

Apporter efficacement des soins ou des conseils de santé demande donc plus que la capacité d'appliquer un savoir technique spécialisé, même s'il ne fait aucun doute que ce travail est essentiel et même vital dans certains cas.

Les quatre clés de l'équilibre personnel, est un livre qui veut montrer que la joie de vivre et la santé sont indissociables et qui veut faire découvrir comment les malaises et maladies dont on souffre sont en relation avec la persistance de nos difficultés psychologiques et sociales. Notre stress ne perdurant que parce que les solutions qu'on apporte à ses causes sont inefficaces, on en arrive fatalement à la nécessité de changer.

On retiendra donc que:

1. *Rester en santé implique infiniment plus de facteurs que n'en abordent toutes les écoles de santé, qu'elles soient traditionnelles ou*

alternatives, médicales, psychologiques ou ésotériques. Les solutions durables au mal de vivre dépassent toujours la consommation de pilules, de granules, l'affirmation de soi, l'exposition à telle ou telle couleur, le toucher thérapeutique, le massage suédois, etc.; chacune de ces approches peut cependant apporter un soulagement bienvenu de la souffrance et une ouverture au changement. Il est très important de s'occuper activement de ses symptômes, il y a de multiples façons de le faire, mais ce n'est pas suffisant pour rester en santé.

2. *Inhiber est tout aussi sinon plus dangereux pour la santé que de consommer des aliments contenant du cholestérol, de fumer, etc.* Inhiber c'est se soumettre, endurer, souffrir en silence, dire oui quand on pense non, refouler nos émotions, etc. Il ne faut pas comprendre ici que des taux élevés de cholestérol ou la consommation abusive de tabac sont des risques mineurs: *il faut comprendre qu'inhiber est un risque majeur.* C'est un risque d'un autre ordre. Exprimer et agir avec compétence sont nos meilleurs outils pour faire sainement face à tout ce qui nous arrive, pour conserver notre équilibre personnel ou pour le retrouver.

3. *Les attitudes constituent la base de la santé.* C'est principalement nos façons de voir la vie et d'y trouver notre place qui déterminent ce qu'on se donne le droit d'exprimer et de faire pour répondre à ce que la vie nous apporte. Il s'ensuit que les attitudes qui nous permettent d'exprimer et d'agir avec compétence favorisent le maintien de cet équilibre qu'est la santé, alors que celles qui nous confinent à l'inhibition sont néfastes.

Ces trois idées constituent la base de ce livre. On est mal parce qu'on est stressé-e et on est stressé-e parce qu'on ne peut pas venir à bout de nos problèmes. On est incapable de les surmonter parce qu'on ne bouge pas, parce qu'on reste encore et encore dans des situations dont on souffre, sans changer ce qui est nécessaire. Alors, on cherche la guérison dans les interventions médicales traditionnelles ou alternatives. Mais comme ces interventions ne règlent pas nos difficultés, elles sont sans cesse à reprendre. Les solutions plus durables sont à un autre niveau.

Penser et vivre «normalement», c'est-à-dire comme tout le monde, ne nous laisse pas suffisamment de latitude pour développer des relations harmonieuses avec nous-même et avec les autres, ni pour les soigner, quand, à force d'être négligées, elles finissent fatalement par aller mal. C'est pour cela que presque tout le monde est malade ou du moins fatigué, ce qui constitue une étape vers la maladie. *Vivre en santé exige une certaine marginalité.*

Or il est extrêmement difficile de s'affirmer comme différent-e dans notre monde où la «normalité» constitue une base de sécurité, c'est-à-dire où on est perçu-e comme menaçant-e ou incorrect-e dès que notre pensée, notre sentiment ou notre comportement s'écarte de ce qui est dicté par la majorité. On peut pourtant exercer une marginalité vivifiante en adoptant des attitudes constructives pour améliorer notre action sur tout ce qui nous crée des difficultés. La marginalité que nous proposons ici s'appuie sur le désir de mieux se connaître soi-même et de vivre selon ses aspirations tout en respectant ses limites du moment, plutôt que de s'obliger à être et à vivre comme les autres le voudraient. C'est une marginalité qui se base sur le développement d'un bon niveau d'autonomie, qui s'étend tout naturellement à des relations saines avec les autres et profitables pour tout le monde. Elle s'appuie sur le désir et le choix d'être *bien* plutôt que sur la compulsion à être *normal-e*.

Vivre en santé, c'est garder son équilibre

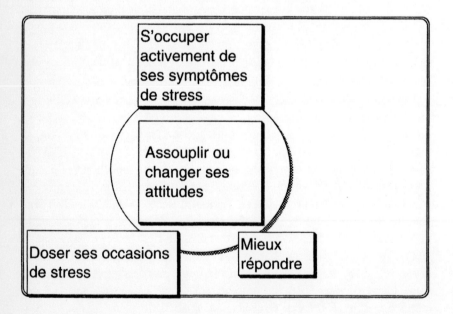

Le médecin: «On a enfin découvert ce mauvais virus qui vous fait tant souffrir.»

Le/la patient-e: «Moi aussi docteur; mais parlez *moins fort, il est dans la salle d'attente!*»

En cette fin de xxe siècle, nous arrivons (ou revenons) à l'idée que l'état de santé d'un individu est le résultat plus ou moins réussi de son adaptation à son environnement physique, psychologique et social. Il s'ensuit que la problématique de la santé dépasse largement le système actuel dit «de soins de santé», essentiellement voué au traitement de la maladie, qu'il conçoit et qu'il traite, sauf exception, comme une brisure anatomique ou un désordre biochimique.

Tout en considérant qu'il ne saurait y avoir de grippe sans microbe, peut-on aussi se demander pourquoi cette infection arrive à un moment particulier, le microbe étant présent à l'année longue? L'ulcère du duodénum résulte d'une attaque de sa muqueuse par de l'acide; mais pourquoi l'estomac fabrique-t-il plus d'acide à ce moment-là, ou pourquoi sa muqueuse y résiste-t-elle moins bien? Comme d'autres clinicien-nes, nous avons constaté nous aussi avec une étonnante régularité que ces moments, où le corps est plus fragile et où certains de ses mécanismes régulateurs flanchent, correspondent à des périodes où la personne qui souffre de maux physiques a aussi beaucoup perdu de sa joie de vivre, en raison de problèmes personnels récents ou persistants.

Quand on considère la santé comme un équilibre, on réalise qu'elle peut être influencée par beaucoup de facteurs extérieurs: les choix politiques en matière d'économie, de pollution ou de rapports sociaux, les relations de travail, la qualité et la disponibilité des ressources médicales ou des loisirs, les mesures sociales d'aide à la famille, enfin presque tout est inévitablement relié à la santé. Tout ce qui peut modifier le milieu de vie d'une société a une influence sur la santé de ses membres, parce que les changements du milieu créent des conditions auxquelles chacun-e arrive facilement ou difficilement à s'adapter. Quand une entreprise ferme ses portes ou congédie la moitié de son personnel, sa décision influence la santé de la majorité des personnes touchées, celle de beaucoup de leurs proches et celle d'une bonne partie de tous ceux et celles qui craignent de subir le même sort. Le chômage et la crainte du chômage créent ainsi souvent de l'anxiété, de l'angoisse et peut même conduire à la dépression, ce qui entraîne ensuite de l'insomnie, des problèmes digestifs, des maux de tête, etc.

Le rôle du contexte social sur la santé des individus est une donnée fondamentale de la «santé-équilibre», mais nous n'y reviendrons pas dans ce livre. Nous avons choisi d'aborder la question de la santé sous l'angle de l'influence que chacun-e peut exercer sur sa propre vie et, conséquemment, sur sa santé. On peut toujours faire des choix qui favorisent sa santé, même si on vit à l'intérieur de contraintes d'ordre politique, économique, religieux, familial ou social. Nous toucherons à plusieurs des formes que peut prendre ce type de responsabilité, pas toujours facile à assumer, mais toujours gratifiante.

Garder le stress à un niveau approprié

Parce qu'elle tient compte de la plupart des dimensions de la vie, la notion de stress est fondamentale en santé. Notre niveau de stress dépend de toutes les conditions et circonstances auxquelles on est sou-mis-e ou qu'on choisit de garder dans notre vie, ainsi que de notre capacité à y faire face ou à en profiter. Il nous est indiqué par divers symptômes. On peut en quantifier quelques manifestations biologiques (pression artérielle, acidité gastrique), mais il est plus difficile d'en mesurer objectivement les autres dimensions (l'anxiété, l'irritabilité, les difficultés de concentration, la perte de la joie de vivre, etc.).

Notre société investit plus de ressources pour connaître les méca-nismes biologiques de la maladie que pour examiner les relations qui existent entre leur apparition ou leur persistance et la difficulté à vivre en accord avec soi. C'est comme si on voulait arriver à guérir le mal-heur exclusivement avec des médicaments ou des techniques.

On voit de plus en plus revenir ou apparaître des courants parallèles (homéopathie, acupuncture, massothérapie, relaxothérapie, biorythmie, ostéopathie, antigymnastique et autres écoles de travail corporel, etc.), où la guérison est comprise comme le résultat d'une intervention experte faisant appel à toutes sortes de lois. La souffrance est le plus souvent, là aussi, vue comme le résultat d'une mécanique brisée ou d'une forme d'énergie bloquée, que l'intervenant-e a pour tâche de corriger par des interventions extérieures.

Dans les approches traditionnelles autant que dans les médecines alternatives, la santé est rarement reliée à la confiance en soi, à la flexibilité, à la créativité, à la compétence, à la capacité de se faire du bien et d'en faire aux autres, etc. Il est encore moins souvent question de faire des gestes concrets pour améliorer la vie quotidienne en changeant ce qui ne va pas. Entre la tendance scientifique traditionnelle et les divers courants alternatifs, il y a cependant une autre façon de voir, admise par un nombre grandissant de clinicien-nes, dont nous voulons parler.

Nous faisons de la joie de vivre le principal indicateur de la santé. On ne reste pas en santé si on est malheureux-se et on ne guérit pas du malheur par une simple intervention chimique, mécanique ou énergétique: *on a besoin de changer,* même si changer comporte des risques et des inconvénients. Et comme le malheur a de multiples visages, il ne peut y avoir de solution miraculeuse universelle. On peut cependant ouvrir diverses voies qui peuvent mener, chacune à sa façon, au rétablissement de l'équilibre rompu.

Aucune solution ne peut tout régler. Il n'y a pas de panacée. En situation de conflit, par exemple, c'est sans doute une bonne idée de dialoguer plutôt que de se taire ou de contraindre. C'est une solution qui mérite d'être essayée. Mais il y a des cas où il vaut mieux oublier le dialogue et s'en tirer autrement. Ainsi, si notre enfant d'un an et demi s'est déjà rendu à notre insu au milieu de la rue, utiliser la force plutôt que le dialogue assurera mieux sa sécurité. On dialoguera plus tard. Pour dialoguer, il faut être deux à vouloir le faire. Et il n'y a hélas pas que le très jeune âge qui rende sourd au dialogue...

On peut trouver des remèdes efficaces et des trucs étonnamment utiles; mais ne cherchons pas de remède miracle ni de truc infaillible. *On ne guérit vraiment du mal de vivre qu'en vivant mieux*, ce qui suppose des changements d'attitudes qui supportent des actions différentes.

Et cela n'est habituellement ni facile ni rapide.

Changer pour cesser de subir la vie

Changer semble souvent plus ardu que d'endurer les situations difficiles dans lesquelles on se retrouve, parfois à la suite d'erreurs de notre part, parfois bien malgré nous.

Ajuster nos relations ou rompre avec ce qui nous fait souffrir peut nous apparaître au-dessus de nos forces. Cela explique qu'on continue à vivre une relation de couple insatisfaisante, et qu'on reste collé-e à un emploi qui nous tue ou qu'on déteste. Mais on peut apprendre à faire

21

mieux, améliorer nos relations, réviser nos attitudes, négocier plus fermement, inventer des nouvelles façons de faire. Changer nous procure des *gains*.

À plusieurs moments de notre vie, nous sommes confronté-es à un choix douloureux; d'un côté, il y a cette détresse tenace, si on continue à vivre de la même façon une situation de vie insatisfaisante et, de l'autre, une certaine angoisse temporaire, si on change. Endurer s'accompagne d'une augmentation des symptômes de stress (fatigue, anxiété, dépression). Changer s'accompagne souvent à court terme d'une augmentation brusque d'anxiété, de peur, de prise de conscience plus aiguë de notre mal de vivre, jusqu'à ce que nos nouvelles solutions ramènent de la légèreté, de la joie de vivre et un sentiment accru de confiance en soi, avec en prime la découverte de ressources insoupçonnées jusqu'alors. À l'opposé, endurer rend malade.

Pour aller mieux, la meilleure solution c'est donc de changer: d'abord ressentir davantage les émotions liées aux situations où on vit du stress, plutôt que de les nier, de les ignorer ou de les refouler, et ensuite changer, revenir à l'équilibre en rendant notre vie plus conforme à nos aspirations profondes, en *exprimant* ce qui est en nous et en *agissant*. La souffrance est d'ailleurs souvent une occasion de renouer contact avec nos aspirations et nos ressources.

Multiplier ses outils de changement

Beaucoup de livres sur la santé proposent *une* solution précise avec force détails: *une* technique de relaxation, de visualisation, d'acupression, *un* régime alimentaire, *un* programme d'exercice physique, *une* méthode pour arrêter de fumer, etc. La plupart des livres de psychologie pratique offrent aussi des façons de comprendre certains problèmes et proposent des solutions précises pour venir à bout d'*un* problème: comment s'affirmer, comment rompre des relations malsaines, comment vaincre l'épuisement, comment contrôler ses émotions, comment gérer son temps, etc.

On a souvent l'impression, en les lisant, qu'on a enfin découvert la porte qui nous mènera au bonheur. Mais, puisque pratiquer le yoga n'a pas réglé nos problèmes de fins de mois, puisqu'arrêter de fumer n'a pas fait reculer nos échéanciers, puisque penser positivement ne nous a pas fait rencontrer l'âme sœur et puisque penser un peu à nous a soulevé un tollé, alors, fatalement, on est déçu-e. On laisse alors le yoga, on recommence à fumer, on se laisse aller à broyer du noir, on se soumet aux autres comme avant... et on cherche une nouvelle solution miracle. C'est là le danger de croire qu'une solution va tout régler. Chaque solution comporte des avantages, mais aucune ne les offre tous. Chacune a aussi ses limites et ses inconvénients.

Les personnes qui ont déjà lu un bon nombre de livres grand public en médecine préventive ou en psychologie vont donc parfois se retrouver en terrain relativement connu. Nous avons voulu rassembler un très grand nombre d'idées et de techniques, et souligner l'importance de disposer d'un coffre d'outils plutôt que d'un seul outil à tout faire. Nous voulons présenter un cadre de réflexion qui puisse mener au choix des outils les plus utiles dans chaque situation particulière.

Organiser sa vie, s'affirmer, relaxer, bien manger, utiliser son temps en fonction de ses priorités, vivre de façon à être fièr-e de soi, exprimer ses émotions, prendre les médicaments nécessaires, tout cela est utile. Le choix de ce qu'il convient de faire et du moment pour le faire revient nécessairement à chaque personne, compte tenu de sa situation unique.

Prendre la responsabilité de changer

Lorsque nous présentons dans la même journée toutes les idées contenues dans cet ouvrage à un groupe de personnes qui veulent apprendre à vivre en meilleure santé, elles sortent satisfaites de l'atelier, mais aussi un peu confuses: satisfaites de mieux comprendre leur situation et un peu confuses devant l'abondance de ce qu'il devient possible de faire pour améliorer leur sort.

Si nous pouvons aider des gens à constater que leurs maux de tête coïncident avec leurs journées de travail surchargées, que leur angoisse augmente lorsqu'ils se sentent coincés entre leurs désirs et ceux des autres, que leur insomnie apparaît quand ils ont des décisions à prendre, si nous pouvons leur faire comprendre qu'il serait utile de mettre en place des solutions à ces problèmes, si nous pouvons aussi leur proposer des techniques pour relaxer et des façons différentes de considérer temps et argent, s'il est relativement de notre ressort de leur enseigner des façons de mieux équilibrer leur alimentation ou de faire de l'exercice physique, si nous pouvons les aider à exprimer leur souffrance, eux seuls peuvent prendre la décision de changer et de choisir le moment pour le faire.

Nous voulons aider des gens à mieux comprendre la dynamique de la santé humaine. Nous proposons des pistes d'action, mais nous n'enseignons à peu près jamais précisément *quoi* faire. En situation de déséquilibre, nous ne pensons pas qu'il y ait *une* chose que l'on *doive* faire, mais plutôt qu'il y a *des* choses que l'on *peut* faire. La responsabilité de choisir quoi et quand repose entre les mains de chacun-e. La santé est un choix courageux, qui a ses exigences.

Utiliser chacune des quatre clés

Il est possible d'aborder la notion de stress de toutes sortes de façons. Au début des années quatre-vingt, Roger Clark, médecin et ami avec qui nous travaillions, disait que la tension d'un individu s'exprime par divers symptômes quand il est confronté à des stresseurs dont il ne peut venir à bout. Il réunissait ainsi quatre éléments: des symptômes, des sources de stress, un individu et ses réponses à ses sources de stress. Nous en avons fait *Les quatre clés de l'équilibre personnel*.

Pour parler de la santé et du stress, nous utilisons donc quatre éléments interdépendants. Il y a un individu avec 1) *ses attitudes*, c'est-à-dire ses façons de se voir et de voir le monde, qui est soumis à diverses 2) *occasions de stress* (physiques, sociales, économiques, psychologiques, etc.). Selon le succès de sa 3) *réponse*, (la solution qu'il met de l'avant), il ressent plus ou moins un certain nombre de 4) *symptômes de stress* (anxiété, insomnie, maux de tête, émotions, etc.).

Voici donc quatre clés pour garder/rétablir l'équilibre personnel: 1) S'occuper activement de ses symptômes de stress et 2) doser ses occasions de stress; 3) mieux répondre, c'est-à-dire exprimer, agir avec compétence et inhiber de moins en moins et, pour cela, 4) assouplir ou changer ses attitudes.

Pour chacune des clés: comprendre, observer et agir

Dans les quatre prochains chapitres, nous examinerons en détail les quatre clés. Pour chacune, nous proposerons des façons de mieux comprendre, d'observer et d'agir.

Dans un premier temps, nous vous aiderons à mieux *comprendre* la place de chaque clé dans votre état de santé global. Nous présenterons la clé et l'étofferons avec des connaissances actuellement acceptées en médecine ou en psychologie. Par exemple, quels sont les principaux symptômes de stress, comment les reconnaît-on, comment évoluent-ils, comment s'en occuper efficacement?

Dans un deuxième temps, nous vous inviterons à *observer* votre vie en fonction de cette clé, en répondant à un questionnaire. Ces questionnaires vous aideront à prendre conscience de vos symptômes de stress, de vos occasions de stress, de vos façons habituelles de répondre à ces occasions de stress et finalement de vos attitudes. Ils vous aideront à comprendre les quatre clés de l'équilibre à partir de *votre* vie.

Dans un troisième temps, nous conclurons chacun de ces chapitres par des pistes pour *agir*. Agir pour mieux s'occuper de ses symptômes de stress, mieux doser ses occasions de stress, mieux répondre en exprimant et en agissant avec compétence et, finalement, assouplir ou changer ses attitudes.

Quand on réalise que notre tension s'exprime notamment par de l'anxiété, de l'insomnie et une intolérance grandissante, et quand on établit des liens entre ces symptômes et nos frustrations dans notre vie familiale, on comprend qu'une action pour régler ces problèmes serait souhaitable; mais il est loin d'être certain qu'on passe immédiatement à l'action.

On choisit peut-être d'abord de s'occuper de notre anxiété en prenant des médicaments, ou en faisant de la relaxation, ou en se remettant à l'activité physique, ou en recevant des traitements d'acupuncture. On soigne éventuellement notre insomnie en réduisant notre consommation de café et en prenant les médicaments usuels. On lit peut-être ensuite un livre ou deux sur la communication dans le couple, sur le métier de parent ou sur les bienfaits de l'affirmation de soi. On suit quelques cours en ce sens. Finalement, on peut aussi consulter un conseiller conjugal, une personne qualifiée dans les relations parents-enfants ou bien on arrive à appliquer des solutions efficaces sans avoir recours à une aide professionnelle.

Toutes ces solutions existent et il y en a d'autres. Il y a beaucoup de façons de s'occuper activement de ses symptômes de stress, de mieux doser ses occasions de stress et d'assouplir ou de changer ses attitudes. Il est possible de changer sa façon de voir la vie et d'apprendre à mieux répondre en exprimant plus clairement ses émotions et ses opinions, et en agissant avec compétence pour régler ses problèmes. Ce sont les meilleurs choix pour garder ou retrouver la joie de vivre et la santé. Mais ce ne sont pas toujours les plus faciles.

Pour tirer le maximum de ce livre

Nous voulons vous aider à poursuivre votre réflexion sur votre vie. Nous souhaitons vous aider à mieux vous observer et à changer pour mettre de l'avant certaines actions. Voici quelques conseils pour vous aider à tirer le maximum de ce que nous avons écrit.

1. Les parties «comprendre»

Nous vous invitons à lire les parties «comprendre» en faisant souvent des pauses pour voir comment les quatre clés sont présentes dans votre vie et comment chacune influence votre santé.

2. Les parties «observer»

La meilleure façon d'utiliser les questionnaires consiste à les remplir périodiquement plutôt qu'un seule fois; cela vous permet de prendre conscience des changements dans votre vie. Vous pourriez avantageusement garder vos réponses dans un journal personnel et en faire une base pour vous comprendre davantage, mieux ressentir et exprimer vos émotions et agir de façon à ce que votre vie soit plus satisfaisante.

3. Les parties «agir»

Les parties consacrées à l'action proposent plusieurs moyens d'action concernant la clé étudiée. La mise en pratique de la plupart de ces moyens peut demander du temps, des informations complémentaires (lectures, cours) et parfois de l'aide professionnelle. Souvent, aussi, le goût du risque. On réussit rarement à changer sans que cela ne prenne du temps, sans qu'on n'ait parfois le goût de faire machine arrière et sans qu'on ne commette des erreurs.

Tout intéressante qu'elle puisse être, une idée n'est utile que si on lui trouve des applications concrètes dans la vie quotidienne. Il y a dans ce livre beaucoup d'idées. Pour en tirer le maximum, il faudra accepter la responsabilité d'agir; il faudra vérifier par l'expérience plutôt que croire sur parole, ce qui nécessite sans doute de la patience, de la discipline, du courage et... de l'indulgence envers soi.

Quatre clés pour garder ou pour retrouver son équilibre

Pour mieux faire comprendre chacune des quatre clés de l'équilibre, nous allons d'abord en donner ici une brève description; plus loin, un chapitre complet sera consacré à chacune d'elles.

Première clé: s'occuper activement de ses symptômes de stress

Les symptômes de stress sont les diverses façons par lesquelles notre tension (le stress) se manifeste. Il y a toujours à la fois des réactions biologiques et des réactions psychologiques. On ne peut pas réagir psychologiquement (par exemple, être en colère) sans réagir en même temps physiquement (par exemple, serrer les poings). On ne peut pas être anxieux-se sans avoir les muscles crispés. Des expressions comme «mon cœur se serre», «j'ai une boule dans la gorge» ou «j'en ai le souffle coupé» montrent bien que le corps et les émotions ne sont pas séparés.

A. Les symptômes biologiques

Sur le plan biologique, notre tension peut se manifester de plusieurs façons. La tension musculaire est la plus courante: on est crispé-e, on a les mâchoires serrées, on respire superficiellement. La plupart de nos malaises (maux de tête, de dos, etc.) et de nos maladies plus graves (maladies cardio-vasculaires, cancers, etc.) sont aussi en partie reliés au stress. Il est important de comprendre que les symptômes «nerveux» ne sont pas des maladies imaginaires. Quand on perd conscience lors d'un choc nerveux, on ne l'imagine pas: on s'évanouit vraiment.

B. Les symptômes psychologiques

Nos émotions, nos perceptions, notre motivation, nos comportements, nos relations aux autres, notre fonctionnement intellectuel et le sens qu'on trouve à la vie sont aussi affectés par le stress. Par exemple, si on est très stressé-e, on est plus à fleur de peau, on voit tout comme une corvée, on est découragé-e, on boit davantage d'alcool, on trouve que les autres nous tombent sur les nerfs, on a du mal à se concentrer et on trouve que la vie est une lutte continuelle. Tous ces signes nous révèlent notre tension.

Il est important de tenir compte de nos symptômes de stress; si on les ignore, ils augmentent; alors, on a de moins en moins d'énergie pour vivre notre vie, ce qui affecte notre fonctionnement dans toutes les sphères d'activité.

Deuxième clé: doser ses occasions de stress

Est «occasion de stress» tout ce à quoi notre corps et notre esprit réagissent par de la tension. Une occasion de stress peut être physique (le corps se tend lorsqu'il fait très froid), ou psychologique (un problème familial non réglé, par exemple), ou sociologique (une guerre, une récession), ou de toute autre nature. Tout ce qui nous dérange, tout ce dont on a peur, tout ce qui nous embête, tout ce qui nous inquiète, tout ce dont on a envie est occasion de stress.

Il y a des tonnes de choses avec lesquelles on se stresse. Les doser, c'est établir un équilibre entre ce à quoi on peut répondre et ce à quoi on s'expose. On identifie toutes nos occasions de stress, petites et grandes, on enlève le superflu et on fait davantage de place à ce qu'on aime. Puis, on établit une saine variation entre le manuel et le mental, le travail et le repos, les moments de solitude et les moments passés avec d'autres, etc. On fait de la place pour tout ce qui est sain.

Troisième clé: mieux répondre: exprimer, agir avec compétence et inhiber de moins en moins

Notre réponse, c'est notre façon d'utiliser l'énergie engendrée en nous quand on est stressé-e: c'est ce qu'on fait ou ce qu'on ne fait pas lorsqu'on est confronté-e à des occasions de stress.

On peut répondre de trois façons à des occasions de stress: d'abord, on peut *exprimer* nos émotions et nos opinions; on peut aussi *agir* pour appliquer des solutions; finalement, on peut s'empêcher d'exprimer ou d'agir, c'est-à-dire qu'on peut *inhiber*.

On exprime quand on communique les émotions qu'on ressent, *ou* quand on laisse notre émotion se manifester. C'est dire, c'est montrer, c'est faire sentir: c'est cesser de refouler. On peut s'exprimer en parlant, en pleurant, en jouant de la musique, en écrivant, etc. Exprimer, c'est aussi livrer nos opinions, affirmer qui on est.

On agit quand on utilise concrètement l'énergie engendrée en nous par une occasion de stress. On fait plus qu'exprimer: on continue à appliquer nos solutions efficaces et on change celles qui ne le sont pas.

On inhibe quand on retient la tension en nous; on s'empêche d'agir, de parler, on endure, on se soumet sans rien dire ou en se plaignant, sans prendre la responsabilité de la mise en place d'un changement. Inhiber fait que les problèmes perdurent et que le stress augmente. C'est une réponse à remplacer par l'expression et par l'action.

Si on choisit d'utiliser nos problèmes, conflits ou autres situations de stress comme autant d'occasions d'apprendre, on devient de plus en plus apte à solutionner toutes sortes de difficultés. Si on se sert d'une relation difficile pour apprendre à mieux communiquer, on saura désormais communiquer dans beaucoup de situations. Si on se sert d'une accumulation de retard dans notre travail pour apprendre à mieux gérer notre temps, on pourra mieux utiliser notre temps dans beaucoup de contextes différents. Si on se sert d'une situation où on se sent exploité-e pour apprendre à s'affirmer, on pourra s'affirmer dans toutes sortes d'autres circonstances. Chaque difficulté peut ainsi mener à des apprentissages qui font que le maintien de la joie de vivre devient plus facile. Notre mieux-être passe par le développement de nos compétences. Apprendre à mieux répondre est crucial.

Quatrième clé: assouplir ou changer ses attitudes

C'est chacun-e qui est confronté-e à des occasions de stress. C'est chacun-e qui se stresse plus ou moins avec une dispute, un rejet, un surplus de tâche, une relation de couple qui s'effrite ou d'autres occasions de stress. C'est notre façon de voir la vie qui nous sert de critère pour évaluer si ce qui nous arrive est grave ou non; si, par exemple, on a besoin que tout soit toujours parfait, toutes nos erreurs nous stressent; si on est plus souple, nos gaffes nous font sourire ou nous aident à apprendre à mieux faire. On est beaucoup moins tendu-e si on est plus souple...

C'est aussi sur la base de nos attitudes qu'on se permet ou non d'utiliser certaines solutions. Aussi longtemps qu'on considère qu'on doit absolument rester marié-e pour la vie, on s'oblige à endurer notre relation de couple même quand elle devient frustrante ou humiliante, même si l'amour est graduellement remplacé par l'aversion. Si notre attitude était plus flexible, on pourrait chercher ensemble ou séparément comment mieux aimer.

Nos façons de penser déterminent donc notre répertoire de réponses. C'est pourquoi assouplir ou changer ses attitudes constitue la clé la plus importante de l'équilibre.

Les quatre clés sont entre vos mains

«Je n'ai pas le choix: il faut que je continue.» C'est beaucoup trop souvent l'attitude qu'on adopte. On a le choix si on se le donne et si on est patient-e, si on accepte de prendre d'autres directions, d'apprendre, de se tromper, de renoncer à certaines choses, si on risque de changer. On peut ouvrir de nouvelles portes, on peut découvrir en nous des ressources insoupçonnées, des talents jusque-là cachés.

Si on accepte de changer ce qui ne va pas, on ouvre la voie à une vie infiniment plus riche, où les épreuves sont vues comme des moments pour grandir, pour découvrir en nous des richesses restées ensevelies sous une couche de peur ou de léthargie. Et alors, il y a toujours quelque chose à faire pour améliorer notre bien-être.

Si on attend que le changement vienne des autres ou du système social, on s'emprisonne et on devient dépendant-e des autres ou du système. On finit par s'en considérer les victimes impuissantes, prises dans une situation immuable. Victimes de notre douce ou moins douce moitié, du patron, des employé-es, de la récession économique ou victimes de notre peur, de notre peu de confiance en nous, de notre immense besoin de sécurité jamais assouvi.

Si au contraire on adopte des attitudes plus ouvertes, si on prend la responsabilité de notre bien-être, si on croit qu'on peut toujours faire quelque chose, alors on exprime ce qui est en nous, on agit ou on apprend à agir et on inhibe de moins en moins. On se délivre de plus en plus de la peur, on est de plus en plus libre, on a beaucoup moins besoin de rester à tout prix dans des situations porteuses de souffrance. On vit alors de plus en plus pleinement, on reste en équilibre, on se lie avec des personnes qui nous veulent du bien, on met de l'avant des projets qui nous ressemblent et on dispose de l'énergie nécessaire à les faire progresser. Pour ce faire, on peut avoir à perdre certains de nos privilèges actuels, à secouer notre torpeur et on doit courir le risque que nos efforts ne soient pas nécessairement récompensés.

On ne peut pas toujours prédire exactement ce qui va arriver si on change; mais on sait à coup sûr ce qui va se produire si on ne change pas... Alors, ne vaut-il pas mieux changer? Là se trouvent non seulement le meilleur remède à notre souffrance, mais aussi la direction qui va nous permettre de vivre pleinement notre vie.

Ce n'est ni instantané, ni magique, ni facile.

Mais c'est très satisfaisant.

Chapitre 1

PREMIÈRE CLÉ DE L'ÉQUILIBRE PERSONNEL: S'OCCUPER ACTIVEMENT DE SES SYMPTÔMES DE STRESS

1. Comprendre: les symptômes de stress

Notre tension peut prendre plusieurs formes: on est fatigué-e, on a divers malaises, on dort plus mal, notre humeur change pour un rien, on manque chroniquement d'enthousiasme, on est découragé-e, etc. Ce sont nos symptômes de stress, c'est-à-dire des signes par lesquels on peut prendre conscience de notre tension. Selon la nature, l'ampleur, le nombre et la durée de ces symptômes, on peut avoir une idée de la grandeur de notre déséquilibre.

Nos symptômes de stress nous révèlent donc notre état de tension. Ces signes, souvent désagréables, peuvent nous motiver à mieux prendre soin de nous et à développer de meilleures réponses pour faire face à nos occasions de stress. S'occuper activement de ses symptômes de stress, c'est donc une première clé pour maintenir l'équilibre.

Découvrir ses symptômes de stress

Nos symptômes de stress ne sont pas indépendants du reste de notre vie. Des occasions de stress non résolues laissent des signes dans notre corps et dans notre esprit. Ces symptômes de stress n'apparaissent jamais de façon isolée, mais se développent plutôt *simultanément*.

Si on n'a jamais su se concentrer, on peut faire des exercices pour apprendre à mieux le faire. Mais si on perd notre capacité de concentration en même temps qu'on est plus fatigué-e, qu'on dort moins bien,

Physiques
Emotionnels
Perceptuels
Motivationnels
Comportementaux
Intellectuels
Relationnels
Existentiels

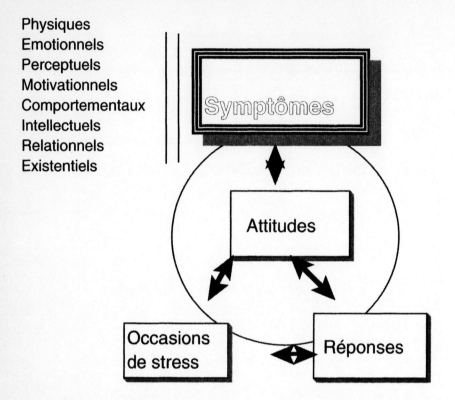

qu'on a du mal à prendre des décisions, qu'on n'a plus le goût de rien faire et que notre humeur change pour un rien, alors la baisse de notre pouvoir de concentration nous révèle notre état de tension: c'est un symptôme de stress, parce qu'il évolue *avec d'autres* et est dû à la même cause, le déséquilibre de notre vie. Pour retrouver notre capacité de concentration, il vaut alors mieux nous occuper de notre vie dans son ensemble ou régler la situation particulière qui nous interpelle. Si on fait comme si le problème était essentiellement une faiblesse de notre pouvoir de concentration, on fait fausse route.

Il en va de même avec certains traits de caractère; si on a toujours été agressif-ve, l'agressivité n'est pas nécessairement signe de stress. Mais si on vit de plus en plus sur la défensive, si on prend tout comme des attaques personnelles, si on développe de plus en plus le réflexe de remettre les autres à leur place et si, parallèlement, on est plus tendu-e, plus anxieux-se, on respire moins profondément, on a moins confiance en nous, on voit chaque tâche comme une montagne, on explose à la moindre contrariété, on se sent trahi-e à chaque conflit, on perd le plaisir des gestes quotidiens, alors notre agressivité est un symptôme de stress, un signe *parmi d'autres* qui nous montre notre tension, résultat d'un déséquilibre dans notre vie. Rétablir l'équilibre ramènera notre agressivité à un niveau acceptable.

Finalement, le stress se révèle par des signes physiques; la fatigue, l'angoisse, les problèmes digestifs, les maux de tête et bien d'autres symptômes nous montrent, quand ils sont accompagnés de symptômes psychologiques, comme la perte de motivation, le sentiment d'être à fleur de peau ou l'humeur dépressive, que quelque chose ne va pas dans notre vie.

On reconnaît donc un symptôme de stress à ce qu'il n'est pas la seule manifestation de notre tension. Nos symptômes de stress *évoluent ensemble*. On peut les classer dans huit différentes catégories.

Ils peuvent être physiques, émotionnels, perceptuels, motivationnels, intellectuels, comportementaux, relationnels et existentiels.

Les symptômes physiques

Le stress se reconnaît en partie par l'augmentation de la tension dans nos muscles. Notre tension musculaire augmente en période de danger ou d'agression: cela est dû à un réflexe de notre système nerveux qui sert à nous préparer à mieux affronter les situations qu'on perçoit comme des dangers, des embêtements ou des manques.

La tension musculaire peut revêtir de multiples formes: si on a des tensions dans le dos, dans les mâchoires, dans le cou, dans les poings, si on ressent le besoin de bouger continuellement, si on sursaute pour un rien, si on a le visage tendu, si on tremble, si on n'arrive pas à se détendre, alors on a des indices de stress incontestables. C'est pourquoi quand la médecine a commencé à s'intéresser au stress, l'essentiel du traitement avait pour objectif la réduction de la tension musculaire, par des techniques de relaxation, des bains chauds ou par des médicaments.

Il y a un lien direct entre les tensions musculaires et le stress: si on répond mieux à nos occasions de stress, il est certain que notre tension musculaire baisse et, si on peut vraiment relaxer nos muscles, nos occasions de stress non résolues nous troublent moins.

Baisser notre tension musculaire peut parfois faire émerger des émotions étonnantes: besoin de pleurer, sentiment de tristesse, agressivité sourde, colère à fleur de peau, etc. Ça démontre qu'on retient en nous ce qui veut s'exprimer en raidissant plus ou moins inconsciemment certains de nos muscles, jusqu'à ce la tension provoque des douleurs dans le dos, ou des «points» ici et là. Par exemple, pour se retenir de pleurer, on serre la gorge, on avale notre salive; on crispe aussi la nuque et on respire beaucoup moins profondément. Et notre dos, et nos bras, et nos jambes? Dénouer la tension musculaire, c'est souvent libérer l'émotion retenue, favoriser son expression. Beaucoup de personnes dont le travail consiste à aider les gens à dénouer leurs tensions musculaires, comme les massothérapeutes, les ostéopathes ou les kinésithérapeutes, constatent jour après jour que le relâchement de ces tensions s'accompagne de réactions psychologiques. Elles sentent le niveau de stress de leurs client-es au bout de leurs doigts.

La plupart du temps, détendre nos muscles nous procure un bien-être régénérateur, qui amène avec lui un plus grand calme mental. La tension dans nos muscles étant une manifestation du stress, il est aussi certain qu'elle va diminuer d'elle-même si on vit mieux, plus en équilibre.

Les mécanismes biologiques qui font augmenter notre tension musculaire quand notre vie est difficile ont aussi d'autres effets sur notre corps. Leur action influence à peu près toutes les fonctions de notre organisme, comme la digestion, le sommeil ou la circulation du sang, d'où la ribambelle de symptômes associés aux excès de stress. L'influence est réelle, le corps réagit vraiment, comme on peut le voir quand quelqu'un rougit: une situation émotive exerce alors une action observable sur les vaisseaux sanguins de son visage, qui devient rouge et chaud. On peut observer ce qui se passe sur son visage, mais on ne voit pas ce qui arrive à son estomac ou à son système immunitaire...

Aucun chirurgien ne peut nous enlever «une boule dans la gorge», parce que, bien sûr, il n'y a pas de boule. Cependant, cette sensation est réelle, probablement liée à une contraction des muscles de la trachée ou de l'œsophage qui donne cette impression de boule. Notre corps réagit, mais toutes les sensations plus ou moins passagères qu'on ressent quand on vit du stress ne sont pas à proprement parler des problèmes médicaux, même si la première personne qu'on consulte est en général un médecin. Quand le problème n'est pas du ressort de la médecine, il peut au moins nous rassurer.

Cependant, si on reste tendu-e trop intensément ou trop longtemps, des maladies diagnosticables apparaissent.

Cela n'exclut pas que d'autres facteurs expliquent aussi l'apparition de la maladie, comme une mauvaise alimentation, une exposition à des produits toxiques ou à du froid, une tare héréditaire, une certaine usure du corps causée par le vieillissement, etc. C'est souvent l'effet combiné du stress, de l'exposition à certaines conditions (microbes, froid, etc.) et de l'hérédité qui engendre la maladie.

Le stress est donc en cause dans une vaste proportion des problèmes dont on se plaint dans les bureaux de médecins. Quand on est long-temps sous stress, on dort mal ou on digère mal, on attrape facilement la grippe ou on a des palpitations cardiaques, notre tension artérielle augmente ou notre estomac brûle, on a l'impression de manquer d'air ou on est fatigué-e, etc. Notre organisme est ainsi fait, d'où l'impor-tance de trouver des solutions aux causes du stress.

En plus de ses effets sur le corps, l'augmentation du stress a aussi des effets sur la vie psychologique.

Les symptômes psychologiques

Les occasions de stress qu'on n'a pas encore résolues nous font aussi réagir sur les plans *émotif* et *mental*. Quand notre vie est en déséqui-libre, on devient impatient-e, on est plutôt de mauvaise humeur, on a du mal à se calmer, on s'inquiète, on est frustré-e, on se met en colère pour un rien. Quand notre tension monte, on est davantage à fleur de peau, notre humeur varie beaucoup, on peut paniquer.

On se perçoit et on perçoit la vie différemment. Par exemple, ce qui nous faisait autrefois plaisir commence à nous tomber sur les nerfs (raconter une histoire au coucher des enfants, faire l'amour, bricoler, etc.). On perd confiance en soi, les tâches les plus simples (la vaisselle, la paperasse) nous apparaissent comme des montagnes. À force d'accumuler des difficultés sans les régler, on ne peut plus voir la vie de la même manière. Et on ne se perçoit pas de la même façon; on a des doutes sur ses compétences, on ne se fait plus confiance. Tout est plus lourd, vivre devient plus difficile, moins drôle.

Notre *motivation* change; on fait tout parce qu'«il le faut», on veut retarder les échéances, rien ne nous intéresse vraiment. On ne vit pas de projets, mais plutôt de routine ou d'obligations. Ou on ne veut plus rien faire, on en a ras le bol, on perd tout enthousiasme ou on ne sait plus ce qu'on veut. Mais on sait ce qu'on ne veut pas: à peu près tout ce qui occupe nos journées!

Sur le plan *intellectuel*, on a de plus en plus de mal à se concentrer, notre mémoire flanche. On a des idées qui nous obsèdent, on n'a jamais de véritable repos mental. On est plus souvent confus-e, on tourne en rond sans trouver de solution.

On se *comporte* différemment quand notre tension monte ou reste longtemps élevée. On a besoin de tout faire vite, on a des tics nerveux, on prend plus de café, de tabac, d'alcool, de drogue ou de médicaments pour les nerfs. On remet à plus tard ce qu'on a à faire, on regarde l'heure cent fois par jour, on travaille de plus en plus pour de moins en moins de résultat jusqu'à ce qu'on fuie tout ce qu'on peut fuir.

Nos *relations avec les autres* sont plus tendues, on a de la difficulté à se laisser aller dans nos relations intimes ou on a de plus en plus de ressentiment. On est distrait-e quand quelqu'un nous parle, on n'a pas le goût de voir du monde, on est agressif-ve, on se sent incompris-e; dans des états de stress plus élevés, on ressent le besoin de se cacher, on voudrait fuir les autres le plus possible, on rêve d'une île déserte... Pourtant, on sent aussi qu'on a besoin des autres. On a l'impression que personne ne nous comprend, et alors on s'isole.

Finalement, tout cela change le *sens* qu'on a de la vie. On a le sentiment de ne plus se reconnaître, on ne se comprend plus, on ne sait plus à quelles valeurs se raccrocher. On se sent vide, inutile, la vie devient une corvée et dans des niveaux de stress encore plus élevés peuvent apparaître des idées suicidaires.

Le stress qui résulte du déséquilibre de notre vie se répercute donc dans notre corps et dans notre vie psychologique, se présentant sous la forme de différents symptômes. On peut traiter séparément certains de ces symptômes (soigner nos maux de tête, puis nos symptômes dépressifs, se reposer, etc.). Mais, si on a beaucoup de symptômes de stress, il s'avère important de prendre aussi en considération ce qui va mal si on veut que nos symptômes désagréables diminuent progressivement et que la vie reprenne son sens. Il faut soigner notre vie.

La tension nous transforme

Richard et Liliane: le même mal, des solutions différentes

Liliane nous consulte pour des maux de tête inhabituels apparus récemment. C'est le seul malaise dont elle se plaint. En répondant à nos questions, elle prend conscience que ses maux de tête ont commencé au moment où elle a changé de bureau, il y a trois semaines. Elle constate aussi qu'elle n'a pas mal à la tête durant les fins de semaine. En analysant mieux la question au travail, elle découvre que, dans son nouveau bureau, une bouche d'aération lui envoie continuellement de l'air frais dans le cou et dans le dos, ce qui est rafraîchissant, mais dommageable. La solution est facile à appliquer, il s'agit d'un simple mal de tête dont la cause se révèle unique et identifiable. Il n'y a pas ici de déséquilibre de vie à la source du mal, ce qui est souvent le cas quand il n'y a qu'un seul symptôme.

Richard nous dit qu'il a de plus en plus souvent mal à la tête. Mais ce n'est pas son seul symptôme de stress: il manque de plus en plus de concentration à la boulangerie où il travaille la nuit. Ses collègues commencent à se plaindre de ses gaffes. Il se tient sur la défensive, il se dit fatigué, irascible. Il arrive difficilement à se mettre à la tâche pour payer les factures, réparer le vélo de sa fille, faire les courses pour sa mère invalide. Il n'a pas tellement le goût de faire l'amour et il n'a plus envie de voir ses amis. Il dit que tout le dérange et il voit tout comme une montagne. Dernièrement, il a même attrapé ses enfants par les bras et a serré un peu fort pour qu'ils se dépêchent de partir pour l'école, ce qui n'est pas du tout dans ses habitudes, ni dans sa conception de son rôle de père.

Richard, contrairement à Liliane, n'a pas que mal à la tête; il a beaucoup d'autres symptômes de stress. Des médicaments vont efficacement le soulager de ses maux de tête, mais il a surtout besoin d'étudier les sources de sa tension (ses occasions de stress et sa difficulté à y faire face) s'il veut retrouver sa joie de vivre. Sa vie est en déséquilibre et ses nombreux symptômes de stress le lui montrent.

Ainsi, à un moment de sa vie particulièrement difficile, Richard, qui avait toujours pris soin de ses enfants, les a bousculés à quelques reprises en revenant de son travail de nuit. Il avait besoin de dormir, eux devaient se préparer pour aller à l'école, leur mère partant pour son travail dès que Richard rentrait du sien. Richard a conclu de ses gestes agressifs qu'il était un mauvais père.

Richard est-il un homme qui bouscule ses enfants ou un père qui est patient et affectueux? C'est une question qui n'a pas de sens. Richard, comme chacun-e de nous, est *différent* et il réagit différemment selon son niveau de tension. Son impatience est un symptôme de son stress. Richard n'est en soi ni patient ni impatient: il est plus irritable quand il est tendu et il tolère davantage de choses quand il se sent bien. Il lui est plus facile d'être affectueux quand il se sent bien et il est plus fermé sur lui-même quand il se sent mal dans sa peau. Pour redevenir tendre et tolérant, il n'a pas à changer de personnalité: il doit diminuer son niveau de tension.

Nos sentiments de compétence personnelle et de confiance en nous varient avec notre état de tension, qui, lui, dépend toujours du relatif équilibre de notre vie. La plupart du temps, lorsqu'on «perd» une qualité (patience, générosité, etc.), cela ne veut pas dire qu'on est comme par magie devenu-e médiocre: cela signifie plutôt qu'on est tendu-e. Le remède, c'est de nous occuper de notre tension, de façon à rétablir notre bien-être.

Avec du temps et des soins appropriés, une jambe cassée finit par guérir; mais nos symptômes de stress évoluent autrement. Ils révèlent une perte d'équilibre dans notre vie. Quand on ne les écoute pas, ils parlent de plus en plus fort. Ou bien on en tient compte et on change, ou bien on a de plus en plus mal: c'est aussi simple que ça.

Si on a beaucoup de symptômes ou si on a des symptômes graves, cela révèle un grand déséquilibre, ce qui demande souvent de grands changements. Si on ne ressent que peu de symptômes désagréables, le déséquilibre est moindre et les changements appropriés demandent moins de bouleversement. Si finalement on a des signes agréables de tension (on est enthousiaste, énergique, on se sent bien dans notre corps, on a le goût de rire), alors on sait qu'on est en équilibre.

Quand on vit un grand déséquilibre, on n'est plus la même personne. C'est pourquoi on ne se reconnaît plus. On ne pense pas de la même façon, on agit différemment, on ne peut pas prendre la vie aussi bien. Cela est important. *La tension nous change*; c'est le retour à une vie plus harmonieuse qui nous redonnera nos capacités. De là l'importance de vivre en équilibre pour qui veut jouir de toutes ses capacités et en faire bénéficier les autres. Si Richard retrouve son équilibre, ses proches en profiteront; s'il ne change pas, ils en souffriront. On ne change pas que pour soi-même.

S'occuper de ses symptômes et rétablir son équilibre

Les symptômes de stress constituent des signaux d'alarme. Souvent, l'un ou l'autre de ces symptômes nous amène à consulter un spécialiste de la santé. Ces personnes ont généralement appris à diagnostiquer certaines catégories de symptômes et à y trouver remède. Ce diagnostic peut alors se faire de façon restrictive, ce qui amène un traitement ayant pour seule cible un symptôme particulier. Si, par exemple, les symptômes sont de fortes douleurs pulsatives localisées dans le côté droit ou le côté gauche de la tête, le diagnostic pourra être la «migraine commune» et le traitement consistera à prendre des médicaments appropriés et à éliminer les facteurs spécifiques pouvant provoquer les migraines, comme, pour certaines personnes, la consommation d'alcool, de chocolat, etc.

Le diagnostic pourrait cependant être plus large et inclure aussi la dimension des états de stress de la vie. Par exemple, y a-t-il d'autres symptômes de stress dans la vie de la personne? Ses migraines sont-elles plus fréquentes en période de tension? Le traitement, dans l'affirmative, pourrait viser à aider la personne souffrante à ajuster son niveau de stress, ce qui n'empêche bien sûr pas la prescription de médicaments contre les migraines.

Dans certains cas, après de nombreux examens, les spécialistes de la santé ne trouvent rien qui puisse expliquer le symptôme dont on se plaint. La médecine manque parfois de mots pour désigner les malaises dont on souffre. Et même s'il y a des mots savants pour désigner une boule dans la gorge *(globus hystericus),* un cœur serré (spasmes intercostaux) ou un estomac noué (dyspepsie psychogène), cela ne nous avance pas à grand-chose si on ne recherche pas les causes plus profondes de ces malaises. Recevoir le diagnostic «c'est nerveux», c'est une façon comme une autre de prendre conscience qu'il y a suffisamment de tension en nous pour que notre corps nous en donne des signes.

Parfois aussi, les spécialistes n'arrivent pas à démasquer les éléments physiques spécifiques qui sont à la source des symptômes, comme dans le cas de difficultés respiratoires qui pourraient être de nature allergique sans que l'allergène auquel on réagit n'ait encore été découvert.

Quand il y a lieu de croire qu'un symptôme indésirable est lié au stress, c'est-à-dire qu'il apparaît plus souvent ou plus fortement en période de tension et qu'il est accompagné d'autres symptômes, il est probable qu'un travail centré exclusivement sur la recherche d'un médicament approprié ou d'une intervention de médecine alternative pour le faire disparaître sera, malgré son efficacité à court terme, à reprendre un peu plus tard.

En effet, si les causes du stress sont laissées de côté, les symptômes reviendront. Une boule dans la gorge qui se contrôle avec des anxiolytiques (variété de médicaments pour les nerfs qui vise à faire diminuer l'anxiété) réapparaîtra lors de l'arrêt de la prise de ces médicaments; de plus, lors de la période de sevrage, une anxiété plus grande, que l'on qualifie de «rebond», risque fort d'apparaître, ce qui encouragera un nouveau recours aux médicaments, créant ainsi un cercle vicieux dont la sortie n'est pas toujours facile à trouver; il vaut alors la peine de travailler sur les causes de l'anxiété.

La plupart des spécialistes de la santé et de leurs patient-es s'entendent sur une chose: c'est toujours plus simple quand on trouve une cause «physique» aux symptômes. Quel soulagement de savoir qu'on est allergique aux tomates plutôt que d'arriver à la conclusion que nos nausées sont liées à notre relation de couple insatisfaisante.

Cette façon un peu étroite de penser nous porte aussi à croire qu'un «remède» est toujours spécifique, qu'il soigne un et un seul symptôme en dérangeant le moins possible le reste du corps et de l'esprit, bien que la notion d'effet secondaire soit aussi de plus en plus connue. Tout se passe comme si on voulait trouver dans le fonctionnement du corps une analogie avec celui des machines: quand on change l'huile à moteur d'une automobile, cela a un effet positif sur le moteur, sans aucun effet secondaire sur les freins ou la transmission. Et cela a un effet immédiat.

On aimerait qu'à un seul symptôme corresponde une seule cause. C'est avec cette façon de penser que la plupart des spécialistes de la santé ont été formé-es et c'est avec cette même façon de penser qu'on les consulte. C'est ainsi qu'on cherche «la» cause de notre insomnie, «la» cause de nos maux de tête, «la» cause de notre fatigue ou de nos difficultés de concentration, en refusant l'idée que notre insomnie, nos maux de tête *et* notre fatigue sont probablement *ensemble* l'expression de notre tension, elle-même consécutive à de nombreuses causes.

On voudrait ainsi que les médicaments pour dormir n'aient d'influence que sur le sommeil, que les médicaments pour réduire la tension artérielle ne fassent que contrôler la pression du sang dans les artères, etc. À un autre niveau, on souhaiterait qu'en réglant un problème stressant qui dure depuis longtemps, on ait immédiatement comme conséquence la disparition de l'ulcère duodénal qui nous ronge, ou qu'en réduisant notre consommation de café, on soit récompensé-e le soir même par une nuit de profond sommeil.

Or, la réalité est bien différente: le plus souvent, plusieurs facteurs agissent ensemble pour créer les symptômes et les remèdes à un symptôme particulier ont presque toujours des effets secondaires. La quantité de café qu'on boit peut affecter notre sommeil; mais il y a aussi ce problème qui nous hante, ces autobus bruyants qui perturbent nos nuits, la chaleur étouffante qui perdure, notre fille qui rentre si tard, le sommier qui craque, notre conjoint-e qui ronfle à l'occasion, cette digestion qui n'en finit plus de se faire, etc. Il y a toujours plusieurs causes à un symptôme, ce qui peut nécessiter plusieurs moyens d'action.

Certains des moyens d'action sur les symptômes de stress ont une action non spécifique. On ne peut pas s'attendre à constater leur impact avant quelques semaines voire quelques mois et on ne peut pas non plus penser qu'ils vont avoir l'effet désiré à chaque utilisation. Par exemple, une marche en plein air ou un exercice de relaxation ne constituent pas toujours de bons remèdes aux céphalées au moment où elles nous font souffrir; mais ils contribuent, lorsque pratiqués régulièrement, à en réduire la fréquence, l'intensité, ainsi que la durée. Ils peuvent nous aider à traiter nos symptômes et nous amènent vers une certaine paix intérieure qui peut nous donner la force de nous occuper des causes de notre déséquilibre.

Utiliser ses symptômes comme critères

Il est très utile d'apprendre à nous baser sur nos symptômes de stress pour déterminer si ça va bien ou mal dans notre vie, plutôt que de nous appuyer uniquement sur *ce* qui s'y passe. On est habitué-e de penser que ça va bien ou mal parce que tel ou tel événement a lieu ou non (ça va bien parce que j'ai du travail, parce que j'ai acheté une automobile, ou ça va mal parce que je n'ai pas de travail ou que je n'ai pas assez d'argent pour acheter une voiture). Nous proposons une nouvelle optique, basée davantage sur les symptômes qu'on ressent que sur les événements qu'on vit (je sais que ça va bien parce que j'ai les idées claires, parce que je ressens que la vie est belle, etc.; et je sais que ça va moins bien parce que j'ai plus souvent mal à la tête, parce que je ressens la vie comme une corvée, etc.).

Les événements sont une chose, notre état de tension une autre. Le lien entre les deux, c'est notre attitude, notre perception des événements, et notre capacité à y répondre. Si on apprend à vivre sans voiture, on peut aller très bien, indépendamment qu'on ait ou non les moyens d'en acheter une. On est bien avec notre automobile (et non pas *à cause* d'elle) et on pourrait être tout aussi bien sans automobile.

Notre tension dépend des situations que l'on a à vivre, cela est indéniable, *mais elle dépend aussi et surtout de notre capacité à répondre de façon constructive à ces situations.* En ce sens, peu importe les événements, on peut toujours faire quelque chose pour garder ou pour retrouver notre équilibre personnel.

41

Le stress se manifeste donc de bien des façons, physiques et psychologiques, qu'on appelle symptômes de stress. Il y a des symptômes physiques (tension musculaire et malaises divers) et des symptômes psychologiques (émotionnels, perceptuels, motivationnels, intellectuels, comportementaux, relationnels et existentiels). Les symptômes de stress évoluent ensemble et nous indiquent que notre vie est en déséquilibre.

Il est important de nous occuper de nos symptômes de stress. Si on ne le fait pas, ils s'intensifient tôt ou tard.

2. Observer ses symptômes de stress

Notre stress se révèle par des symptômes que l'on *ressent* (ex.: maux de tête, anxiété, irritabilité, ennui), par des façons d'*agir* (ex.: consommation accrue de tabac, vitesse dans tout) ou par des façons de *penser* (ex.: la vie est une lutte constante).

Pour mieux prendre conscience de certains des symptômes par lesquels notre stress se manifeste, on peut commencer par compléter les phrases qui suivent. Attention: il ne s'agit pas de noter ici des occasions de stress (on manque d'argent, notre employeur nous en demande trop, etc.). On identifiera nos occasions de stress dans le chapitre suivant.

Depuis un mois ou plus, je ressens notamment:

_____

_____

_____

Depuis un mois ou plus, j'ai tendance à agir différemment, notamment je:

_____

_____

_____

Depuis un mois ou plus, j'ai tendance à penser différemment, notamment je:

_____

_____

_____

Maintenant, voici un recensement plus systématique, quoique non exhaustif, de symptômes de stress qui sont fréquents.

> ### Questionnaire: Faire l'inventaire de ses symptômes de stress

Instructions

Sur la grille qui suit, on note les symptômes de stress qu'on a ressentis *durant le dernier mois*. Certains seront peut-être les mêmes que ceux qu'on vient d'écrire.

Chaque symptôme est précédé des chiffres 0, 1, 2 et 3.

On répond en encerclant le 0 si on n'a pas du tout ressenti le symptôme en question.

On encercle le 1 si on l'a ressenti un peu ou rarement.

On encercle le 2 si on l'a ressenti modérément ou assez souvent.

On encercle le 3 si on l'a ressenti beaucoup ou continuellement

Note: les énoncés précédés d'un astérisque et écrits en italique décrivent des manifestations d'un état de stress désirable (ex.: *0 1 2 3: je trouve que la vie est belle*), que nous avons appelé l'équilibre. On y répond de la même manière.

Symptômes physiques

Symptômes de tension musculaire

* *0 1 2 3   Mes muscles sont plutôt détendus.*
  0 1 2 3   J'ai le visage tendu (les mâchoires serrées, le front crispé, etc.).
  0 1 2 3   J'ai des tensions dans la nuque ou dans le cou.
  0 1 2 3   Je sens de la pression sur mes épaules.
  0 1 2 3   Je suis crispé-e (j'ai les poings serrés, j'ai tendance à sursauter, etc.).
  0 1 2 3   Je sens un point entre les omoplates.
  0 1 2 3   J'ai des maux de tête.
  0 1 2 3   J'ai des maux de dos.
  0 1 2 3   J'ai des tremblements.
  0 1 2 3   J'ai continuellement besoin de bouger.
  0 1 2 3   J'ai de la difficulté à me détendre.

Autres symptômes physiques

* *0 1 2 3   Je suis en pleine santé.*
  0 1 2 3   Je me sens fatigué-e.
  0 1 2 3   Je sens une boule dans l'estomac.
  0 1 2 3   Je sens une boule dans la gorge.

0 1 2 3   Je vieillis vite.

0 1 2 3   J'ai les yeux cernés.

0 1 2 3   Je dors mal/je prends des médicaments pour dormir.

0 1 2 3   Je mange plus (ou moins) que d'habitude.

0 1 2 3   Je ressens des bouffées de chaleur ou des frissons.

0 1 2 3   J'ai des palpitations.

0 1 2 3   J'ai souvent froid aux mains ou aux pieds.

0 1 2 3   Je transpire, j'ai les mains moites.

0 1 2 3   J'ai des étourdissements ou des vertiges.

0 1 2 3   J'ai le souffle court ou de la difficulté à respirer profondément.

0 1 2 3   Je digère mal.

0 1 2 3   J'ai des brûlures d'estomac.

0 1 2 3   J'ai de la constipation ou de la diarrhée.

0 1 2 3   J'ai des nausées.

0 1 2 3   Mon cycle menstruel est changé.

0 1 2 3   J'ai de l'hypertension artérielle (je fais de la haute pression).

0 1 2 3   Certains de mes symptômes physiques se sont aggravés (arthrite, hypoglycémie, cholestérol, allergies, ulcères ou autre).

Symptômes psychologiques

Symptômes émotionnels

* *0 1 2 3*   *Je ressens de la joie.*

0 1 2 3   Je m'inquiète outre mesure.

0 1 2 3   Je panique.

0 1 2 3   Je suis impatient-e.

0 1 2 3   J'ai les nerfs à fleur de peau.

0 1 2 3   Je me sens frustré-e.

0 1 2 3   Je change d'humeur pour un rien.

0 1 2 3   Je fais des colères pour des riens.

0 1 2 3   Je suis de mauvaise humeur.

0 1 2 3   Je suis triste.

0 1 2 3   Je suis déprimé-e.

Symptômes perceptuels

* *0 1 2 3*   *Je trouve la vie agréable.*

0 1 2 3   Je n'ai plus le sens de l'humour.

0 1 2 3   Je me sens pressé-e ou débordé-e.
0 1 2 3   Je ne retire pas de plaisir des petites choses de la vie.
0 1 2 3   Je suis préoccupé-e.
0 1 2 3   Je vois tout comme une montagne.
0 1 2 3   Dès que je vois quelqu'un, je crains qu'il n'ait quelque chose à me demander.
0 1 2 3   J'ai perdu confiance en moi.
0 1 2 3   Je fais des drames avec des riens.
0 1 2 3   J'ai une attitude négative, je prends tout mal.
0 1 2 3   Je pense que je ne vaux pas grand-chose ou que je ne fais jamais rien de bon.

Symptômes motivationnels

* *0 1 2 3*   *Je suis motivé-e pour mes projets.*
0 1 2 3   Je fais passer mes tâches avant tout.
0 1 2 3   Je ne sais pas ce que je veux.
0 1 2 3   Je manque d'enthousiasme.
0 1 2 3   Je n'ai pas le goût de faire quoi que ce soit.
0 1 2 3   J'ai perdu de l'intérêt pour beaucoup de choses.
0 1 2 3   J'ai de la difficulté à me mettre à la tâche, je remets au lendemain.
0 1 2 3   J'ai perdu mon désir d'apprendre, de m'instruire.
0 1 2 3   Je ne veux pas de projets stimulants, de défis.
0 1 2 3   Je suis découragé-e.
0 1 2 3   Je me contente de faire ce qu'on exige de moi.

Symptômes comportementaux

* *0 1 2 3*   *J'agis le plus souvent de façon saine et appropriée.*
0 1 2 3   J'ai des comportements brusques, j'échappe tout, j'ai des gestes malhabiles.
0 1 2 3   Je fais tout vite (manger, marcher, bouger, travailler, etc.).
0 1 2 3   Je tape du pied, des doigts, je me mords l'intérieur de la bouche, je me ronge les ongles, je ris nerveusement, etc.
0 1 2 3   Je me préoccupe constamment de l'heure.
0 1 2 3   Je saute des repas.
0 1 2 3   Je fais de plus en plus d'efforts pour de moins en moins de résultat.

0 1 2 3   Je fuis tout ce que je peux fuir.

0 1 2 3   Je bois davantage de café ou d'alcool ou je fume davantage.

0 1 2 3   Je prends des médicaments pour les nerfs.

0 1 2 3   Je prends de la drogue.

Symptômes intellectuels

* 0 1 2 3   *Je me sens en pleine possession de toutes mes facultés intellectuelles.*

0 1 2 3   Je passe beaucoup de temps en divertissements faciles (télé, potins, jeux faciles, etc.).

0 1 2 3   J'ai un tourbillon d'idées dans la tête.

0 1 2 3   J'ai les idées confuses.

0 1 2 3   J'ai des idées fixes.

0 1 2 3   Je rumine les mêmes choses, je tourne en rond, sans déboucher.

0 1 2 3   J'ai de la difficulté à me concentrer.

0 1 2 3   J'ai des troubles de mémoire.

0 1 2 3   Je ne produis rien, intellectuellement.

0 1 2 3   Je trouve que tout est trop compliqué.

0 1 2 3   J'ai la tête vide.

Symptômes relationnels

* 0 1 2 3   *Je me sens bien avec les autres et je me sens bien seul-e.*

0 1 2 3   J'ai peur de rencontrer de nouvelles personnes.

0 1 2 3   Je suis intolérant-e.

0 1 2 3   J'ai beaucoup de ressentiment.

0 1 2 3   J'éprouve constamment de l'agressivité.

0 1 2 3   J'ai de la difficulté à être aimable.

0 1 2 3   J'ai moins le goût d'écouter les autres.

0 1 2 3   Je fuis les relations intimes.

0 1 2 3   Je suis distrait-e quand je suis en compagnie d'autres personnes.

0 1 2 3   Mon désir sexuel a changé.

0 1 2 3   Je m'isole.

Symptômes existentiels

* 0 1 2 3   *Je trouve que la vie est belle.*

0 1 2 3   Je me sens inutile.

0 1 2 3   Je ne sais plus à quelles valeurs me raccrocher.
0 1 2 3   Ma vie spirituelle a changé.
0 1 2 3   J'ai l'impression que quelque chose en moi est brisé.
0 1 2 3   J'ai l'impression de ne plus me reconnaître.
0 1 2 3   Je suis au bout de mon rouleau.
0 1 2 3   J'ai un sentiment de vide.
0 1 2 3   Je pense que la vie n'a pas de sens.
0 1 2 3   Je suis désespéré-e.
0 1 2 3   J'ai des idées suicidaires.

Interpréter les résultats

Le questionnaire qu'on vient de remplir aide à prendre conscience de l'ensemble des manifestations de notre tension actuelle. Selon leur nombre, leur nature et leur intensité, nos symptômes nous montrent qu'on est en équilibre (la vie est belle, je me sens bien avec les autres, etc.) ou en déséquilibre (je suis découragé-e, je ressens de la fatigue, etc.).

Selon qu'on est ou non en équilibre, on aura plus ou moins de symptômes de stress, qui seront plus ou moins intenses (si on a quelques pertes de mémoire, c'est moins grave que si on oublie tout) et qui révéleront un déséquilibre plus ou moins grand (avoir des idées suicidaires, c'est plus grave que de regarder souvent l'heure).

L'idée est de constater l'état de tension qui est présentement le nôtre. Observer est une première étape. Quand on sait mieux quel est notre niveau de stress, on peut travailler à aller mieux.

1.La nature des symptômes

Notre niveau de stress est très élevé si on a noté des 2 ou des 3 pour l'un ou l'autre des symptômes suivants. Il serait bon dans ce cas d'aller chercher de l'aide professionnelle. Ce sont:

je vieillis vite, je panique, j'ai les nerfs à fleur de peau, je suis déprimé-e, je m'isole, j'ai perdu le désir d'apprendre, je fuis tout ce que je peux fuir, j'ai un sentiment de vide, je n'ai plus le goût de rien faire, je fais de plus en plus d'efforts pour de moins en moins de résultat, je ne me reconnais plus, j'ai l'impression que quelque chose en moi est brisé, je suis désespéré-e, je suis au bout de mon rouleau ou j'ai des idées suicidaires.

Si on a noté des 1 pour ces mêmes symptômes, des changements s'imposeront bientôt, pour éviter que notre état ne s'aggrave.

2. L'intensité des symptômes

Les symptômes de stress vont ensemble. Si on a des 2 ou des 3 dans au moins cinq des huit catégories, on est trop stressé-e et on a avantage à changer des choses pour vivre mieux.

3. Le nombre de symptômes

Il n'y a pas un nombre de symptômes en deçà duquel tout va bien et au-delà duquel tout va mal. Cela dit, si on ressent modérément ou beaucoup plus d'une quinzaine de symptômes (on a noté 2 ou 3), il vaut sans doute la peine de travailler à baisser notre tension. Si on en a quarante ou plus, on peut difficilement se cacher que ça va mal.

4. Les indices d'équilibre

Chaque catégorie de symptômes commence par un indice précédé d'un astérisque et écrit en italique qui révèle un état d'équilibre. Ils sont aussi importants que les autres. Ainsi, si on trouve que la vie est belle, si on a des projets et de l'énergie, si on se sent bien seul-e et avec les autres, on est probablement près de l'équilibre, même si on a occasionnellement des maux de tête et parfois de la difficulté à se concentrer.

Reprendre régulièrement le questionnaire

Nos réponses nous indiquent notre état de tension actuel. Dans quelques mois, selon les changements qu'on aura mis de l'avant et selon les nouveaux événements qui auront marqué notre vie, notre état de tension pourra avoir changé. C'est pourquoi il est utile de noter la date à laquelle on a rempli le questionnaire, de conserver nos résultats et de répondre de nouveau dans quelques mois, et ainsi de suite, périodiquement.

3. Agir sur ses symptômes de stress

Dans cette première partie «agir», nous aborderons cinq moyens pour agir directement sur les symptômes de stress.

Certaines de ces actions sont surtout employées comme remède à un malaise: pilule pour les nerfs quand on vit de l'angoisse, médicament pour traiter l'asthme ou le mal de dos, par exemple. D'autres sont préventives: leur utilisation régulière diminue la tension, prévient les crises et aide à répondre de façon plus appropriée dans la plupart des circonstances: c'est le cas de la relaxation et de l'exercice physique, pratiqués de façon intelligente.

Cinq moyens pour agir sur ses symptômes de stress

Voici cinq moyens grâce auxquels on peut agir sur nos symptômes de stress:

1. Diminuer notre consommation de stimulants, de drogues ou d'alcool.
2. Faire de l'exercice physique ou du sport.
3. Relaxer et se détendre.
4. Prendre des anxiolytiques, des antidépresseurs ou d'autres médicaments.
5. Consulter des spécialistes dans l'une ou l'autre des médecines alternatives.

Utiliser l'un ou l'autre de ces moyens de façon appropriée a un effet bénéfique sur nos symptômes de stress; cela peut aussi avoir des répercussions sur tout le système des quatre clés. Par exemple, si on pratique la relaxation, on est plus reposé-e, on voit moins nos journées comme des montagnes, on est plus efficace et plus sûr-e de nous, on répond mieux à ce qu'on a à faire, on dédramatise, etc. Cela nous aide à changer nos perceptions, à prendre courage, à mieux nous concentrer et à agir plus efficacement. Cela ne règle pas nos problèmes mais, quand on diminue notre tension, on a de nouveau accès à certaines de nos ressources, on découvre des solutions que l'on n'aurait pas trouvées ou que l'on aurait pas osé mettre de l'avant si on était resté-e très tendu-e.

1. Diminuer sa consommation de stimulants, de drogues ou d'alcool

La caféine et la nicotine sont les stimulants les plus fréquemment utilisés. La cocaïne et d'autres «drogues» augmentent aussi la tension. L'alcool, en petite quantité, détend; en plus grande quantité, il stimule; en très grande quantité, il engendre des sentiments dépressifs. Ces substances chimiques apportent des changements à notre niveau de tension en agissant directement sur notre corps par l'intermédiaire du système nerveux et de certaines glandes.

Consommer ces substances offre certains avantages à court terme et comporte aussi certains inconvénients.

Au nombre des avantages, on trouve:

- Du plaisir immédiat, plus ou moins intense selon la nature du produit consommé, sa quantité et la résistance de la personne qui en consomme.
- Une augmentation temporaire de la capacité de travail (le café réveille, la cocaïne stimule, les amphétamines permettent de conduire le camion plus longtemps sans s'endormir, etc.).
- Une marque d'appartenance à un groupe: il faut fumer pour être accepté-e dans certains groupes de jeunes. Une personne «à la mode» doit offrir de l'alcool à ses invité-es. La drogue fait «jeune cadre». Il y a les «amateurs de café». Etc.
- Un rite d'initiation à la vie adulte: consommer café, tabac et alcool fait partie des changements qui marquent le passage de l'adolescence à la vie adulte et peut-être même maintenant de l'enfance à l'adolescence. On a les rites qu'on peut! Depuis toujours ces rites ont été nécessaires, et notre époque ne fait pas exception.
- Une façon de s'arrêter; prendre un café ou fumer une cigarette sont des façons bien connues de faire une pause.

Au nombre des désavantages, on peut noter:

- Une augmentation ou une réduction artificielle de la tension, qui additionnée à la tension déjà existante, peut faire apparaître des symptômes de stress passagers, comme le mal de tête en fin d'après-midi.
- Une altération des perceptions, qui peut entretenir une vie malsaine. Si, par exemple, consommer de l'alcool nous fait temporairement croire que tout ne va pas si mal, on voit moins de raison de changer; alors on endure ce qui ne va pas tout en ayant hâte à notre prochaine consommation. Les problèmes perdurent parce qu'on les fuit plutôt que de les régler et notre estime de soi diminue en raison de notre recours systématique à la fuite.
- Le phénomène de dépendance, la consommation du produit devenant de plus en plus nécessaire et augmentant, ce qui amène une quantité impressionnante de nouvelles occasions de stress pour l'individu et ses proches.
- Des coûts financiers, parfois exorbitants.
- Les problèmes de sevrage, qui surviennent à la cessation de la consommation (maux de tête et somnolence si on cesse brusquement la consommation de café). Ce sont des problèmes de durée et d'intensité variables selon le produit et la quantité consommée. Tout porte

à croire que l'effet «reposant» du tabac ou du café puisse plus justement être interprété comme un apaisement de la réaction de sevrage:
on manque de caféine, cela crée un malaise qui est calmé par un café,
bon ou mauvais. On peut aussi penser qu'une personne qui prend un
café va s'arrêter pour le boire: la détente vient plus de l'arrêt que du
café.

- Problèmes légaux, pour les produits illégaux ou les doses illégales.
- Cercles vicieux du genre: café pour se débarrasser des effets des
  pilules pour dormir et pilules pour dormir pour se débarrasser des
  effets des nombreux cafés.
- Maladies graves reliées à la consommation abusive.

Voici quelques questions qui peuvent aider à déterminer jusqu'à quel
point notre consommation de ces substances est nocive.

1. Compte tenu de l'ensemble de la tension qu'on supporte, dans quelle
   mesure notre consommation de ces produits peut-elle expliquer nos
   symptômes?
2. Quels sont les symptômes précis dont on se plaint actuellement et
   quelles vulnérabilités notre hérédité porte-t-elle? Les maladies cardio-vasculaires et le tabac font habituellement mauvais ménage, tout
   comme les insomnies et le café, ou les problèmes de foie et l'alcool.
   Selon notre hérédité, certains produits s'avèrent plus dangereux que
   d'autres.
3. Quelles sont nos sources de plaisir? Si le tabac figure au premier
   rang, peut-être vaut-il mieux trouver d'autres sources de plaisir avant
   de cesser de fumer. Même chose avec le café. Notre tension est
   probablement plus liée à l'absence chronique de plaisir ou à la sura-
   bondance de problèmes qu'à la seule consommation de café.
4. Quelle est la quantité consommée? Il y a une différence entre l'effet
   d'un café le matin et celui de quinze cafés par jour. En fait, il s'agit
   d'éviter deux erreurs communes: celle de croire que l'élimination du
   café, du tabac ou de l'alcool va tout régler et celle de présumer que
   la consommation quotidienne de cinq cafés, de dix cigarettes ou
   d'une bonne quantité d'alcool ne dérange rien.

Se priver volontairement pendant une semaine de l'une ou l'autre de
ces substances qui agissent sur le système nerveux peut être révélateur
de notre degré de dépendance: une semaine sans alcool, une semaine
sans café, une semaine sans tabac. C'est un bon moyen de concilier
plaisir et contrôle.

On peut aussi développer de nouvelles habitudes de vie pour éliminer une partie de notre consommation d'excitants. On peut réaliser qu'on pourrait faire des pauses sans nécessairement boire du café, qu'on pourrait prendre un repas sans boire d'alcool, qu'on pourrait lire sans fumer, etc. Il s'agit ici de diminuer notre consommation en savourant plus pleinement ce qu'on consomme et en éliminant tout ce qu'on prend distraitement, plus par habitude que pour le plaisir.

L'erreur la plus répandue consiste à croire que si un ou deux cafés nous font du bien, trois ou quatre nous en feront davantage. Ou que si un ou deux verres nous détendent, trois ou quatre nous détendront encore plus. On a ainsi tendance à croire que «plus, c'est mieux», ce qui est le plus souvent faux. Plus, c'est *différent*, mais pas nécessairement mieux. Quand on consomme une plus grande quantité d'un excitant, l'effet ressenti au début n'augmente pas: *il change*. En fait, on se sent souvent plus mal. Si on apprend à vivre plus consciemment et à se fier à nos sensations, si on sait tirer des leçons de nos expériences, on s'en rendra rapidement compte; on pourra plus facilement limiter notre consommation à ce qui nous fait vraiment plaisir.

En diminuant notre consommation de ces substances qui agissent sur notre système nerveux, on récolte le plus souvent un effet bénéfique à court ou à moyen terme. On doit cependant se méfier des prédicateurs de la santé qui mettent café, alcool et tabac dans la même catégorie que l'arsenic. Le danger n'est pas tant dans le produit lui-même que dans l'utilisation qu'on en fait. Cette utilisation peut cependant s'avérer très malsaine.

2.Faire de l'exercice physique ou du sport

L'exercice physique pratiqué intelligemment a un effet bénéfique sur la tension musculaire et sur l'humeur, donc aussi sur le stress et la santé.

Le meilleur exercice physique, c'est... celui qui nous fait du bien. Les exercices de «moyenne» haleine, qui nous font bouger sans nous courbaturer ni nous faire suer à grosses gouttes restent les exercices les plus recommandables pour la majorité d'entre nous: la marche reste le meilleur exemple, surtout lorsque pratiquée dans un milieu naturel, plutôt que de long en large dans la maison derrière l'aspirateur...

L'exercice physique semble aussi avoir une influence sur le fonctionnement de notre cerveau en permettant la libération de certaines substances qui font qu'on se sent bien.

Plus concrètement, on sait bien que si, à chaque jour, on prend le temps de marcher, de faire du vélo, si on passe quelques heures dans la nature durant les fins de semaine, si on joue au tennis ou au golf, si on fait du ski ou de la raquette, alors on se sent mieux que si on ne fait rien de tout cela.

Faire de l'activité physique, c'est une façon simple de garder le corps et l'esprit énergiques. Cela nous permet d'être moins écrasé-e devant les contrariétés. Pratiquer des activités physiques garde notre corps plus vigoureux, ce qui nous permet d'accomplir nos tâches quotidiennes avec moins de fatigue. On devient plus résistant-e, moins accablé-e par les petits désagréments de la vie. On dispose de plus d'énergie.

Faire de l'activité physique, c'est paradoxalement une des meilleures façons de se reposer. Bien sûr, cela demande un peu d'énergie mais, si on respecte nos capacités et notre rythme, cela procure une sorte de bien-être qui n'est pas accessible autrement. On revient plus paisible de nos sorties, on a plus de facilité à se détendre, on dort mieux. On se sent moins comprimé-e, plus dégagé-e.

Les mots clés sont régularité et plaisir. La régularité nous évite les courbatures et permet le plaisir; le plaisir invite à la régularité. Attention: la pratique d'une activité physique peut devenir occasion de stress: la compétition féroce contre les autres ou contre soi-même n'est pas un gage de sérénité... surtout si on perd.

3. Relaxer et se détendre

Pratiquer la relaxation décontracte nos muscles et amène un certain calme mental. Si le fait de prendre une marche ou d'aller faire des courses peut permettre une baisse de la tension musculaire, ces activités ne sont pas à proprement parler des techniques de relaxation. On distingue ainsi détente et relaxation: on se détend en faisant un casse-tête ou en prenant une marche, et on relaxe en pratiquant une technique de relaxation.

Relaxer

Le docteur Benson[*], cardiologue américain qui s'est beaucoup intéressé à la relaxation comme moyen de prévenir les maladies cardio-vasculaires, a commencé ses recherches en ce sens en étudiant les effets biologiques qui résultent de la pratique de techniques de méditation.

---

[*] Les noms suivis d'un astérisque renvoient à la bibliographie.

Selon lui, toutes les techniques de méditation sont relaxantes parce qu'elles ont en commun les points suivants:

1. On doit les pratiquer dans un environnement calme, plutôt silencieux, relativement à l'abri des dérangements et dont la température est agréable.
2. On doit prendre une posture physique qui permet à la plupart de nos muscles de se relâcher beaucoup; la plupart du temps, on s'assoit confortablement ou on se couche sur le dos.
3. On se concentre sur quelque chose: sur notre respiration, sur des formules à répéter, sur un mot, un mantra, etc.; en relaxation on utilise aussi la concentration sur de la musique, sur des contractions volontaires suivies de relâchement de la tension, ainsi que sur d'autres objets de concentration qui varient selon les techniques.
4. Cette concentration n'est pas crispée; si des idées surviennent, on doit simplement les laisser passer et revenir à notre objet de concentration, sans nous fâcher, sans juger notre performance. Cette attitude consiste ainsi à accueillir ce qui arrive plutôt qu'à souhaiter qu'il se passe telle ou telle chose. Il s'agit d'être à l'écoute des sensations, des émotions qui peuvent émerger, sans les réprimer ni les juger; être là et ne rien vouloir d'autre que ce qui arrive, s'abandonner sans rien vouloir obtenir.

Il est conseillé de s'exercer quotidiennement (parfois plusieurs fois par jour), pendant des périodes qui varient de 5 à 30 minutes, selon les techniques. Pour développer et conserver les effets procurés par les exercices de relaxation, on doit pratiquer les exercices régulièrement. Comme pour tout exercice, les bénéfices retirés de la relaxation cessent assez rapidement quand on abandonne la pratique.

Voilà ce que les techniques de relaxation ont en commun. Elles permettent toutes, à des degrés divers, de parvenir à relâcher régulièrement la musculature et à diminuer ainsi le stress de l'organisme, ce qui a pour effet d'agir sur la plupart des symptômes de stress. Elles sont utilisées contre les maux de tête, l'insomnie, les difficultés de concentration, l'anxiété et l'angoisse, l'hypertension artérielle, etc. Les recherches du docteur Luthe[*] sur le training autogène, technique de relaxation développée au début du siècle, montrent des applications possibles et relativement efficaces dans toutes les sphères de la médecine et de la psychiatrie. Elles montrent aussi que les effets cessent avec l'abandon de la pratique régulière des exercices.

Voici des avantages à pratiquer la relaxation:

- On diminue à moyen terme la plupart de nos symptômes de stress. C'est un outil des plus précieux en médecine et en psychologie.
- On prend conscience plus rapidement de la présence ou de l'augmentation de notre tension musculaire. On peut alors agir de façon préventive pour contrer les effets néfastes d'une tension qui serait autrement passé inaperçue.
- On augmente notre capacité à se calmer sans avoir recours à des médicaments ou à de l'alcool. On développe un sentiment accru et parfois étonnant d'autocontrôle.
- On se prend en charge. Prendre du temps pour faire nos exercices de relaxation, c'est décider de s'occuper de soi. Sur le plan psychologique, c'est un pas vers l'affirmation de soi. On devra négocier de n'être pas dérangé-e par les autres, réserver un espace tranquille à la maison ou au travail, etc.
- On prend mieux conscience de nos émotions à un niveau corporel, non rationnel, ce qui facilite le changement.
- On développe notre créativité, c'est-à-dire la capacité innée de notre cerveau à trouver de nouvelles choses (des solutions, des inventions) sans procéder de façon logique.

Au nombre des inconvénients à pratiquer des exercices de relaxation, retenons notamment:

- L'assiduité. Très peu de gens parviennent à faire des exercices de relaxation pendant longtemps, régulièrement et en quantité suffisante. On est plus discipliné-e pour ne pas rater un seul épisode de nos séries télévisées... ce qui est bien humain. Il n'est pas facile de mettre en priorité ce qui nous fait vraiment du bien.
- Le temps nécessaire. Le temps quotidien requis pour obtenir des résultats intéressants varie de deux à trois périodes de relaxation de cinq à trente minutes chacune, selon les techniques.
- Le délai de gratification. Contrairement aux effets de la consommation d'anxiolytiques qui se font sentir presque immédiatement, les effets de la pratique de la relaxation peuvent prendre longtemps à s'installer. À chaque exercice, il y a de la détente, mais elle ne dure pas, surtout dans les premiers mois de pratique.
- Les sensations désagréables. Pratiquer des exercices de relaxation nous met en relation avec notre monde intérieur. Il peut arriver que

ce soit l'occasion de ressentir davantage notre souffrance. On associe ces symptômes à un début de libération de tensions inconscientes (besoin de pleurer refoulé, agressivité retenue, sexualité réprimée, etc.). Quand la musculature se détend, tout ce que la tension retenait s'exprime plus librement et cela nous conduit vers une plus grande paix intérieure.

Quelques techniques de relaxation

Les techniques de relaxation se distinguent surtout par l'objet de concentration qu'elles proposent et par la quantité de temps que leur pratique requiert. On peut les diviser en techniques brèves, élaborées et «prêtes à porter».

A. Les techniques brèves

Les techniques brèves peuvent être pratiquées à peu près n'importe où et dans à peu près n'importe quelles conditions:

• Expirer l'air de ses poumons en rentrant le ventre, relâcher le ventre et inspirer profondément, puis laisser sortir l'air. Peut se faire avantageusement à la première sonnerie du téléphone (on répondra à la deuxième ou à la troisième), quand on doit attendre à un feu rouge, dans une salle d'attente, etc.

• Croiser les bras, lever les épaules et y rentrer la tête, sans toutefois se faire mal; garder la tension quelques secondes et relâcher; se concentrer quelques instants sur la détente tout en respirant profondément.

• Fermer les yeux et prendre conscience de toute tension ressentie dans le corps (les mâchoires ou les poings serrés, un point ou un nœud dans le dos, les épaules tendues, etc.). Contracter volontairement davantage les muscles déjà tendus involontairement, garder la contraction quelques secondes et relâcher en gardant quelques secondes la concentration sur la détente. Ouvrir les yeux.

Cela n'est pas très compliqué et ne demande pas beaucoup de temps. Répétés souvent, ces exercices permettent surtout de prendre conscience de la tension de notre corps et d'en relâcher momentanément une partie. C'est loin d'être négligeable.

B. Les techniques élaborées

Certaines techniques comportent de nombreuses étapes et nécessitent un long apprentissage (training autogène, relaxation progressive, sophrologie, méthode Vittoz, etc.). De nombreuses versions «en raccourci» de ces techniques se sont développées et il est de plus en plus difficile de trouver quelqu'un qui enseigne les techniques originales, celles dont on a mesuré scientifiquement les effets.

Bien expliquer ces techniques dépasse largement le cadre de ce livre. Elles existent et elles donnent de bons résultats. Cependant, leur apprentissage requiert un enseignement réparti sur au moins deux mois, parfois davantage, prodigué par un-e spécialiste compétent-e.

C. Les techniques prêtes à porter

Les techniques «prêtes à porter» sont des techniques de relaxation très faciles à apprendre. Leur utilisation est simple, même si des difficultés de concentration surgissent à peu près pour tout le monde. À titre d'exemple, nous avons retenu la relaxation subliminale et le réflexe de relaxation.

Pratiquer la *relaxation subliminale* consiste à écouter dans des conditions calmes un enregistrement «truqué» qui nous fait entendre une musique qui rejoint notre inconscient par des messages de détente qui ne sont pas captés par notre esprit conscient. Il est possible de trouver ces enregistrements chez tout bon disquaire.

Le docteur Benson propose de son côté à ses patient-es de réserver quotidiennement deux périodes de vingt minutes pour se concentrer sur leur respiration et répéter, pendant la phase d'expiration, un son quelconque. Le docteur Benson suggère «one», prononcer «ouann(e)». Ils développent ainsi *le réflexe de relaxation* et bénéficient de réductions importantes de certains symptômes de stress.

En résumé, la technique du docteur Benson consiste à:

1. S'asseoir confortablement dans un environnement calme.
2. Prendre conscience de chacune des parties de son corps et les laisser se détendre.
3. Prendre ensuite conscience de sa respiration tout en continuant à respirer normalement.
4. Répéter pour soi un mot ou un son tout au long de chaque expiration et faire silence à l'inspiration.
5. Considérer les distractions (pensées, émotions, sensations corporelles, etc.) comme normales et faisant partie du processus. Revenir encore et toujours à sa respiration et à ce qu'on a choisi de répéter.
6. Répéter l'exercice environ vingt minutes, deux fois par jour.

Considérations pratiques

Cela peut sembler un peu paradoxal, mais certaines techniques de relaxation sont beaucoup plus efficaces quand on les pratique à un moment où on se sent relativement calme. Il est généralement inutile sinon frustrant de faire de longs exercices de relaxation qui exigent l'immobilité quand on est en colère ou quand on se sent particulièrement angoissé-e. La relaxation est un outil préventif, surtout pour les débutant-es. Les techniques de respiration profonde peuvent cependant toujours nous aider à des moments où on se sent tendu-e.

Pour nous aider à penser à faire nos exercices, voici un certain nombre d'outils:

Des moyens mnémotechniques pourront se trouver à notre portée à tout moment du jour: un collant sur l'horloge nous rappellera de prendre une bonne respiration à chaque fois qu'on regarde l'heure; une bande élastique sur le combiné téléphonique nous aidera à nous souvenir de nous détendre pendant le premier trait sonore et de ne répondre qu'au deuxième, ou au troisième. On peut imaginer presque n'importe quel truc.

Un calendrier, un agenda ou un journal personnel où on note les exercices qu'on a faits peut contribuer à soutenir notre motivation, surtout si ces objets sont placés à des endroits stratégiques, comme près du lit ou d'un fauteuil, par exemple.

Si on garde bien en vue les boîtiers de nos cassettes de relaxation, il sera plus facile de penser à faire nos exercices.

Tous les trucs du monde resteront inutiles si on ne veut pas vraiment faire ces exercices et si on n'y trouve pas de plaisir. Comme l'activité physique, les exercices de relaxation sont continuellement en compétition avec une foule d'autres activités plus «urgentes»; ce qu'on considère urgent ayant malheureusement préséance sur ce qui est important, on a besoin d'une solide motivation et d'un réel engagement envers notre bien-être et notre croissance: il est rare qu'il soit urgent de relaxer! Le plaisir immédiat retiré des exercices nous aidera à soutenir la motivation; et comme la monotonie exclut le plaisir, il sera utile de connaître plusieurs techniques.

On pourra commencer soit par des techniques simples, soit par des techniques qui ne demandent pas trop de temps: techniques sur cassette, techniques brèves, réflexe de relaxation pendant quelques minutes, puis plus longtemps. On pourra aussi suivre un cours ou faire les exercices en groupe, ce qui aide beaucoup à supporter une première démarche.

Se détendre

Toute activité qui exige une certaine concentration, un environnement paisible, une attitude mentale de non-vouloir et une position physique qui permet le relâchement musculaire procurera vraisemblablement de la détente. Il est permis de penser que les disciplines corporelles (yoga, tai chi, antigymnastique, méthode Feldenkrais, eutonie, méthode Alexander, massages), les bains flottants, l'audition de musique et bien d'autres activités s'accompagneront de plus ou moins de détente musculaire si elles sont pratiquées dans les conditions mentionnées plus haut; elles procureront par définition un effet relaxant. Beaucoup d'activités liées à des rites religieux regroupent notamment ces conditions qui font que le corps et l'esprit se détendent; il y a donc des avantages profanes à ces activités d'un autre ordre comme la répétition de prières ou l'une ou l'autre des méthodes de méditation.

Pratiquer régulièrement des techniques de relaxation et de détente, c'est développer un bon outil pour prendre conscience de notre tension musculaire et pour la diminuer. Cela peut aussi avoir pour effet de diminuer tout autre symptôme de stress. Cependant, tout comme la consommation de médicaments pour les nerfs, relaxer agit surtout sur les symptômes de stress: cela n'agit pas sur les occasions de stress. C'est pourquoi si rien n'est fait parallèlement en ce qui concerne les causes de notre déséquilibre, les symptômes reviennent dès qu'on cesse la pratique des exercices.

Cependant, en nous aidant à ressentir et à libérer nos tensions et nos émotions à un niveau corporel et en supportant les mécanismes créateurs de notre cerveau, la relaxation peut nous aider à mieux aborder nos occasions de stress. On répond souvent mieux à ce qui nous stresse quand on est détendu-e; on voit alors la vie autrement.

4. Prendre des médicaments

A. Anxiolytiques et antidépresseurs

Anxiolytiques et antidépresseurs modifient nos perceptions et diminuent (temporairement) certains de nos malaises intérieurs. On les utilise, la plupart du temps, avec au départ les meilleures intentions du monde.

Ils peuvent cependant contribuer à maintenir le *statu quo*; par leur action chimique qui modifie la réaction normale de stress, ils permettent en effet d'endurer des situations malsaines avec moins de malaises, ce qui a pour conséquence qu'on ressent moins le besoin d'agir pour les changer. On a moins conscience que ça va mal et on en souffre moins. Moins sans doute, mais aussi plus longtemps, comme si on remplaçait la souffrance aiguë (source de changement) par un brouillard plus diffus (source d'inhibition).

On peut refuser carrément, par principe, d'utiliser ces médicaments même si on vit dans la panique, on passe des nuits blanches ou on vit des angoisses telles qu'on ne peut plus sortir de chez nous. On s'épuise, nos proches aussi, mais la morale est sauve: pas de médicaments.

Il est certain qu'il y a des abus dans la prescription et la consommation de ces médicaments; mais il y a aussi des erreurs dans la résistance à en prendre: comment agir efficacement sur les causes de notre stress si notre insomnie, nos angoisses ou nos crises de panique nous épuisent? L'utilisation éclairée de ces produits pharmaceutiques dépend toujours du contexte d'un individu particulier à un moment donné de sa vie.

Il y a tout au long de ce livre beaucoup d'alternatives ou de compléments à la consommation de médicaments pour les nerfs; en fait, toute solution efficace à un problème de stress réduit d'autant le besoin de contrôler la tension avec des médicaments. Il serait cependant antiprofessionnel de passer sous silence les avantages à utiliser ces produits dans certains contextes.

a. Les anxiolytiques

Les anxiolytiques sont des médicaments qui nous sont prescrits quand on est anxieux-e, quand on fait de l'insomnie ou quand on a des crises de panique. Leur principale action consiste à réduire la réactivité de notre cerveau et de notre corps quand on perçoit du danger ou d'autres formes d'occasion de stress. Sous médication, on a moins accès à nos émotions parce que notre cerveau ne nous le permet pas autant.

Par exemple, si on a peur de prendre l'avion, prendre un de ces médicaments nous calmera. On a ainsi le choix entre une émotion vive et la pilule. Il y a bien sûr d'autres choix. On peut par exemple apprendre à vaincre nos paniques par la relaxation et par une exposition graduelle à ce qui nous terrorise. On peut aussi commencer à apprivoiser notre peur de mourir.

Les anxiolytiques peuvent aussi être pris sur une base régulière plutôt qu'au besoin: ils seront alors prescrits pour dormir ou pour contrôler une anxiété qui est autrement toujours présente. On peut alors dormir malgré nos problèmes et continuer à mener notre vie sans vivement ressentir le besoin de changer. On finit par croire que l'anxiété est une maladie plutôt qu'une réaction à des occasions de stress malsaines.

Si on prend des anxiolytiques de façon quotidienne, on a avantage à consulter quelqu'un de compétent pour nous aider à apporter des changements dans notre vie. Les médicaments peuvent alors temporairement nous aider à appliquer des solutions à nos occasions de stress; quand les solutions portent fruit, notre corps vient lui-même naturellement à bout de ses symptômes d'anxiété, ce qui mène à l'arrêt de la consommation de médicaments.

Quelques avantages:

- Réduisent rapidement et efficacement les sentiments de panique, l'anxiété ou l'insomnie et permettent ainsi de mieux fonctionner.
- Peuvent rétablir le calme nécessaire pour régler les problèmes à la base des malaises ressentis.

Quelques inconvénients:

- Peuvent contribuer à prolonger des situations malsaines.
- Créent de la dépendance s'ils sont pris régulièrement ou très souvent.
- Ont un effet temporaire, sans cesse à renouveler.
- Peuvent finir par devenir des occasions de stress (prendre des médicaments pour les nerfs peut finir par être un problème en soi).
- Nous consolident dans notre statut ou notre rôle de «malade» et laisse au médecin la responsabilité de nous «guérir».
- Nous empêchent aussi de ressentir de la joie.

b. Les antidépresseurs

Les antidépresseurs nous permettent de ressentir plus d'énergie quand notre souffrance se manifeste par des sentiments dépressifs persistants. C'est un peu comme si on était déprimé-e sans le savoir: on peut alors continuer à vivre exactement comme avant. Ils ont, à peu de choses près, les mêmes avantages et désavantages que les anxiolytiques, à l'exception qu'ils ont tendance à augmenter la capacité à ressentir du plaisir plutôt qu'à la diminuer et qu'ils présentent beaucoup moins de risque d'accoutumance.

Des sommes considérables d'argent et d'intelligence sont consacrées à la recherche de médicaments toujours mieux adaptés pour réduire l'anxiété, l'angoisse et les états dépressifs: tant mieux. Ces médicaments seront de plus en plus efficaces. Cependant, la lutte entre les compagnies pharmaceutiques est féroce: il y a d'énormes sommes d'argent en jeu. Par tous les moyens, on veut que les scientifiques arrivent à la conclusion que l'anxiété et les sentiments dépressifs sont des «maladies physiques»: on en ferait la preuve en démontrant que les médicaments sont efficaces. Drôle de raisonnement! Il y a donc là un danger.

À un représentant pharmaceutique qui nous proposait un nouveau médicament contre les angoisses, nous avons demandé en plaisantant si le médicament soignait aussi les causes de l'angoisse. Il n'a même pas compris de quoi nous parlions. Pour lui, l'angoisse est une maladie, pas une réaction, pas un symptôme de stress.

Quand la détresse se manifeste sous la forme de sentiments dépressifs, d'anxiété ou d'angoisse, il est facile de choisir la solution médicament. Patient-e et médecin ont l'impression d'être devant une maladie et les médicaments disponibles sont souvent efficaces. Le médecin est souvent pressé, la personne qui consulte aussi. Beaucoup de médecins ne sont ni très intéressé-es ni très habiles avec les maux de la vie et un bon nombre des patient-es préfèrent souvent ne rien changer à leur vie. Les psychiatres sont débordé-es et les honoraires des psychologues ne sont pas remboursés par l'État. Tout le monde est finalement d'accord.

Mais on sent bien qu'il y a quelque chose qui cloche. Même si les autres solutions au stress exigent souvent du courage et que leurs résultats ne sont pas toujours garantis, nous croyons qu'il ne peut y avoir de retour à une réelle joie de vivre qui ne passe par elles.

B. Les autres médicaments

Le stress peut se manifester sous forme d'anxiété ou de sentiments dépressifs. Mais il peut aussi engendrer d'autres symptômes physiques. Il existe pour chaque problème, chaque symptôme, chaque malaise, de l'infarctus du myocarde jusqu'au nez qui coule l'hiver, des solutions médicamenteuses variées, tantôt efficaces, tantôt non et parfois nuisibles. Il se développe parallèlement tout un réseau de médecines alternatives dont la finalité est de trouver et d'administrer les remèdes ou les techniques les plus efficaces ou les moins dangereuses pour nous soulager ou nous guérir de nos symptômes.

Si nos maux physiques s'accompagnent d'autres symptômes de stress, ils sont liés à une situation de vie difficile. Une solution limitée à la seule action sur les symptômes risque d'être à reprendre à moyen terme ou à être poursuivie continuellement. Il est souvent utile et nécessaire d'agir sur les symptômes, qu'ils soient ou non liés au stress. Un ulcère du duodénum fait mal et s'il n'est pas soigné, il pourra évoluer vers une complication, hémorragie ou perforation; il y aura alors danger pour notre vie. Il est important de nous soulager de nos douleurs et d'agir sur leurs causes physiques; tant mieux s'il y a des moyens efficaces pour le faire.

La tendance actuelle à considérer la médication comme un mauvais choix, un choix presque immoral, nous apparaît plus comme une réaction aux abus que comme une ligne à suivre. Cependant, si on ne fait que soigner nos ulcères sans rien changer dans notre vie, on va fatalement revenir soigner d'autres ulcères. On finira par croire que nos ulcères sont chroniques.

5.Utiliser les médecines alternatives

Un grand nombre des personnes qui soignent notre corps ne s'intéressent que peu aux autres clés de l'équilibre. Qu'on choisisse les médicaments des médecins, les granules des homéopathes, les aiguilles des acupuncteurs, les manipulations vertébrales des chiropraticiens ou les massages des massothérapeutes, ce sont surtout nos symptômes qui seront visés et touchés. Un peu comme si les symptômes ressentis dans le corps n'avaient pas beaucoup à voir avec le reste de la vie.

On doit se méfier des intervenant-es qui prétendent à une action holistique, globale et totale. Même si on ne retrouve que très peu de charlatans parmi ces «médecins» parallèles, il nous semble que l'holisme est un concept délicat, surtout quand il porte à croire au miracle. Le danger signalé ici est celui de mettre tous ses espoirs dans un traitement qui prétend tout régler. Une intervention extérieure ne peut pas, à elle seule, rééquilibrer notre vie.

Cela dit, consulter des praticien-es en médecine alternative peut avoir un effet bénéfique sur nos malaises. Ces médecines se fondent sur des hypothèses qui n'ont pas toujours une base scientifique bien établie ou qui n'en ont pas du tout; cela ne veut cependant pas dire que les méthodes qu'elles utilisent ne donnent pas de résultats! Beaucoup de gens ont recours à ces services et en sont satisfaits. Bien qu'ils n'y soient pas encouragé-es par leur corporation, de plus en plus de médecins se forment à l'une ou l'autre de ces approches ou invitent leurs patient-es à les expérimenter contre des symptômes particuliers pour lesquels la médecine traditionnelle n'a que peu à offrir.

Un nombre grandissant d'intervenant-es dans l'une ou l'autre des disciplines alternatives, comme un nombre grandissant de médecins, s'intéressent aussi au stress. C'est de bon augure.

Réduire notre consommation d'excitants, faire de l'exercice physique, relaxer et se détendre, se soigner en consultant des personnes compétentes et en suivant les traitements qu'elles nous proposent, voilà les principales façons d'agir directement sur nos symptômes de stress. S'occuper activement de ses symptômes de stress, c'est une première clé de l'équilibre. Ce n'est pas tout, mais c'est un bon début.

DEUXIÈME CLÉ DE L'ÉQUILIBRE PERSONNEL: DOSER SES OCCASIONS DE STRESS

1. Comprendre: les occasions de stress

On n'est pas stressé-e pour rien. Chaque journée apporte son lot de tâches, de préoccupations, de routine, d'insatisfaction, de sollicitation, et chaque journée peut aussi comporter des défis, des projets, des moments de passion.

Dans ce chapitre, nous analyserons une deuxième clé pour garder l'équilibre, celle qui consiste à doser ses occasions de stress.

Nos occasions de stress, ce sont les événements auxquels on réagit et au contact desquels se crée notre tension. Pour les doser:

1. On observe de plus près tout ce avec quoi on se stresse.
2. On établit nos priorités. On élimine les occasions de stress dont on peut se passer et on fait davantage ce qui nous fait du bien. On ajuste nos occasions de stress à notre capacité *actuelle* à répondre: ni trop ni trop peu.
3. On crée de la variation, on établit plus d'harmonie entre temps de travail et temps de repos, activités physiques et intellectuelles, vie sociale et moments de solitude, etc.

Savoir que quelque chose nous stresse, c'est le premier pas à franchir si on veut y remédier. Notre voisin fait du bruit, les enfants sont malades, la tâche de travail augmente, on manque d'argent, notre conjoint-e nous trompe, on ne trouve rien à faire, voilà des exemples d'occasions de stress. Si on connaît mieux tout ce qui nous stresse, on peut plus facilement éliminer ce qui n'est pas vraiment nécessaire et ajouter du «bon» stress.

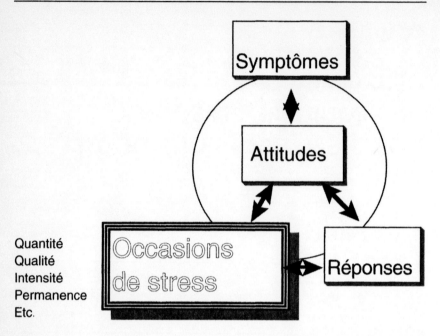

Quantité
Qualité
Intensité
Permanence
Etc.

Ensuite, une fois qu'on sait mieux ce avec quoi on se stresse, on peut établir nos priorités: qu'est-ce qu'on pourrait davantage faire, qu'est-ce qu'on pourrait laisser tomber et qu'est-ce qu'on pourrait faire autrement?

Finalement, on apprend à mieux équilibrer nos activités quotidiennes: on travaille, on se repose aussi; on est assis-e, on est plus tard physiquement actif-ve; on est sérieux-se, alors on trouve du temps pour s'amuser. On dose: c'est un premier pas. Plus loin, nous verrons comment mieux répondre à ce qu'on aura choisi de garder ainsi qu'à ce qu'on ne peut pas éviter.

Une occasion de stress ne porte pas en elle-même une certaine «quantité» déterminée de stress: les politicien-nes vivent souvent mieux avec la critique que la moyenne des gens et, si la perte d'un emploi est dramatique pour certain-es, elle est source de réjouissance pour d'autres: «Enfin le chômage!» Pour doser, on prendra donc en considération l'importance que revêt *pour nous* chacune de nos occasions de stress ainsi que *notre* capacité à répondre maintenant à l'une ou l'autre.

Notre dosage va aussi dépendre du relatif équilibre dans lequel on est, qui rend nos ressources et nos compétences plus ou moins disponibles. On l'a vu, la tension nous change. Il y a ainsi des périodes de notre vie où on fait des drames avec des riens, alors qu'à d'autres, à peu près tout passe comme dans du beurre. Il y a des jours où on fait une crise à cause d'un verre de lait renversé, alors qu'à d'autres moments, la même «catastrophe» passe presque inaperçue ou nous remplit de tendresse pour notre enfant encore tellement petit-e malgré ses ambitions de tout faire tout-e seul-e.

Plus notre vie est en déséquilibre, plus on réagit mal à nos occasions de stress. Tout dosage n'est jamais effectué que pour une certaine période de temps. À certains moments, on pourra prendre plus d'occasions de stress et à d'autres, beaucoup moins. Ou plus d'un certain type et moins d'un autre: plus de repos et moins de travail, ou vice versa.

Les occasions de stress laissées sans réponse produisent une accumulation de symptômes de stress. Est occasion de stress tout ce qui est insatisfaisant, embêtant, dangereux, inconfortable, moralement difficile, encombrant, coinçant, biologiquement très exigeant ou malsain, ainsi que tout ce qui est stimulant et désirable.

En développant la «pro-activité», c'est-à-dire en agissant *avant* que ça aille mal, on aura aussi moins besoin d'agir *après*.

Première section
Démasquer ses occasions de stress

La première étape du dosage de nos occasions de stress consiste à prendre conscience de ce qui nous stresse. Il y a des événements sans grande importance mais qui reviennent très souvent; il y a ces bons vieux problèmes non réglés qui nous sautent au visage périodiquement; il y a ces choses dont on a peur. *Tout* peut être occasion de stress.

Il est impossible de déterminer s'il est plus stressant de faire quotidiennement des transactions financières qui impliquent beaucoup d'argent ou de s'occuper d'un jeune bébé. Il y a ainsi non seulement la «grosseur» de ce à quoi on est confronté-e qui importe, mais aussi la nature de nos occasions de stress, qui peut nous convenir ou non. Plus on aime ce qu'on fait, moins la charge est lourde. Aussi, plus on peut maîtriser les choses, moins elles nous stressent. Voici donc d'abord différentes caractéristiques des occasions de stress qui peuvent nous aider à en faire un dosage adéquat.

Les occasions de stress peuvent être physiques ou psychologiques

Le froid et la peur produisent le même type de réaction dans l'organisme: le fait de sortir dehors en plein hiver nous crispe de la même manière que la peur suscitée par un chien menaçant. Il y a des différences entre la réaction de peur et celle qui est engendrée par le froid, mais il y a aussi des ressemblances, qui constituent le fondement de ce que le docteur Selye* a désigné par le mot «stress».

Notre niveau de tension dépend de *l'ensemble* de nos occasions de stress, qu'elles soient physiques (froid, bruit, pollution, effort physique), psychologiques (émotions, décisions), sociales (perte d'emploi, faillite, guerre), morales (ai-je le droit de placer ma mère, qui perd son autonomie, en centre d'accueil?) ou de toute autre origine. On peut avoir mal à la tête parce qu'on a couru un marathon ou parce qu'on a eu froid; parce qu'on a perdu notre emploi ou parce qu'on a eu très peur d'avoir un accident d'automobile; parce qu'on s'inquiète de notre avenir financier ou parce qu'on digère mal le repas qu'on vient d'avaler; parce qu'on a du mal à refuser de garder les enfants de notre sœur ou parce qu'on a bu trop de café.

Pour mieux doser tout cela, on veillera à faire varier les occasions de stress (activité physique et intellectuelle, par exemple) et à éviter de se coincer partout: on retardera la rénovation de la maison si on a déjà un gros problème de couple, pour éviter de s'épuiser physiquement si notre vie psychologique est déjà très difficile. On réservera des périodes de repos l'hiver, le froid étant physiquement exigeant.

Les occasions de stress peuvent être positives ou négatives

Une autre façon bien connue de catégoriser les occasions de stress consiste à les diviser en positives et en négatives. Positif et négatif sont des termes relatifs. Une occasion de stress positive pour quelqu'un peut se révéler négative pour quelqu'un d'autre. Tout dépend de la personne et du sens qu'elle veut donner à sa vie.

On considère habituellement les joies comme positives et les peines comme négatives. Bien sûr, une peine peut être positive, si on s'en sert pour mieux communiquer ou pour changer ce qui nous fait de la peine et pour mieux diriger notre vie. On perçoit une émotion agréable comme positive. Cela ne l'empêchera cependant pas d'augmenter notre tension. En règle générale, «tomber en amour» crée de la tension, fait battre les cœurs, engendre un peu d'insomnie, provoque même parfois de l'anxiété (des doutes ou de la jalousie, par exemple). Souvent (c'est à espérer?), on revient fatigué-e de notre voyage de noces. Il y a ainsi de la «bonne» fatigue.

Les termes «positif» et «négatif» peuvent aussi qualifier non pas l'occasion de stress elle-même, mais plutôt ses conséquences. La venue d'un examen scolaire peut être positive si elle nous amène à nous retrousser les manches pour étudier et pour apprendre. Ce qui ne l'empêche pas de créer de la tension, tout comme une opération chirurgicale qui va nous délivrer d'une douleur et finalement améliorer notre sort. Même si l'émotion est négative (peur de l'examen scolaire ou de l'opération chirurgicale), le stress peut être positif si on arrive à voir le résultat qui en découle comme souhaitable.

À l'inverse, il peut s'ensuivre toute une série de conséquences néga-tives à un événement apparemment enviable. Beaucoup de personnes qui ont gagné une grande quantité d'argent à la loterie ont vu leurs relations se détériorer, se sont fait assaillir par toute une bande d'exploiteurs, ont surtout trouvé dans leurs nouvelles possessions la peur de se faire voler. Ils ont appris à leurs dépens que l'argent ne fait pas nécessairement le bonheur. La joie de vivre n'est pas quelque part à l'extérieur de nous.

Il y une certaine façon de voir les choses qui peut transformer beau-coup d'occasions de stress négatives en occasions de stress positives. En considérant l'ensemble de ce qui est lié à une occasion de stress particulière, on peut souvent trouver une motivation positive à quelque chose qui nous était d'abord apparu négatif, ou dont l'un des aspects nous semble tel. Il n'y a que très peu de situations qui ne présentent que des désavantages, tout comme il n'y en a que très peu sans inconvé-nients. Ce n'est pas parce qu'on est stupide qu'on endure des situations difficiles, c'est parce qu'on croit qu'il y a plus d'avantages à endurer qu'à changer. Souvent aussi, on a peur de changer.

Une occasion de stress est positive quand on y trouve du sens. Se lever la nuit pour prendre soin de notre nourrisson, c'est fatigant, mais cela signifie quelque chose et cela peut nous faire passer de très beaux moments. Se réveiller la nuit parce que les voisins d'en haut font encore une fois du vacarme, c'est beaucoup plus irritant.

Quand une occasion de stress ne répond plus à rien qui puisse se révéler positif, quand il faut endurer la jalousie d'un-e conjoint-e qu'on n'aime plus, quand il faut se tuer à effectuer un travail qui, par ailleurs, a toujours été abrutissant, quand on s'efforce par tous les moyens d'aider des gens qui se moquent de nous, alors, la meilleure réponse, c'est d'éliminer ces sources de tension malsaine.

Retenons que même les émotions positives créent du stress; une certaine tension est donc une bonne chose pour le moral et la santé. À peu près n'importe quelle occasion de stress peut être positive si on sait en tirer des leçons ou des avantages, si on sait y trouver du sens. On peut toujours apprendre à leur répondre d'une façon qui nous permette de beaucoup mieux les vivre, ce qui constitue la troisième clé de l'équilibre.

Pour doser le positif et le négatif, on peut:

1. Éviter ou éliminer les occasions de stress négatif non nécessaires (éviter les achats compulsifs qui créent plus de tension que de plaisir, briser des routines familiales encombrantes, déléguer une partie de nos tâches, etc.).
2. Ajouter des occasions de stress positif: des loisirs, des apprentissages, du plaisir, etc.
3. Éviter les excès: éviter de sortir tous les soirs, de boire beaucoup d'alcool, de toujours lire jusqu'à tard dans la nuit, d'être constamment présent-e a une personne malade, etc.

Les occasions de stress peuvent être intenses ou faibles

Une occasion de stress peut produire une petite ou une grande réaction. Une crise dans notre vie de couple crée plus de tension qu'un bruit d'ordinateur. Il serait cependant erroné de conclure que les occasions de stress de faible intensité n'ont pas d'effet appréciable. Les bruits d'ordinateurs et les sonneries de téléphone, à la journée longue, peuvent finir par nous mettre dans un état de tension assez élevé.

Ce n'est pas le fait qu'un de nos employés nous dérange pour un rien qui nous fait un jour éclater de colère: c'est le fait qu'il nous interrompt ainsi fréquemment ou à de mauvais moments. On peut penser ici au supplice de la goutte d'eau. Ce n'est pas parce que notre conjoint-e nous demande du café qu'on sent la moutarde nous monter au nez: c'est plutôt parce que, depuis deux ans, 90% de ses communications avec nous ont été pour se plaindre ou pour demander quelque chose et que, docilement, on a acquiescé à toutes ses demandes (avec les dents serrées).

«Presque rien» finit par devenir trop, la goutte fait déborder le vase. C'est même une bonne tactique de manipulation que de demander des choses qui, considérées isolément, ne peuvent justifier un refus. On l'appelle la tactique du salami: petite demande après petite demande, tranche extra mince après tranche extra mince, on finit par se faire bouffer tout notre salami sans que jamais, à aucun moment, on ne puisse raisonnablement refuser de rendre le si petit service qui nous est demandé.

«Pourrais-tu garder Sylvie vendredi matin, si tu es en congé? Il faut que j'aille chez le médecin pour faire enlever mes points de suture.»

«Ma bicyclette est brisée, répare-la s'il te plaît, t'es en congé vendredi.»

«Tu es en congé vendredi? Pourrais-tu aller voir maman? Tu sais qu'elle ne va pas bien par les temps qui courent, ça lui ferait du bien.»

«Ça fait deux mois que tu me promets que tu vas nettoyer le congélateur; tu vas le faire vendredi, n'est-ce pas?»

«Ils pourraient venir vendredi pour l'inspection annuelle du système de chauffage, c'est d'accord?»

«Moi aussi je suis en congé vendredi; pourrais-tu me donner un coup de main pour sortir mon vieux réfrigérateur? Ça va prendre juste deux minutes. Jocelyne a mal dans le dos, elle ne peut pas m'aider.»

«Irais-tu acheter le cadeau de Michel si tu es en congé vendredi? Tu sais, le beau chandail vert qu'on a vu ensemble? Je pense qu'une taille moyenne, ça devrait lui faire.»

«Tu es en congé vendredi? Chanceux! Tu vas pouvoir faire ton rapport d'impôt, laver tes vitres, faire changer l'huile à moteur de l'auto, faire l'épicerie, transplanter les violettes africaines, ranger tout ce que les enfants ont laissé traîner dans le sous-sol et faire un bon ménage! Moi, je n'ai jamais de temps pour faire ça...»

«T'es en congé vendredi? Tu vas pouvoir t'occuper de toi, tu es bien chanceux....»

Vivre normalement, c'est être la cible de millions de petites demandes. Chacune apparaît inoffensive, mais quand on considère l'ensemble de notre vie, on doit souvent admettre qu'il nous reste peu de temps pour nous reposer ou peu d'énergie à consacrer à nos projets personnels.

Toutes ces petites choses n'empêchent pas que des occasions de stress intenses, de plus en plus fréquentes dans notre monde (problèmes familiaux, fardeaux de tâche au travail, emplois insignifiants, relations de couple vides, problèmes d'argent et autres situations complexes) peuvent aussi contribuer pour beaucoup à maintenir notre tension à des niveaux élevés.

Pour doser cela, on évitera dans la mesure du possible d'avoir beaucoup d'occasions de stress intenses en même temps. On prendra conscience des occasions de stress moins intenses qui reviennent cependant très souvent et on apprendra à en tenir compte plutôt qu'à les considérer comme accessoires.

Les occasions de stress peuvent être conscientes ou inconscientes

Il y a des occasions de stress dont on prend facilement conscience. On sait par exemple que les mauvaises nouvelles nous inquiètent, que notre situation financière précaire nous préoccupe, que le snobisme de notre beau-père nous met en fusil, etc. Ce sont des occasions de stress qu'on connaît, par lesquelles on peut expliquer notre tension: on dort mal *parce qu'*on ne sait pas quand la grève va finir... ou commencer. On est tendu-e *parce qu'*on attend la visite de notre belle-famille. Ce sont des occasions de stress qu'on peut voir, entendre ou sentir.

D'autres occasions de stress sont plus sournoises, parce qu'on n'en prend pas toujours conscience. Qui s'aperçoit du fait que le bruit «normal» au travail crée de la tension? Pourtant, quand les machines se taisent, quel soulagement! Attention aussi à considérer que ce qui est «normal» ne peut pas nous déranger: même si c'est «normal» qu'un enfant de trois ans nous pose trente questions à la minute, ça peut à l'occasion nous tomber sur les nerfs.

D'autres occasions de stress restent inconscientes parce qu'on a plus ou moins décidé qu'on ne voulait plus les avoir en tête. On joue à l'autruche, ou on se protège. Penser au décès d'un de nos enfants nous ferait tellement de mal qu'on préfère ne plus y penser; cela fait moins mal que de pleurer toute notre peine. Pourtant, à chaque fois qu'on entend son nom, qu'on voit un enfant qui lui ressemble, ou qu'on écoute une émission de télévision où un enfant meurt, on a une boule dans la gorge et les larmes nous viennent aux yeux, même plusieurs années plus tard; et ce sans qu'on puisse toujours consciemment établir une relation entre nos émotions vives du moment et le décès de notre enfant.

Parfois, cette «décision» de ne plus penser à des événements difficiles date de l'enfance. On a, par exemple, «oublié» que nos parents nous punissaient physiquement ou psychologiquement quand on exprimait notre désaccord ou quand on désobéissait. On préfère encore, pour toutes sortes de raisons, penser qu'ils étaient des parents parfaits. Et aujourd'hui, à chaque fois qu'on est dans une situation où on voudrait dire notre point de vue, «quelque chose» nous empêche de nous affirmer, comme une peur qu'on n'arrive pas à raisonner. Notre inconscient, lui, se souvient.

Il est très important de mieux savoir ce qui nous dérange. Monique nous consultait régulièrement depuis quatre ans pour ses maux de dos; aucun des examens usuels n'a jamais montré quoi que ce soit qui aurait pu expliquer ses douleurs. Elle disait que, mis à part ses maux de dos, sa vie allait plutôt bien. Fatiguée, bien sûr, mais qui ne l'est pas?... Puis, brusquement, son conjoint l'a quittée et il est allé vivre avec une autre femme.

Sur le coup, elle a eu beaucoup de peine. Cependant, progressivement, au fur et à mesure qu'elle faisait le deuil de sa relation et qu'elle recommençait à faire beaucoup des choses qu'elle s'était sentie obligée de laisser de côté «à cause de sa vie de couple», ses maux de dos ont diminué et, en l'espace de quelques mois, ils ont disparu. Elle n'a plus eu mal depuis. Bien qu'elle en soit restée longtemps inconsciente, elle vivait trop à l'étroit dans sa relation de couple. Pour elle, c'était «normal». Maintenant, ça ne l'est plus. Elle vivra une prochaine relation avec plus de respect pour elle-même. Sinon, ses maux de dos sauront bien l'en avertir.

On ne réagit pas violemment pour des vétilles. Si on a des sueurs froides pendant des événements soi-disant «banals», si on pense ressentir de la tension «sans raison», c'est parce que ces situations présentent des enjeux importants à un niveau inconscient. Il arrive cependant que ses raisons nous échappent. Si les symptômes sont très dérangeants (obsessions, paniques, sentiments dépressifs) et durent depuis longtemps, une consultation professionnelle est alors indiquée.

Pour doser, on s'efforce de découvrir les raisons inconscientes de notre souffrance et on évite de refouler dans l'inconscient ce qui nous dérange maintenant.

Les occasions de stress peuvent être spécifiques ou générales

On peut aussi distinguer les occasions de stress selon que leur action est locale ou générale, c'est-à-dire selon que leur effet sera limité à un endroit précis du corps ou à son ensemble. Il s'agit surtout ici d'occasions de stress physiques qui ont un effet physique. Par exemple, un coup de marteau sur le pouce (surtout sur le nôtre) a simultanément un effet général de plus ou moins longue durée (tension générale, cri, élévation de la pression artérielle, changement de vocabulaire...) et un effet local qui, lui, va persister plus longtemps (tension dans la région du pouce, de la main et parfois même du bras, œdème, etc.).

La distinction spécifique/générale peut nous permettre de trouver des solutions mieux adaptées à certaines occasions de stress. Ainsi, lors de retour de brûlures d'estomac, il est bon de s'interroger d'abord sur notre alimentation des derniers jours avant de penser tout de suite au stress. Beaucoup de café, d'alcool, de tabac, d'aspirine, de médication anti-inflammatoire, d'épices peut parfois mieux expliquer le retour de brûlures d'estomac que ne le ferait une longue introspection sur notre vie.

Cependant, si on n'a pas augmenté notre consommation de ces produits, il sera utile de jeter un regard plus large sur notre vie; là est sans doute la source de notre mal, surtout si d'autres symptômes de stress augmentent parallèlement. Bien sûr, il est rare que l'on augmente notre consommation de café, de tabac, d'alcool ou d'aspirine sans que ce soit en raison de l'augmentation préalable de notre tension générale...

Pour doser le spécifique, on prend conscience de notre fatigue (visuelle, musculaire, digestive, etc.) et on accorde du *repos* à nos membres ou à nos organes fatigués. Même si on n'a pas fini de lire, de laver les vitres ou de fêter.

Les occasions de stress peuvent être temporaires ou permanentes

On ne réagit pas de la même manière à un mal de dos consécutif à un effort musculaire mal exécuté qu'à un mal de dos permanent dû à une dégénérescence de certains disques de notre colonne vertébrale.

«Combien de temps cela va-t-il durer?» est une bonne question à se poser quand on est en contact avec une occasion de stress. Un problème permanent soulève en général plus de stress qu'un problème occasionnel, parce que le nombre de réponses possibles est plus restreint. On peut cependant trouver des solutions heureuses à une situation permanente qu'on voit comme difficile au début.

La permanence objective

Il y a beaucoup moins d'occasions permanentes de stress, objectivement parlant, que ce qu'on est généralement porté-e à penser. Il n'y a guère que les pertes définitives, comme celle d'une partie de notre corps, ou le décès d'un être cher qui peuvent être classées dans cette catégorie. Ce qu'on a alors perdu ne sera plus jamais disponible. Cependant, on arrivera un jour à vivre heureux-se malgré la perte si on prend conscience des émotions qu'on ressent, si on les exprime et si on agit pour réorganiser notre vie. C'est l'occasion de stress qui est permanente, pas la tension. La personne chère est morte, mais notre souffrance passera si on sait exprimer et agir.

La directrice d'une maison où des gens atteints du sida viennent finir leurs jours nous disait que quelques-uns d'entre eux, qui avaient vécu une partie de leur vie avec un problème de drogue ou de prostitution, disaient vivre beaucoup plus heureux maintenant, malgré leur mort imminente. Même notre propre mort peut être occasion de sérénité. On est tellement moins limité-e qu'on veut bien le croire!

La permanence subjective

Les occasions de stress qu'on perçoit comme intenses occupent en général toute notre pensée. Il est souvent difficile de prendre le recul nécessaire pour se souvenir qu'elles vont un jour s'atténuer ou disparaître. Qui, en plein chagrin d'amour, a le réflexe de penser que, dans quelque temps, la douleur va diminuer et que la vie pourra de nouveau apporter joie et bonheur?

Inversement: qui, au début d'une passion amoureuse, arrive à penser que la seule présence de l'autre ne pourra pas toujours répondre à tous ses besoins et à tous ses désirs, que l'amour se transformera, passera à travers de nombreuses étapes? La vie de couple, ce n'est ni le paradis ni l'enfer. C'est un projet qui évolue en diverses étapes, avec ses moments où tout roule comme sur des roulettes et d'autres où des nœuds viennent indiquer des besoins d'ajustement. Si on sait écouter et si on sait s'affirmer, on évite un bon nombre de difficultés et on vient plus facilement à bout de celles qui se présentent inévitablement. Un problème ne perdure jamais que dans la mesure où on ne le règle pas.

On confond aussi permanent et temporaire lorsqu'on s'emprisonne dans un choix. Une travailleuse de la santé nous avait un jour fait part de son souhait que son poste soit aboli, pour qu'elle soit enfin obligée de laisser son emploi, qu'elle voyait comme un calvaire, jour après jour et qu'elle n'arrivait pas à quitter. Un emploi n'est jamais permanent: on peut toujours le laisser, même si, pour ce faire, il faut peut-être accepter une baisse de revenu, affronter des jugements et faire face à une certaine insécurité.

Objectivement...

Il n'y a que très peu de situations auxquelles on est condamné-e à perpétuité; *il y en a cependant beaucoup qui, pour être changées, vont nécessiter du courage et du renoncement*. C'est notamment ce qui explique qu'on préfère souvent considérer emploi et mariage comme permanents, ou qu'on n'arrive pas à vivre notre vie parce qu'on se croit obligé-e de la sacrifier à d'autres. On choisit souvent de ne pas se donner d'alternative, d'attendre que l'autre se conforme enfin à nos attentes par ailleurs souvent justes et raisonnables. On endure ainsi parfois longtemps des situations stressantes auxquelles on pourrait trouver des solutions plus constructives, qui impliqueraient qu'on perde certains privilèges, qu'on dérange ou qu'on s'expose à des jugements.

Parfois, on reste parce qu'on ne veut pas qu'une autre personne profite de notre départ. On est malheureux-se depuis quinze ans avec notre conjoint-e, alors on ne veut pas que quelqu'un d'autre profite de son régime de pension. On préfère rester malheureux-se pour le restant de nos jours! On ne cherche pas toujours la joie de vivre...

Pour «doser» la permanence d'une occasion de stress, on se demandera jusqu'à quel point une réponse différente de notre part ne pourrait pas la rendre temporaire...

Les occasions de stress peuvent être contrôlables ou incontrôlables

La capacité ou l'incapacité qu'on a de répondre de façon satisfaisante à nos occasions de stress a un impact sur l'effet qu'elles produisent sur nous, cela va de soi. Quand on gagne enfin suffisamment d'argent pour payer nos comptes, on réagit en général mieux quand on les reçoit. On est aussi moins coincé-e par les autres quand on a appris à se faire respecter.

On a donc avantage à améliorer notre capacité à répondre: le «contrôle» dont nous parlons n'est pas l'acquisition d'une maîtrise totale des événements, dont une bonne partie nous échappe de toute façon, mais plutôt un heureux mélange d'habileté à prévenir, de compétence à agir de façon appropriée sur ce qui est déjà présent dans notre vie, de risque à assumer et, dans certains cas, de «lâcher prise». On ne peut pas contrôler la tempête, mais on peut l'anticiper et revenir au port avant qu'il ne soit trop tard. On ne peut ni commander au vent ni le prier de souffler moins fort, mais on peut baisser les voiles quand il nous surprend au large. *Souvent, on s'épuise parce qu'on ne contrôle pas ce qu'on pourrait mieux contrôler alors qu'on s'efforce en vain de maîtriser ce sur quoi on n'a aucun pouvoir.* On voudrait que les vents nous obéissent, comme si c'était là notre seule chance de survie, alors qu'on a un gouvernail entre nos mains et qu'on peut diminuer notre surface de voilure... Les circonstances ne sont pas toujours favorables, mais on peut toujours apprendre à manœuvrer.

Si on rentre au port au moindre signe de pluie, on vit dans la peur et l'ennui. Si au contraire on ne peut vivre autrement que toutes voiles dehors, il faut s'attendre à couler périodiquement. Entre les deux tendances, il y a un équilibre à rechercher.

On ne contrôle pas tout, c'est vrai, mais on peut apprendre à mieux maîtriser ce qui ne dépend que de nous, à mieux influencer les situations dans lesquelles on est impliqué-e avec d'autres et à laisser aller, quand notre influence s'avère vaine. Il est salutaire d'apprendre à subvenir nous-même à la plupart de nos besoins quotidiens. On panique alors moins quand les autres ne peuvent ou ne veulent plus faire certaines choses pour nous, on ne crève pas de faim quand notre «conjoint-e-cuisinier-e» a besoin d'un peu d'air et on ne ferme pas le bureau quand notre secrétaire est malade. Là-dessus, on peut avoir un grand pouvoir. Si, de plus, on accepte de laisser aller ce sur quoi on n'a pas vraiment d'influence, on préserve l'énergie investie inutilement et on la rend disponible pour faire nos deuils et enfin passer à autre chose.

Ce n'est pas parce que la situation que l'on vit est désespérée qu'on a mal: c'est parce qu'on n'arrive pas à y renoncer. Ce n'est pas parce que notre rêve est difficile à réaliser qu'on est tendu-e: c'est parce qu'on a peur de l'échec. On a peur de nos émotions, alors qu'elles pourraient être des moteurs, si on n'en faisait pas des freins.

On veut contrôler nos émotions; or on confond «contrôler» nos émotions avec les «refouler». Paradoxalement, le meilleur contrôle des émotions passe par leur expression. Inhiber l'expression de nos émotions les enferme à l'intérieur de nous et une certaine tension devient alors nécessaire pour les y contenir. Cela ne les fait pas disparaître; cela les cache. Avec le temps, la pression intérieure monte, jusqu'au moment où on explose ou jusqu'au moment où on devient déprimé-e. Inhiber conduit à finir par «perdre le contrôle» ce qui arrive périodiquement quand on ne peut plus contenir nos émotions et que la digue saute. Ou, ce qui n'est guère mieux, inhiber nous rend étranger-ère à nous-même. On s'éteint par en dedans, déprimé-e.

Pour doser ce qui est contrôlable, on évite de prendre la responsabilité de ce sur quoi on ne peut pas avoir vraiment de contrôle avec nos ressources actuelles et on devient plus compétent-e à gérer ce qu'on peut vraiment influencer.

Les occasions de stress peuvent être choisies ou subies

On peut aussi distinguer les occasions de stress selon qu'on les choisit ou qu'elles nous sont imposées. Décider de retourner aux études à plein temps à quarante-trois ans risque de créer de la tension. On perd du temps libre, on investit de l'argent, on se retrouve avec une double ou une triple tâche (selon qu'on continue à travailler ou qu'on veuille continuer à s'occuper activement de notre famille), bref, beaucoup de nouvelles occasions de stress surgissent. Cependant, c'est *notre* décision, et nous voilà plus capable d'assumer ces occasions de stress. Cela n'empêche pas qu'une double ou une triple tâche va nécessairement créer plus de tension et de fatigue.

Situation différente de celle de Jean-Louis. Son patron oblige tous les techniciens en informatique de la compagnie à suivre un cours de perfectionnement, donné sur les lieux de travail, après la journée de travail. Jean-Louis ne paie pas pour suivre le cours, mais il n'est pas payé non plus. Le cours dure trois heures, tous les mardi soir, huit mois par année. Jean-Louis est très frustré de cette obligation. Avant l'instauration de ces cours, il suivait pourtant des cours du soir en informatique, pour lequel il devait débourser de l'argent. Mais c'était *sa* décision, et il pouvait s'absenter ou abandonner sans avoir de comptes à rendre à personne. Selon qu'elles sont désirées ou imposées, les occasions de stress ne créent pas la même charge de stress. Il y a habituellement plus d'énergie disponible pour nos choix que pour les obligations qui nous viennent des autres.

Pour doser ce qu'on choisit et ce qu'on subit, on développe les moyens de subir de moins en moins....

Mieux prendre conscience
de ses diverses occasions de stress

Voici maintenant une description plus concrète d'un bon nombre d'occasions usuelles de stress. Dans les périodes où il n'y a ni guerre ni famine, la grande majorité de nos occasions de stress se retrouvent dans notre occupation quotidienne, dans notre image corporelle ou dans nos problèmes de santé, dans nos relations avec les autres, dans nos rapports au temps et à l'argent, ainsi que dans les changements auxquels on est confronté-e. Identifier plus précisément quelles sont les nôtres va nous aider à mieux les doser.

Occasions de stress liées
à notre occupation quotidienne

À chaque jour, on est confronté-e à des occasions de stress liées à notre occupation. Notre environnement nous dérange ou nos activités nous éloignent du sens qu'on veut donner à notre vie.

Occasions de stress liées
à l'environnement physique

Ce sont: le bruit, la température, les dimensions de l'espace qu'on habite, la qualité du décor; au travail, ce sont en plus les produits toxiques, le poids des objets à manœuvrer, la répétition des mêmes gestes, etc. Pour doser, on s'efforce de maintenir et de faire maintenir un environnement sain. De plus, quand un élément «pollueur» reste relativement hors de contrôle, on s'efforce de l'éviter dans nos moments libres: si on travaille dans une usine bruyante, on évite les discothèques et les bars, on se rapproche de la nature, etc.

Occasions de stress liées au sens
qu'on donne à notre vie

Sur le plan psychologique, notre vie quotidienne sera plus ou moins stressante selon que:

1. On apprend, on progresse.

De plus en plus de gens savent exactement ce qui va se passer dans leur journée: ce sera la même chose que la veille, c'est-à-dire la même chose que ce qui se produit chaque jour depuis dix ans. Ce genre de routine crée une forme d'engourdissement, qui finit par tuer la créativité et le goût d'apprendre. Dans le même sens, il peut s'avérer très stressant d'occuper un poste pour lequel on est surqualifié-e.

Pour doser, on fait une place dans notre vie pour le nouveau, pour apprendre. On évite par ailleurs de se retrouver continuellement avec beaucoup de choses à apprendre dans des délais très courts.

2. On considère qu'on est utile.

On a besoin de savoir et de sentir qu'on est utile. Autrement, tout finit par devenir lourd. La mécanisation et la bureaucratisation du travail nous ont caché l'utilité de ce qu'on fait; on fabrique des fenêtres sans rien savoir de l'endroit où elles seront posées, parfois même sans savoir si elles seront utilisées. On n'a pas le même intérêt à travailler que si on fabriquait et si on installait des fenêtres chez quelqu'un qui en serait heureux.

C'est la même chose dans nos relations. Si on a l'impression d'être inutile ou même d'être un fardeau pour les autres, on se sent plus mal que si on a le sentiment de collaborer à une vie commune plus pleine.

Le sentiment de vivre une vie qui ne sert à rien est très stressant. Pour doser, on consacre au moins une partie de notre temps à ce qu'on considère comme utile, tout comme on évite d'un autre côté de se rendre partout indispensable.

3. On peut utiliser nos ressources.

C'est difficile pour une âme d'artiste de vivre constamment dans les mathématiques et la paperasse. C'est pénible pour les gens qui aiment avoir de la compagnie de passer la journée seuls. C'est stressant pour un-e intellectuel-le de passer tout son temps à travailler de ses mains. C'est contraignant pour un-e sportif-ve de rester perpétuellement assis-e.

Habituellement, ce sont nos ressources personnelles qui font qu'on aime ce qu'on aime. On a de bonnes habiletés sociales, alors on aime travailler en contact avec le public. On est habile de nos mains, alors on adore le travail manuel. Si on se contraint à vivre dans un milieu qui fait appel à des ressources dont on ne dispose pas et dans lequel les nôtres sont accessoires, on risque beaucoup de vivre stressé-e.

Il arrive qu'on obtienne une promotion quand on excelle dans notre travail; souvent, cependant, cette promotion exige un tout autre répertoire de compétences que celui qu'on possède et cela peut créer beaucoup de problèmes. Par exemple, on excellait dans l'installation de systèmes téléphoniques et notre promotion nous amène à superviser le travail de nos ex-collègues. Beaucoup de très bons athlètes heureux deviennent ainsi de médiocres instructeurs malheureux et beaucoup de comptables efficaces finissent en gestionnaires stressé-es. Les habiletés techniques et celles qui font appel au leadership sont très différentes. On peut apprendre les unes et les autres, mais cela ne vient pas automatiquement parce qu'on obtient une promotion.

La même chose prévaut à la maison; ce n'est pas parce qu'on vit à deux qu'on n'a dorénavant plus besoin de temps pour soi, ni parce qu'on accouche qu'on a soudainement le goût de passer tout notre temps avec le bébé. L'idée est d'arriver à concilier nos ressources et nos occupations d'une façon satisfaisante.

Pour doser, on s'investit là où on peut utiliser nos ressources et on évite des engagements pour lesquels on n'est pas encore suffisamment qualifié-e, à moins qu'on ne prenne d'abord le temps et les moyens de le devenir.

4. On peut aller à notre rythme.

Selon qu'on est comme la tortue ou le lièvre, on est méthodique, prudent-e, plutôt lent-e et on ne se laisse pas distraire ou on fonctionne selon notre humeur du moment, on saute ici et là, on prend des risques, on change souvent d'avis et on fait tout rapidement. Une vie où un lièvre s'oblige à prendre un pas de tortue, ou bien une vie où une tortue se sent obligée de jouer au lièvre est forcément stressante.

Pour doser, on cherche des engagements où on peut faire respecter notre rythme, on s'efforce de respecter notre propre rythme, et on apprend à changer temporairement de rythme quand cela s'avère nécessaire.

5. On ne se tue pas à la tâche et on ne perd pas notre temps.

Trop de travail mène à l'épuisement; mais si on passe notre vie à ne rien faire, l'ennui nous mine tout autant. Pour doser, on veille donc à faire alterner occupation et temps de repos.

Occasions de stress liées au corps

Depuis quelques années, les vœux du Nouvel an mettent plus l'accent sur la santé que sur le paradis à la fin de nos jours... Mois après mois, les pages couvertures de la majorité des périodiques nous suggèrent qu'on est trop gros-se, trop jeune ou pas assez, trop ou pas assez grand-e. Nos quelques kilos de plus que les modèles qui nous sont imposé-es dans les séries télévisées nous mettent en guerre contre les aliments. Notre bouton sur le nez devient une obsession. On vit dans un monde d'images où la pression pour se conformer à un idéal de beauté plastique est très forte.

Notre corps peut aussi être occasion de stress pour des raisons d'un autre ordre: les maladies graves dont on souffre ou les malaises douloureux qui surviennent souvent créent des inquiétudes. Les réactions «anormales» de notre corps, celles qu'on ne comprend pas, comme les angoisses, les palpitations, les attaques d'hyperventilation pouvant mener jusqu'aux états de panique sont d'autres exemples d'occasions de stress importantes liées au corps. Il peut arriver que des symptômes de stress (palpitations, sentiment de panique, etc.) deviennent des occasions de stress et contribuent à s'entretenir eux-mêmes: on panique parce qu'on a peur de paniquer.

Il y a aussi du stress quand la médecine ne trouve pas de diagnostic à nos maux, quand on a mal sans que personne ne sache précisément de quoi on souffre.

La peur de la maladie, celle de la folie et celle de la mort peuvent aussi être de très grandes occasions de stress.

Les problèmes sexuels sont d'autres occasions importantes de stress. Pour bien des gens, la sexualité est à l'origine de beaucoup plus de tension et de culpabilité que d'amour et de plaisir. Autrefois coupable d'avoir du plaisir, maintenant coupable de ne pas en éprouver. Chaque époque impose ses règles plus ou moins malsaines.

Les handicaps sont d'autres occasions de stress liés au corps; la perte de la vue ou la perte d'un membre, l'infertilité, la perte d'autonomie qui amène au centre d'accueil ou à l'hôpital en sont des exemples.

Finalement, certaines dépendances (drogues, alcool, médicaments pour les nerfs) sont aussi des occasions de stress liées en partie au corps.

Tous les besoins corporels qu'on ressent et qui sont laissés insatisfaits finissent par créer en nous une tension importante.

Pour doser, on peut se libérer de cet esclavage qui consiste à présenter une image parfaite, on peut travailler nos crises de panique, on peut se libérer de notre peur de la maladie et de la mort, on peut apprendre à vivre mieux avec nos maladies et handicaps, on peut améliorer notre vie sexuelle, on peut vaincre nos dépendances à l'alcool ou aux drogues. Il s'agit de s'en faire une priorité.

Occasions de stress liées
à nos relations avec les autres

On vit d'autant plus de tension malsaine que:

1. On se fait constamment pousser dans le dos.

Même pour un lièvre, se faire constamment pousser dans le dos finit par engendrer une panoplie de symptômes de stress. Il arrive aussi que la pression vienne de nous. On a par conséquent intérêt à ajuster la pression à un niveau convenable pour nous. On dose en choisissant un milieu de vie qui correspond à la pression qui nous convient, en évitant d'ajouter une pression supplémentaire, en négociant avec les autres un niveau de pression acceptable et en faisant alterner périodes de pression et repos.

2. On vit des conflits.

Les conflits des autres créent de la lourdeur et ceux des nôtres qui perdurent nous causent toutes sortes d'émotions désagréables. Ils finissent parfois par devenir des idées fixes. Conflits qui durent et tension qui augmente vont de pair.

On peut doser en évitant les conflits inutiles (vouloir montrer à ce chauffard qu'on peut lui rendre la monnaie de sa pièce), en évitant de nous mêler des conflits des autres qui ne nous regardent pas (la majorité des conflits des autres...), en demandant aux autres de régler leurs conflits ailleurs qu'en notre présence et, à l'inverse, en évitant de fuir les conflits qui nous touchent. Les conflits existent. Il nous reste à développer les moyens de les régler de façon satisfaisante.

3. Nos bonnes idées sont ignorées.

Chacun-e a des idées qui pourraient améliorer le climat de travail ou sa productivité; quand ces idées sont ignorées parce que «c'est le patron qui mène» ou parce que «ce n'est pas permis par la convention collective», on vit du ressentiment, on se désintéresse de son travail. Un intérêt pour les idées de tout le monde amène au contraire un climat de collaboration. La même chose se passe à la maison. Quand les décisions sont toujours imposées par la même personne, les autres vivent du ressentiment.

Pour doser, si on décide toujours de tout, il sera bon d'apprendre à s'enquérir des idées et des goûts des autres; si on laisse toujours les autres décider, il nous sera salutaire d'apprendre à nous affirmer.

4. On reçoit plus de critiques négatives que de félicitations.

Même adulte, on a besoin d'être apprécié-e et reconnu-e. La critique négative engendre une attitude défensive qui augmente la tension de façon non constructive. La critique peut venir de nous, des patron-nes, des employé-es, des collègues, des parents, des enfants, etc. Une atmosphère de vie où les marques d'appréciation sont nombreuses est plus propice à la collaboration et rend le constat des erreurs plus recevable.

5. Autres occasions de stress dans nos relations avec les autres.

On peut vivre des malentendus, subir ou imposer de la violence physique ou verbale, être victime ou responsable d'abus sexuels, avoir du mal à supporter la «désobéissance» des autres, leurs attentes, on peut avoir des problèmes de communication, vivre du harcèlement et des injustices. On peut vivre du stress quand on est isolé-e, quand on n'a plus d'intimité, quand on perd un être cher (séparation, divorce, décès), quand on vit dans l'attente de quelqu'un qui trouve encore et encore des prétextes pour ne pas s'engager à vivre avec nous.

Les malheurs des autres peuvent aussi être occasion de stress: la maladie d'un-e autre, la dépendance d'un-e de nos enfants face à la drogue, l'inquiétude d'un parent d'être placé-e en centre d'accueil en sont des exemples.

La très grande majorité des personnes que nous rencontrons en consultation vivent des relations qui sont sources de tension. Elles souffrent de ce que les autres leur ont dit, de ce qu'elles leur ont fait, d'injustices dont elles sont ou ont été victimes, de manque de compréhension, de rejet, d'exploitation, etc. Elles souffrent aussi de faire du mal aux autres.

Assainir nos relations constitue une partie importante du travail de retour à l'équilibre. On y arrive en établissant des relations où tout le monde est gagnant et en rompant celles où il y a des perdant-es ou celles qui s'avèrent insignifiantes.

Pour doser, on rompt les relations malsaines ou on les éloigne au maximum et on consacre plus de temps à maintenir en santé les relations qui nous font du bien et qui en font aux autres.

Occasions de stress liées à la vie en société

Il y a «les autres» proches et il y a «les autres» plus éloigné-es qui peuvent influencer notre vie. On peut avoir des difficultés d'ordre légal; on peut vivre des relations tendues avec nos propriétaires ou nos locataires, avec nos voisins, avec les marchands. On peut avoir des relations difficiles avec tous ces gens de qui on attend des services: des personnes qui travaillent pour l'État, des médecins, des dentistes, des avocats, etc.; qu'on le veuille ou non, un grand nombre de personnes et d'institutions sont présentes dans notre vie.

On peut s'inquiéter des informations transmises à la télévision ou dans les journaux. On peut avoir peur d'être attaqué-e ou que ceux qu'on aime ne le soient. On peut avoir des problèmes de transport. On peut avoir trop ou trop peu d'activités sociales. Il y a les écoles que nos enfants fréquentent qu'on apprécie ou pas, il y a leurs centres de loisirs.

Il y a des tonnes de paperasse (impôts, assurances, cartes de crédit et autres comptes mensuels, immatriculation, etc.) qui nous arrivent régulièrement. Notre appartenance à une société nous met ainsi en contact avec de nombreuses occasions de stress.

Occasions de stress liées au temps

Les principales occasions de stress en rapport avec le temps sont d'en manquer, d'en avoir trop ou de mal l'utiliser. On a trop de choses à faire, on en manque ou on est mal organisé-e, voilà une autre façon de le dire.

On a des problèmes d'horaire ou d'échéanciers, on subit des pressions pour finir à temps, on est souvent interrompu-e, on rencontre des imprévus, on doit attendre ou on fait face à d'autres temps morts, voilà autant d'occasions de stress liées au temps. On n'a pas de temps pour flâner, pour relaxer, pour aller jouer dehors. On en manque pour aider les enfants à faire leurs devoirs, pour rencontrer nos ami-es ou pour réaliser nos projets.

L'autre pôle est celui d'avoir trop de temps, de n'avoir rien à faire, de s'ennuyer, de s'occuper à des choses insignifiantes pour nous.

La plupart des cours de gestion de temps nous enseignent à faire plus de choses en moins de temps. «Plus de choses», c'est souvent «plus d'une seule chose», comme plus de travail, par exemple. Il y a sans nul doute là des apprentissages utiles. Mais être encore plus productif-ve, est-ce vraiment ce qui va nous remettre en équilibre? Que fait-on du temps ainsi économisé? La réponse est le plus souvent: plus de travail! En fait, si on n'a jamais assez de vingt-quatre heures dans une journée, on saura bien s'organiser pour ne pas en avoir assez de trente non plus.

Notre système nerveux bénéficie énormément des moments où rien ne presse et où il n'y a rien à faire d'autre que de laisser le temps s'écouler. On a besoin de ces espaces de temps «inutile», désencombré de toute sollicitation, pour marcher sans autre but que de prendre l'air, pour lire un roman, pour écouter de la musique, faire un casse-tête, etc. Pour se régénérer.

Pour doser, on apprend à organiser notre temps de façon à vivre heureux-se, ce qui nous amène à certains moments à établir ou à changer nos priorités, à développer plus de compétence dans un domaine particulier et, à d'autres moments, à demander de l'aide.

Occasions de stress liées à l'argent

Temps et argent sont souvent reliés. Pour gagner de l'argent, il faut du temps. Pour gagner plus d'argent, il faut travailler plus. Alors, pour avoir du temps, il faut souvent apprendre à dépenser moins. Bien vivre ne coûte pas très cher, si on apprend à vivre sans tout ce qui nous est proposé. Accepter de renoncer à ce qui nous fait plus de mal que de bien, revenir à l'essentiel, tout en développant nos compétences à gagner assez d'argent pour bien vivre, voilà qui constitue une bonne base pour vivre en équilibre.

L'argent est occasion de stress quand on en manque vraiment, quand on a peur d'en manquer, quand notre désir d'argent est insatiable, quand on est incapable de subvenir à des besoins de base comme manger, se vêtir et se loger, quand on n'arrive pas à vivre dignement ou à payer ses comptes, quand on a peur de perdre son argent ou d'en manquer, quand on se sent exploité-e.

Le stress lié a l'argent vient souvent d'une perception erronée de l'accessoire qu'on considère comme un «besoin». C'est alors notre vision des choses qui nous fait dire qu'on «manque d'argent». Par exemple, on n'a pas d'argent pour sortir parce qu'il faut payer la voiture! Il y a des gens dont les revenus sont nettement insuffisants, c'est certain. Mais, souvent, les problèmes d'argent découlent davantage d'un mauvais choix de priorités que d'un trop faible revenu. Voici le cas de Josée.

Josée: continuer à en arracher
ou recommencer à vivre

À vingt-huit ans, Josée consulte pour trouble panique et agoraphobie. Elle est devenue extrêmement anxieuse, elle a peur de tout. Son médecin lui a accordé un congé de maladie, parce que sa condition s'aggrave au point qu'elle s'est évanouie à deux reprises au travail. Elle a aussi accepté de prendre une médication anxiolytique.

Josée est mariée à un homme de trente ans qui a fait un infarctus l'an dernier. Ils ont un jeune garçon. Il y a deux ans, le couple a acheté une maison à prix d'aubaine, seule condition lui permettant d'en posséder enfin une: c'était le temps ou jamais. Josée a été «obligée» d'augmenter ses heures de travail, de prendre un poste à temps complet. Toutes sortes de restrictions ont été «nécessaires». Il n'y a plus de repas au restaurant. Les vacances se passent à la maison. On va moins chez les parents du mari chez qui on s'amusait bien (mais qui habitent loin) parce que l'essence coûte cher. Il n'y a pas d'argent pour faire garder l'enfant à l'occasion parce que la garderie coûte déjà beaucoup d'argent. Le budget doit être scrupuleusement respecté. Le moindre imprévu est source de stress.

L'infarctus du mari et le congé de maladie obligatoire ont produit une baisse du revenu du couple pendant trois mois, durant lesquels Josée a fait du temps supplémentaire pour suppléer au manque à gagner. On ne rit pas avec une hypothèque. Ni avec un banquier! Or Josée est malheureuse au travail. Elle est sous les ordres d'une personne qu'elle dit autoritaire et un peu méprisante, à qui elle ne peut pas répliquer comme elle le voudrait parce qu'elle ne peut plus se permettre de perdre son emploi. Et son travail, qui consiste à faire payer les comptes en souffrance, est insignifiant à ses yeux. À deux jours/semaine, ça allait, mais, à temps complet, ça ne va plus. L'infarctus du mari est aussi une occasion de stress très importante et Josée se sent coupable de ne plus avoir beaucoup de temps pour leur enfant. Elle ne se permet plus de partager ses peurs et ses inquiétudes avec son mari, par crainte de l'énerver.

Après le retour au travail du mari, pour lequel Josée s'inquiète, c'est la mère de Josée qui est tombée malade et qui a été hospitalisée. Travail, visite à l'hôpital, tâches domestiques, voilà l'essentiel de la vie de Josée pendant les deux mois durant lesquels sa mère a été hospitalisée. Aujourd'hui elle-même en congé de maladie, Josée se sent coupable de la baisse de son revenu et craint que cela ne stresse son mari davantage, parce que l'argent «doit» rentrer.

Les revenus varient, les objets de convoitise aussi, mais le fond reste le même pour beaucoup d'entre nous: on a mal parce qu'on ne sait pas renoncer à ce qui nous fait finalement plus de mal que de bien. Revenir ou rester en position d'équilibre, c'est une question de choix, *qui repose* sur un *engagement*. Beaucoup de personnes nous demandent de les soigner pour qu'elles puissent continuer à vivre de la façon qui les a rendues malades. Faut-il vraiment soigner Josée pour qu'elle retourne travailler au plus vite? Josée est-elle malade? Nous pensons qu'elle est en déséquilibre.

Bien sûr, les médicaments anxiolytiques vont la soulager à court terme, ce qui lui permettra de mieux dormir et de reprendre des forces. Quant au congé de maladie, il pourrait lui procurer davantage de répit si elle parvenait à diminuer son sentiment de culpabilité et sa peur que son mari ne refasse un infarctus en raison du manque à gagner. Josée finit par être anxieuse de ne pas retourner à un travail qu'elle déteste pour ne pas être une cause de stress pour son mari! N'est-ce pas payer très cher pour une maison?

Josée et son mari ont surtout besoin de repenser l'utilisation de leur temps et de leur argent, et de les repenser dans le sens d'une plus grande joie de vivre. Ils ont avantage à s'affranchir de leur besoin de posséder une maison et à revenir libres de vivre en payant un loyer convenable, dans un logement où ils auront plus de temps pour profiter de la vie et moins de peur que le stress ne les emporte. Mais, pour l'instant, cela leur paraît encore inconcevable. Leurs ambitions ne sont pas condamnables, loin de là. Mais elles les rendent malades, compte tenu de leur revenu qui est insuffisant.

Pour doser les occasions de stress liées à l'argent, on apprend à dépenser un peu moins que ce que l'on gagne.

Occasions de stress liées au changement

Les psychiatres Holmes et Rahe ont construit un questionnaire bien connu et largement utilisé pour mesurer la quantité de changement vécu par une personne dans les deux dernières années de sa vie. Un divorce, la venue d'un enfant, un changement d'emploi, le décès d'un être cher en sont des exemples. Le total des points est converti en une probabilité de tomber malade dans un avenir rapproché, la probabilité étant d'autant plus grande qu'il y a eu beaucoup de changements importants.

Cette échelle comporte à notre avis deux erreurs majeures: la première est d'attribuer une quantité fixe de points à chaque changement particulier, comme si le stress vécu à l'occasion d'un divorce était le même pour une personne séparée depuis un an qui a déjà refait sa vie que pour celle qui vient d'apprendre que son conjoint va aller vivre avec quelqu'un d'autre sur un autre continent. La deuxième est de ne considérer que les changements comme occasions de stress pouvant mener à la maladie, comme si une situation très difficile qui perdure n'avait aucune influence sur la santé.

Il n'empêche que les changements qui demandent des réajustements de la façon de vivre ou qui créent des préoccupations sont des occasions de stress: décès d'êtres proches, mariage, séparation, naissance d'un enfant, perte ou changement d'emploi, problèmes légaux, achat de biens très dispendieux, emprisonnement, nouvelles tensions dans le couple ou au travail, tout changement est occasion de stress.

Pour doser les occasions de stress liées aux changements, on évite d'en initier trop dans de courts laps de temps. Beaucoup de changements viennent cependant ensemble: divorcer, déménager et vivre avec moins d'argent, par exemple. Ce n'est pas le meilleur moment pour changer d'emploi ni pour entreprendre une nouvelle relation. Il est bon de prendre le temps d'intégrer les changements avant de se lancer dans de nouveaux projets.

Les occasions de stress se cachent partout

Ce n'est pas pour rien qu'on est tendu-e. Ce n'est pas en se fermant les yeux ou en se faisant croire que ça va aller mieux demain qu'on va changer notre niveau de tension. Le psychiatre Scott Peck* ouvre son livre avec un avertissement: «La vie est difficile». Ce qu'on vient de lire aura pu nous en donner un aperçu. Ce qu'on a vécu aussi... Les occasions de stress sont partout, ce qui rend la position d'équilibre précaire et nous convainc qu'un seul remède, quel qu'il soit, ne réglera pas tout.

La vie est difficile, soit, mais on est plus coriace qu'on pense. On est aussi intelligent-e, sensible et imaginatif-ve. On ne peut pas changer *la vie,* mais on peut agir sur *la nôtre.* On peut choisir mieux ce qui nous convient, à ce moment-ci de notre vie. On peut éliminer les occasions de stress inutiles, faire davantage ce qu'on aime et créer de la variation dans nos journées, nos semaines, nos années. Finalement, on peut doser nos occasions de stress en tenant mieux compte de notre capacité actuelle à répondre: on peut trouver de nouveaux défis si on s'ennuie, renégocier ou rompre certains engagements si on est surchargé-e. C'est ainsi qu'on ajuste sa charge de stress.

Deuxième section
Ajuster sa charge de stress

Notre *charge de stress*, c'est le total de nos occasions de stress vu à la lumière de notre capacité *actuelle* à y répondre. Pour conserver ou retrouver notre équilibre, on *s'efforcera de maintenir la charge du stress qu'on porte à un niveau qui nous stimule sans nous écraser.*

On y arrive notamment en *augmentant* nos occasions de stress positives (projets et défis) quand on a le sentiment de vivre à moitié, et en *diminuant* notre participation là où on s'épuise, si on est de plus en plus fatigué-e. On est stressé-e parce qu'on manque de stimulation ou au contraire parce qu'on est dépassé-e par les événements. Cela crée différents genres de déséquilibre, dont l'ampleur se mesure aux symptômes plus ou moins graves dont on souffre.

Notre charge de stress évolue

Nos symptômes de stress évoluent habituellement selon une certaine logique, ce qui rend possible de les regrouper pour délimiter des *états de stress*. Chaque état de stress est caractérisé par des symptômes dont on retrouve la source dans des occasions de stress non résolues à cause d'une attitude qui restreint nos options pour répondre adéquatement.

Par exemple, on court à la journée longue parce qu'on a un million de choses à faire. «Quelle vie!» La solution: se débarrasser de nos tâches plus rapidement. Mais, cela règle-t-il notre problème? Court-on moins?

On pense: «*Il faut* faire le lit, *il faut* faire trois repas complets chaque jour, *il ne faut* ni pli sur les vêtements ni rien qui traîne, *on ne peut pas* réduire nos heures de travail parce qu'*il faut* payer la maison et on ne veut pas envisager de la vendre, *il faut* inviter des gens à chaque fin de semaine et *il faut* que la maison brille. *Il faut* que les enfants aient ceci ou cela et *il me faut* une auto neuve, *il faut* que je sois disponible pour aider mon père, ma mère, etc.» Le jour où on change d'attitude et où on s'oblige à beaucoup moins, on a curieusement plus de temps libre et on a aussi beaucoup moins de choses à faire. Alors on court moins et nos symptômes diminuent ou disparaissent. C'est une autre solution. *S'obliger à moins* et *faire autrement* plutôt que faire toujours plus en moins de temps.

On privilégie trop souvent le superficiel au détriment de ce qui pourrait mieux nous combler, on sacrifie ainsi l'important (le calme intérieur, les relations, le sens) au profit de l'urgent (les choses qu'on pense devoir faire) ou de l'argent, dont on veut gagner le plus possible. Pour doser nos occasions de stress, on peut commencer à départager ce qui est vraiment important de ce qui l'est moins, maintenant.

On est régulièrement confronté-e à une foule d'occasions quotidiennes de stress et des tuiles nous tombent aussi sur la tête de façon imprévisible, cela est vrai. La vie reste rarement simple longtemps. Mais, d'un autre côté, on cultive aussi des attitudes qui nous empêchent d'appliquer des solutions efficaces et durables.

Myriam: le travail avant tout

Myriam a 30 ans. Depuis qu'elle a été promue à un poste de supervision d'une trentaine d'employées, il y a deux ans, ses symptômes de stress n'ont cessé d'augmenter. Quand elle se présente à notre bureau, elle a des maux de tête, une fatigue constante, une boule dans l'estomac, des étourdissements, sa digestion est à ce point difficile qu'elle ne mange plus que très peu. Elle dort très mal. Il lui arrive de paniquer, elle se sent à fleur de peau. Elle a perdu confiance en elle, elle n'arrive plus à se concentrer sur des choses même très simples et elle oublie ce qu'on lui dit: il lui faut par exemple trois fois plus de temps qu'avant pour faire les horaires de travail, où il y a encore des erreurs. Elle est devenue contre-productive. Bien sûr elle se dévalorise, elle est découragée, elle n'a plus le goût de rien entreprendre et commence à se cacher de tout le monde.

Après les trois premières semaines de son congé de maladie, son employeur demande une contre-expertise médicale; le médecin de la compagnie ordonne le retour au travail. Myriam se surprend à penser qu'un accident de la route arrangerait peut-être les choses...

Pendant les deux dernières années, Myriam n'a pas respecté les signaux que lui donnait son organisme: elle voulait réussir. Elle n'a rien changé, si ce n'est qu'elle a travaillé de plus en plus fort pour venir à bout d'une tâche qui s'est constamment accrue. Elle a augmenté sa participation à un projet où elle investissait déjà trop. Elle a fait de son emploi une prison et elle en est devenue la geôlière.

Myriam manœuvre à l'intérieur de contraintes extérieures, dont la récession économique et la soif de profits; alors, sa tâche augmente. Elle est aussi aux prises avec un système législatif selon lequel l'avis d'un médecin de compagnie peut avoir préséance sur celui d'un médecin de famille. Il y a toujours ainsi des contingences extérieures, non négligeables.

Mais Myriam se contraint aussi elle-même: par exemple, elle ne sait pas respecter ses symptômes, elle n'accepte pas de se tromper, elle a un intense besoin d'être valorisée par son patron et par ses employé-es; elle n'accepte pas de demander de l'aide à ses collègues, sauf en désespoir de cause; elle ne sait pas mettre des limites aux demandes des autres; elle vit de manière à avoir besoin de tout son salaire. Elle a un mal fou à admettre qu'elle puisse être au bout de son rouleau, elle passe presque tout son temps libre à travailler à la maison pour mettre à jour ses dossiers en retard. Elle confond sa vie et son travail, le dosage a besoin d'être rétabli.

Même si ses contraintes extérieures n'ont pas changé, Myriam va maintenant beaucoup mieux. Elle a accepté de reconsidérer certaines de ses attitudes, elle s'est créé des portes de sortie. Pour elle, le chemin a passé par la prise de conscience de ce que la plupart de ses gestes étaient liés à un besoin non comblé d'être aimée. Travailler comme une folle pour être reconnue, aimée, valorisée. Ne pas faire d'erreur par peur d'être rejetée. Et le plus grave, c'était d'avoir intégré pour elle-même ces conditions: elle ne pouvait s'aimer elle-même que si elle se montrait à la hauteur de ses propres exigences. C'est souvent de ce type d'attitudes qu'il est très profitable de guérir.

Myriam dose mieux: elle pose des limites à ce qui lui est demandé, tout en s'efforçant de faire son travail de son mieux. Elle sait se reposer quand elle est fatiguée. Elle apprend à peindre et s'est inscrite à un cours de conditionnement physique.

Elle se dit prête à s'occuper de sa relation de couple, qui s'était grandement détériorée.

Cela peut prendre plusieurs mois ou plusieurs années avant que qu'on ne ressente constamment de la fatigue, qu'on perde un peu la mémoire, qu'on se décourage, qu'on ait plus mal dans le dos, qu'on devienne intolérant-e, qu'on s'isole, qu'on soit de plus en plus déprimé-e, etc. Nos symptômes de stress ne progressent que rarement de façon linéaire et sans interruption. Il y a des moments d'accalmie. C'est leur retour régulier et leur augmentation, ainsi que l'apparition de nouveaux symptômes, qui nous indiquent qu'il est temps de reconnaître ce qui nous stresse et de changer. *On a ainsi plusieurs avertissements.* On ne tombe pas du jour au lendemain.

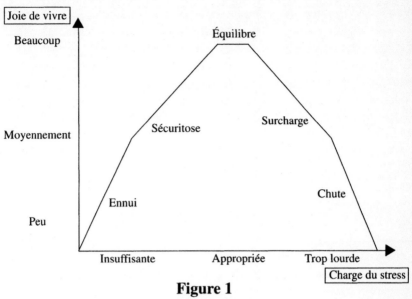

Figure 1
La coube du stress

Quand la vie nous amène beaucoup de nouvelles occasions de stress importantes (perte d'êtres chers, d'emploi ou autre crise de la vie), on peut cependant basculer rapidement dans un état de stress avancé.

Les solutions les plus efficaces pour améliorer notre état de santé sont différentes selon l'état de stress où on se situe. Myriam avait besoin de solutions plus draconiennes que si, en pleine possession de tous ses moyens, elle avait été temporairement surchargée de travail. Sa charge de stress était beaucoup trop lourde. Elle devait l'ajuster en réduisant sa participation à cette tâche qui la dépassait.

Vivre avec une charge de stress appropriée

Il n'y a pas de situation de vie sans occasions de stress: vivre en famille cause des soucis; être célibataire aussi. Travailler crée des problèmes; être chômeur-se ou à la retraite en amène d'autres. Toute situation de vie apporte aussi des joies, heureusement! On ne peut donc pas vivre sans occasions de stress mais, dans une bonne mesure, on peut en ajuster la charge.

• Notre charge de stress est *appropriée* quand on trouve notre vie stimulante sans s'y épuiser.
• Elle est *insuffisante* quand on la trouve vide ou ennuyante, quand on vit en deçà de nos capacités.

- Elle est *trop lourde* quand on exige de nous-même plus que ce qu'on peut donner sans souffrir. Myriam avait par exemple une charge de stress trop lourde.

Le meilleur indice de l'équilibre, c'est la joie de vivre, l'enthousiasme, la force tranquille. La figure 1, la courbe de stress, montre la relation entre la joie de vivre et la charge de stress. On y dénote cinq états de stress: l'ennui, la sécuritose, l'équilibre, la surcharge et la chute.

La joie de vivre (axe vertical de la figure 1) illustre la présence de signes de stress souhaitables: l'enthousiasme, la motivation, la bonne humeur sont des manifestations d'un certain état de tension. C'est pourquoi le maximum de joie de vivre, l'équilibre, est lui aussi un état de stress. Il s'accompagne d'une relative absence de symptômes de stress indésirables. On ressent le maximum de joie de vivre quand notre charge de stress est appropriée, c'est-à-dire quand on a des projets stimulants et suffisamment de temps et d'énergie pour les mener à terme.

Notre charge de stress (axe horizontal) varie selon la quantité de nos occasions de stress et selon notre capacité à leur faire face. C'est pourquoi une des clés de l'équilibre consiste à doser les occasions de stress, et une autre à améliorer notre capacité à répondre, à développer des compétences. Ce sont les deux façons d'amener notre charge de stress à un niveau approprié: on répartit mieux ce qui est déjà là, tout en augmentant sans cesse notre capacité à répondre.

Serge, au début de ses années universitaires, était enthousiaste et débordait d'énergie. Cinq ans plus tard, terrorisé par la rédaction d'une thèse qui le paralyse depuis un an, il ressent des angoisses, devient intolérant, dort mal, n'arrive plus à se concentrer sur son travail, trouve que la vie est intenable, etc.: quelque chose a changé en lui. Il est dans un autre état de stress.

Serge fait face à une grande occasion de stress pour lui (la rédaction d'une thèse), à laquelle il ne sait pas répondre (il se sent bloqué, il a peur): l'occasion de stress est plus grande que sa capacité actuelle de répondre: sa charge de stress augmente.

Jeannine, elle, a terminé depuis deux ans son doctorat en musique, dans le secteur de l'interprétation, classe de piano. Depuis, alors qu'elle veut enseigner au conservatoire et aider des élèves très avancé·es, elle doit se contenter d'initier aux rudiments du piano et du solfège des adultes qui prennent ses cours privés comme divertissement. Sa capacité de répondre est à ses yeux trop grande par rapport aux occasions qu'elle a de la mettre en valeur. Ses défis lui semblent médiocres. Elle est à l'étroit, sa vie est trop insignifiante à ses yeux, elle n'arrive pas à donner sa juste mesure. Elle est fatiguée, elle manque d'enthousiasme dans tout. Sa charge de stress est insuffisante.

Serge et Jeannine souffrent de stress et ressentent une diminution de leur joie de vivre. Pour la retrouver, ils auront à rééquilibrer leur capacité de répondre et leurs occasions de stress. Leur retour respectif à l'équilibre demande cependant des types différents de solution. Serge aura avantage à s'engager dans l'action, à accepter l'imperfection initiale de sa thèse pour y travailler avec assiduité, à améliorer donc sa capacité de répondre. Alors que Jeannine pourra au contraire travailler à augmenter la qualité de ses défis en ce qui concerne la musique.

Bien sûr, Serge peut aussi laisser ses études au profit d'activités qui lui conviendraient davantage, tout comme Jeannine peut dénicher un emploi dans un secteur tout autre que la musique, quitte à fonder un petit groupe d'interprétation avec des musicien-nes de son niveau. Ce sont là d'autres façons de rétablir l'équilibre entre leur capacité à répondre et leurs occasions de le faire. Ils peuvent aussi prendre du recul, développer une attitude plus saine à l'égard de leur vie actuelle, trouver de nouveaux centres d'intérêt pour redonner du sens à leur vie. Ils pourront ensuite reprendre leur travail avec plus d'énergie.

Il leur faut cependant reconnaître que quelque chose va mal. Nous n'avons présenté qu'une seule des occasions de stress de Serge et de Jeannine. Mais, pour eux comme pour chacun-e d'entre nous, la vie ne se résume pas à une seule problématique. Notre équilibre dépend du dosage de *l'ensemble* des occasions de stress présentes dans notre vie et de notre *capacité totale* à leur apporter des solutions satisfaisantes. Pour mieux en parler, voici une description de ces cinq états de stress.

Augmenter une charge de stress insuffisante

On vit l'ennui ou la sécuritose quand on sous-utilise nos capacités. On perd notre joie de vivre parce on est isolé-e, parce qu'on n'a pas encore trouvé ce dans quoi investir notre temps et notre talent ou parce qu'on a renoncé à nos désirs par peur.

Notre charge de stress est insuffisante quand on ne sait pas quoi faire de notre temps, ou quand on n'a personne à aimer, ou quand, plein-e de talent, on ne cherche pas ou on ne trouve pas de défi à notre mesure.

Ou bien quand on n'a pas ou plus d'engagement stimulant et qu'on s'enlise dans la routine.

Or on a besoin que notre vie ait du sens. On a besoin d'être en relation avec des gens, d'apprendre des choses, d'avoir des projets significatifs, bref de se sentir vivant-e. Lorsque ces éléments sont absents de notre vie, cela crée un vide malsain, porteur de symptômes de stress désagréables.

L'ennui et la sécuritose se caractérisent par un faible degré de joie de vivre. Si on a peu d'enthousiasme, si on ressent souvent beaucoup de malaises physiques, si on a un sentiment d'inutilité ou un intérêt démesuré pour les potins ou pour les petits malaises dont on souffre, si nos relations avec les autres servent surtout à tuer le temps et si on a une insatisfaction chronique face à la vie, notre charge de stress est sûrement insuffisante.

Sortir de l'ennui

On peut s'ennuyer parce qu'on est isolé-e ou parce qu'on n'a pas d'occupation qui donne du sens à notre vie, qu'on ressent comme vide. On est isolé-e quand on est seul-e ou quand on est privé-e de presque toute nouvelle source de stimulation ou d'apprentissage. On ressent du vide quand on a trop de temps libre ou, si on le prend sous un autre angle, quand on n'a pas assez de projets concrets enthousiasmants.

Isolé-e, on ne s'intéresse à rien et on ne produit rien, on ne crée rien. Au mieux, on se sent inutile, au pire on se sent nuisible. Notre vie n'a pas de sens à nos yeux. Toutes nos journées sont pareilles, toutes les heures de chacune de nos journées se ressemblent. Notre paysage mental devient chaque jour un peu plus plat, plus éteint.

Progressivement, on perd énergie et intérêt. Notre attention se porte souvent sur nos malaises, qui prennent de plus en plus de place. Notre vie se réduit de jour en jour. Dans cet état, on vit beaucoup d'anxiété, même si on ne subit pas de pression extérieure. On perd notre enthousiasme, on s'inquiète outre mesure, on s'ennuie, on se replie sur soi, on se sent incapable d'apprendre, on jongle constamment et on a des troubles de mémoire. On n'arrive pas à se mettre à des tâches très élémentaires (faire notre toilette) et tout nous demande des efforts. On sort de moins en moins de notre petit univers. La mort peut apparaître comme une délivrance.

À certains moments de notre vie, on étudie, on travaille, on s'occupe de nos enfants. On a des projets qui nécessitent qu'on investisse temps, énergie et talent. Ces gestes quotidiens prennent tellement de place qu'on finit parfois par se définir en fonction d'eux: non seulement on étudie, mais on *est* étudiant-e; non seulement on travaille, mais on *est* professeur, commis, cadre, ou parent. Quand il arrive que ces activités s'arrêtent, on perd à la fois ce qui occupait nos journées, une partie de notre identité et une partie de notre raison de vivre. D'un côté, on est libéré-e, mais, de l'autre, on n'a plus d'engagement. Par exemple, on est au début de la retraite, ou le dernier enfant vient de quitter la maison, ou on vient de perdre notre emploi. C'est alors le vide laissé par l'absence ou la perte d'une occupation qui est l'occasion à la base du stress.

Jean-Luc a vingt-quatre ans. Trois fois il a abandonné les cours qui lui auraient permis de terminer ses études collégiales et de finalement s'inscrire à l'université où il rêve d'aller rejoindre ses ami-es, dont il est envieux. Il passe ses journées à regarder des films à la télé, lit des bandes dessinées, attend que le temps passe. Il travaille quinze heures par semaine à un emploi qui, loin de le stimuler, l'ennuie. Il ne veut pas s'occuper de son petit frère de douze ans.

Il rêve du jour où il pourra enfin quitter ses parents et s'établir chez lui, du jour où il occupera un poste de professionnel. Il se plaint des reproches incessants de ses parents sur sa paresse et son peu de tonus. Il attend, mais il n'agit pas. Et, bien sûr, il se sent inférieur aux autres et il lui arrive de penser que la vie n'a pas de sens.

Rita a cinquante-deux ans. Il y a quatre ans, son troisième et dernier enfant a quitté la maison familiale et elle ne s'est pas encore donné de nouvelle vocation pour remplacer celle de mère de famille à laquelle elle s'est vouée avec un certain bonheur pendant vingt-six ans. Elle s'occupe des mêmes tâches domestiques qu'avant, mais cela lui prend beaucoup moins de temps. De plus, tout cela a beaucoup moins de sens à ses yeux, parce que personne n'a plus vraiment besoin de ce qu'elle fait. Son mari gagnant assez d'argent pour qu'ils vivent relativement à l'aise, elle dit n'avoir pas besoin de travailler (comme si on ne travaillait que pour de l'argent). Elle ne sait pas encore ce qu'elle aimerait étudier, elle a peur de faire du bénévolat, elle s'imagine qu'elle va faire rire d'elle si elle prend des cours pour développer d'éventuels talents artistiques.

Elle passe le gros de ses journées à la maison, à s'ennuyer, seule. Elle téléphone à sa mère deux ou trois fois par jour et elle appelle aussi sa sœur; toutes deux n'ont pas grand-chose de neuf à lui dire. Elle compte sur son mari pour agrémenter sa vie, mais ce dernier est souvent fatigué et il n'est pas très bavard. Elle se sent inutile et a une piètre estime d'elle-même. Elle est extrêmement anxieuse et très déprimée. À chaque fois qu'elle a un malaise ou un bouton, elle pose son diagnostic de cancer et elle a peur.

Depuis le début de sa retraite il y a trois mois, Joseph a surtout appris à tourner en rond. Il trouve ridicules les activités offertes par les clubs pour personnes âgées, il s'ennuie devant la télé, il sent bien qu'il encombre sa femme de sa présence continuelle, il tourne en rond. Bien qu'il ait eu longtemps hâte à sa retraite, il constate maintenant que c'est loin d'être drôle et que ça va durer longtemps. Il est irritable, fatigué, il dort mal et se dit très tendu.

Comment Jean-Luc, Rita et Joseph arrivent-ils à avoir des problèmes de stress alors qu'ils ne font face à aucune obligation? Qui n'a pas en effet rêvé un jour ou l'autre de n'avoir rien à faire? Tous les trois souffrent non pas d'un excès de demandes extérieures, mais d'un *manque* de stimulation. Rester à la maison, sans projet, sans activité régulière qui donne du sens à notre vie, c'est nécessairement se condamner à un très bas niveau de joie de vivre. C'est l'accomplissement quotidien de gestes concrets faisant progresser nos projets qui constitue l'antidote le plus efficace au stress, dans la mesure où on ne s'y épuise pas. Lorsqu'on n'a pas de projets ou lorsqu'on a trop de temps, on ressent de multiples symptômes de stress: on est en déséquilibre.

Dans ce vide, on vit de l'anxiété, parce qu'on ne sait pas quoi faire ni à quoi on sert. Il y a trop de questionnement et pas assez d'actions concrètes. Il y a beaucoup de temps passé en pure perte et sans joie, en divertissements faciles ou à ne rien faire. On a du mal à s'engager dans des projets à long terme, puis du mal à accomplir les petits gestes quotidiens dont on finit par avoir ras le bol, comme la préparation des repas, les courses, etc.

On a aussi tendance à considérer comme dramatiques des événements qui pourraient être anodins: on perçoit les petits bobos comme des gros, on se scandalise facilement, on fait des drames dès qu'il faut attendre un peu l'article qu'on a commandé, le résultat d'analyses médicales, etc.: on n'a rien à faire, mais on est pressé-e.

On est comme un ours en cage, notre univers est trop petit, on tourne en rond sans jamais vraiment prendre de décisions concrètes pour en sortir. Souvent, on a du mal à faire ce qui nous ferait du bien parce qu'on est fatigué-e, alors que, bien sûr, faire quelque chose nous redonnerait de l'énergie. On a souvent le sentiment que la vie serait bien mieux autrement ou qu'elle était bien mieux avant. On peut aussi avoir le sentiment d'être victime d'un système social injuste, ou de l'ingratitude des autres, de leur incompréhension.

On ressent souvent une baisse importante de l'estime de soi et on développe un sentiment d'infériorité. On a l'impression d'être ou d'être devenu-e moins que rien. L'attitude la plus fréquente à la base de l'ennui est celle d'attendre beaucoup des autres et peu de soi. C'est une attitude de victime. On pense qu'il revient aux autres de nous stimuler, de nous combler, de nous fouetter ou de nous sauver et quand ils s'y aventurent, on trouve des bonnes raisons de continuer à ne rien faire.

Notre charge de stress est insuffisante: il n'y a pas assez d'occasions de stress pour équilibrer notre capacité à répondre. Il y a alors peu de joie de vivre. Pour mieux doser nos occasions de stress, il nous faut trouver des engagements stimulants.

Dépasser la sécuritose

On est en sécuritose quand on a un besoin presque maladif de sécurité, qu'on place dans la répétition de ce qu'on connaît et dans l'immobilité de notre vie. On arrête notre développement personnel parce qu'on a trop peur de changer. C'est métro-boulot-dodo. On se contente de ce qu'on est et de ce qu'on a, non parce qu'on est heureux-se ainsi, mais parce que tout ce qui pourrait changer nous menace ou nous dérange. On a habituellement une grande insécurité intérieure, qui nous fait redouter l'inconnu; pour éviter toute éventuelle menace, on vit dans la routine. *On ne cherche pas vraiment à être heureux-se: on veut surtout éviter les ennuis, les imprévus, les changements.*

On peut avoir une relation de couple qui ne va pas trop mal, des enfants qui ne se droguent pas, un emploi qui n'est pas trop exigeant. On ne se mêle jamais de ce qui ne nous regarde pas, on garde nos opinions pour nous, parce qu'«on parle toujours trop». On trouve téméraire ou imbécile toute personne qui exprime de l'ouverture au changement. On n'a ni dit ni entendu «je t'aime» depuis des années, parce qu'on se méfie des émotions. Nos proches doivent beaucoup insister s'ils veulent nous faire faire des choses inhabituelles.

On sait que «un tiens vaut mieux que deux tu l'auras» et on a des assurances contre tout. On ne se rend que dans les endroits connus et, d'ailleurs, «qu'y a-t-il de si intéressant ailleurs»? On ménage notre monture; c'est pourquoi on refuse tout nouvel engagement. D'ailleurs, «c'est pas à notre âge qu'on va se mettre à changer». On s'accroche à la forme de sécurité que procure la stabilité.

On peut avoir un grand souci de l'ordre, autant dans les choses matérielles que dans les affaires de l'âme. On connaît la place de chaque objet et on sait ce que chaque personne doit faire. On sait que «l'amour, ça ne dure pas», alors on considère normal de vivre une relation de couple aussi sécurisante qu'ennuyante. On vise plus la durée que la vitalité et l'évolution.

On arrive souvent assez bien à atteindre notre objectif premier, à savoir que rien ne nous arrive. Dès qu'on pense qu'il pourrait y avoir des changements importants, c'est la panique. On résiste et on essaie de contrôler.

D'où nous vient cette anxiété, alors que ça ne va pas si mal? On ne trouvera pas la source du problème dans ce qu'on a ou ce qu'on n'a pas, mais dans nos attitudes rigides. On ne peut pas trouver de sécurité véritable à l'extérieur de nous, c'est une quête impossible.

La sécuritose est un état d'immobilité dans lequel on peut s'enliser quand on a enfin atteint les objectifs qu'on s'était fixés: on occupe un emploi insatisfaisant mais permanent, on a un peu d'argent de côté, les enfants nous obéissent relativement bien, l'auto sera entièrement payée dans huit mois, le ménage du printemps est terminé, la vaisselle est faite: que désirer de plus, sinon que tous les voleurs soient enfin mis en prison pour toujours! Toutes les raisons sont bonnes pour que rien ne change, et des raisons, on en trouve à profusion.

On vit la sécuritose quand on pense à la vie en termes de destination plutôt qu'en termes de voyage. On a tellement hâte d'être arrivé-e qu'on ne profite pas du voyage. On définit tout ce qu'on veut et comment on le veut. Quand on l'a atteint, on s'arrête. On obéit à des lois fixées une fois pour toutes, par lesquelles on justifie notre immobilité qu'on préfère appeler notre stabilité. Dans notre petit monde, on a confiance en nous; alors, on fuit tout ce qui n'est pas dans notre petit monde. Notre seul projet est que rien ne change, sinon que notre marge de sécurité extérieure augmente. On a toujours une bonne raison pour éviter le changement.

Pas de dérangement, pas d'émotion, pas de nouveau projet. On donne souvent l'image de la force et du contrôle dans notre petit univers. Du moins, aussi longtemps qu'on ne nous envoie pas ailleurs, qu'on ne change pas notre patron, que notre fardeau de tâche demeure le même ou diminue, que notre conjoint-e ne nous empêche pas d'écouter le football ou d'aller au bingo, ou que les enfants se conforment aux règles de la maison.

En règle générale, on est contre: contre l'avortement, contre la nouvelle cuisine, contre le féminisme, contre les horaires flexibles, contre le renouveau liturgique, contre les chômeurs, contre le divorce, contre l'informatique, contre les surprises et les imprévus et même contre le plaisir, qui comporte toujours un élément de risque. On refuse d'évoluer.

La sécuritose peut apparaître comme un état d'anxiété «sans raison». On dira que tout va plutôt bien dans notre vie, qu'il n'y a pas d'occasions de stress vraiment identifiables. Bien sûr, notre vie sexuelle est routinière, sans fantaisie et réglée, notre emploi ne nous a rien appris depuis quinze ans, notre conjoint-e ne parle pas beaucoup, Dieu merci, et le téléviseur n'est pas à l'atelier de réparation. Quelques membres de notre parenté viennent nous aider à passer le temps et les enfants sont sages. On a réussi. On est arrivé-e. On est aussi usé-e et on se sent un peu fini-e.

Notre anxiété nous vient surtout du fait qu'on a rompu le contact avec notre monde intérieur, qu'on a éteint nos désirs au profit d'une certaine immobilité affective. Dès que la réalisation d'un de nos désirs comporte un minimum de risque, on y renonce. Rien ne doit nous arriver.

Pour sortir de la sécuritose, il nous faut accepter de prendre des risques et déplacer notre sens de la sécurité de l'extérieur où on l'a placé vers l'intérieur, où il fait défaut. On peut alors renouer contact avec nos aspirations et oser vivre.

Jean-René: l'immobilité qui étouffe

Jean-René a cinquante-trois ans. Il travaille devant la même machine depuis treize ans et ses conditions de travail lui permettront de prendre sa retraite dans seulement (!) huit ans. Il a cessé ses activités syndicales, il a laissé la présidence de la ligue de quilles où il était parfois contesté, puis il a laissé la ligue. Après ses heures de travail, il rentre à la maison où, pour ne pas reprendre les querelles avec sa femme, il a tendance à ne pas trop parler, ce qui fait le bonheur (?) de tout le monde. Ces disputes ont marqué les quinze dernières années de leur vie; ils ne s'entendent sur presque rien, c'est pourquoi ils ont choisi de ne plus se parler. Reste la télévision. Chacun possède son téléviseur, ce qui évite les conflits.

Pendant les fins de semaine, le couple change le mal de place et va au chalet rejoindre la famille. Leur vie sexuelle est aussi moribonde que leur vie affective, sauf quand Jean-René prend un peu d'alcool. Sa femme répond en le culpabilisant. Comme ils n'ont pas tellement le goût de se faire plaisir l'un à l'autre, il a cessé de bricoler et elle a cessé de faire des petits plats. Il oublie la fête des mères, alors, pour se venger, elle oublie la fête des pères.

Jean-René se présente avec des problèmes d'insomnie et une fatigue constante; il se dit tendu et anxieux, irritable. Pourtant les disputes ont cessé, l'emploi est assuré, le chalet presque payé...

Les solutions que le couple adopte consistent toujours à niveler par le bas, si bien que la vie devient d'une platitude extraordinaire. Chacun a étouffé ses désirs et aussi ceux de l'autre. Il y a souvent plus de souffrance à ne pas avoir de projet qu'à ne pas pouvoir réaliser ceux qu'on a. On comprend que Louise, l'épouse de Jean-René, n'ait pas elle non plus beaucoup de joie de vivre.

Sur la courbe de stress, la sécuritose se situe un peu plus haut que l'ennui, parce qu'il y a en sécuritose un peu plus de joie de vivre qu'en ennui. Mais la charge de stress est quand même insuffisante. Jean-René et Louise peuvent faire tellement plus et tellement mieux!

Garder une charge de stress appropriée: vivre en équilibre

Le stress se définit comme l'état de tension d'un être vivant. C'est pourquoi l'équilibre est bien un état de stress (plutôt qu'un état de non-stress): c'est celui de la tension optimale. On y ressent de l'énergie qu'on utilise dans des projets réalisables. On peut être occasionnellement fatigué-e, si on s'engage dans des activités exigeantes; on peut vivre des périodes plus troublées quand des changements se produisent. Mais on a des projets, on a des moyens pour les réaliser ou on les trouve, on est motivé-e. On adopte des attitudes constructives qui nous permettent d'accepter les bouleversements qui s'imposent comme autant d'occasions de croissance.

En équilibre, on ressent de la joie de vivre. On est confronté-e à des occasions de stress qui nous demandent de l'énergie et qui en génèrent. On a des buts dans la vie: on aime notre travail ou on veut obtenir un diplôme, on aime notre conjoint-e et nos enfants, on développe nos talents artistiques, etc. Notre temps passe à faire progresser les projets qu'on a choisis en fonction de nos ressources et de nos goûts. On sait aussi s'amuser et se reposer. On est le plus souvent serein-e.

Ne pas confondre équilibre et jeunesse! La jeunesse est une étape chronologique de la vie où le corps fonctionne bien et récupère vite sur le plan physique. Vécue avec de plus en plus de tension par beaucoup de jeunes, cette période de la vie n'est pas nécessairement une garantie de joie de vivre. Beaucoup de jeunes montrent en effet des symptômes de tension importante (perte de motivation, problèmes d'alcool et de drogue, idées suicidaires). Le plus grand avantage du jeune âge est le grand pouvoir de récupération qu'il confère.

L'équilibre, c'est un état de stress optimal. La tension désagréable et les autres symptômes de stress y sont passagers, la plupart du temps dus à des causes identifiables auxquelles on peut le plus souvent remédier dans de brefs délais. On peut être en équilibre à tout âge, dans la mesure où c'est vraiment ce qu'on souhaite et où on mène notre vie en conséquence. *Dans la mesure où on fait de l'équilibre notre priorité numéro 1.*

Devant une occasion de stress, la question la plus utile à qui souhaite vivre en équilibre est la suivante: «Quelles sont les solutions qui m'amèneraient à être bien?» Non pas à être plus riche, ni à mieux me venger, ni à éviter toute souffrance, ni à avoir plus de pouvoir sur les autres, ni à avoir l'air plus intelligent-e ou à montrer que j'ai raison, mais celles qui me donneraient le plus de joie de vivre maintenant ou à moyen terme.

Choisir l'équilibre ne nous amène pas à éviter tout inconfort mais plutôt à opter pour ce qui convient à notre croissance. C'est l'équilibre du cycliste qui s'ajuste à chaque virage plutôt que celui du bloc de béton, immobile une fois pour toutes.

On se retrouve parfois aussi face à des choix qui créent plus que de l'inconfort. C'est une injustice au travail qui lui fait perdre beaucoup de sens à nos yeux, c'est une nouvelle attirance très forte qui vient nous perturber alors qu'on croyait notre vie de couple intouchable, c'est la mort d'une personne très proche, c'est une soudaine prise de conscience aiguë de nos tendances à réprimer nos désirs et à vivre en deçà de nos possibilités, ou c'est tout autre chose qui vient nous troubler profondément et confronter le relatif équilibre qu'on avait atteint. Lorsque des changements importants se produisent dans notre vie, un redosage de nos occasions de stress s'impose.

Vivre en équilibre, c'est être capable de ressentir nos élans intérieurs et de vivre en accord avec eux, c'est répondre concrètement dans la vie quotidienne à ce qui nous appelle de l'intérieur, tout en tenant compte des contraintes extérieures. Il est plus facile de rester en équilibre que d'y revenir. Si, aux premiers symptômes de tension, on s'engage à rétablir notre charge de stress, on reste en équilibre. Si on attend longtemps, nos forces diminuent et nos symptômes s'aggravent.

L'équilibre est donc un état de stress. Les signes de cet état sont de trouver que la vie est belle, même si elle fait parfois mal, d'avoir des projets et de l'énergie pour les faire progresser, de se sentir aussi bien seul-e qu'en compagnie d'autres personnes, de se sentir en pleine possession de ses facultés intellectuelles et physiques, d'être serein-e. La vie est ressentie comme belle, ce qui ne veut pas dire qu'elle soit toujours facile. On est motivé-e et on a de l'énergie.

On a toujours un choix d'attitude: l'accueil et le jeu, la résistance ou la rébellion. L'équilibre résulte d'un choix. Celui de constater qu'on a toujours le choix si on sait renoncer à ce qui nous emprisonne.

Quand Armande, à soixante-deux ans, a couru le risque de croire que ses douleurs abdominales «chroniques» qu'elle supportait depuis au-delà de dix ans étaient peut-être en relation directe avec le relatif insuccès de son entreprise commerciale qu'elle s'acharnait à sauvegarder coûte que coûte, elle a été confrontée à un choix. Celui de continuer comme avant («Je n'ai pas le choix») ou celui de lâcher prise et de passer à autre chose qui serait éventuellement moins source de tension. Lâcher prise l'a effectivement libérée de ses symptômes jusqu'alors rébarbatifs à tout traitement et dont l'investigation complète n'avait jamais rien révélé. Elle est aussi beaucoup plus heureuse et se demande comment elle a pu persister ainsi pendant tant d'années à investir son énergie dans ce qui ressemblait de plus en plus à une impasse.

Réduire une charge de stress trop lourde

Quand on est confronté-e à plus d'occasions de stress que ce à quoi on peut répondre, on se fatigue; et, si rien ne change, on s'épuise. On vit d'abord une surcharge, c'est une invitation à changer; puis on peut tomber, si on ne tient pas compte de l'avertissement. Une fois tombé-e, on n'est plus qu'invité-e à changer; on y est obligé-e. Pourquoi toujours attendre que ça fasse très mal avant de changer?

On a des enfants, on travaille à temps complet, on s'occupe de la maison, de nos parents et on suit des cours deux soirs par semaine. On assume les problèmes de tout le monde et on veut être une personne disponible et idéale. Trop, c'est trop.

C'est par ce qu'*on ressent* qu'on sait que notre charge de stress est adéquate ou non. La question n'est pas de savoir si «on a raison» ou non d'être fatigué-e, de déterminer si c'est «normal» ou non d'être épuisé-e, mais de *ressentir* la fatigue, la démotivation ou l'épuisement. Quand on réalise qu'on vit de plus en plus de symptômes de stress, il est temps d'ajuster notre dépense d'énergie. Cela nous amène à réévaluer notre investissement dans nos activités, nos engagements et nos façons de faire. Si on préfère ne pas tenir compte de nos symptômes, si on s'oblige à continuer de la même façon malgré eux, si on accorde la priorité à ce qu'on voudrait être capable de faire plutôt qu'à ce qu'on ressent, alors on risque le déséquilibre.

Myriam a voulu garder son emploi en supervision du personnel, sauver la face, prouver qu'elle était capable, tout faire sans demander d'aide, accepter aveuglément des augmentations de tâche, toujours être disponible et elle n'a pas tenu compte des symptômes de stress qui augmentaient, lui indiquant que sa charge de stress devenait trop lourde. Ce n'était pas son équilibre personnel qui lui importait, mais son travail. On pourrait dire qu'elle était soumise à une certaine idée qu'elle se faisait du bonheur ou de la réussite et qu'elle niait ce qu'elle ressentait, qu'elle occultait ainsi sa réalité. Elle en a payé le prix. L'épuisement n'est pas une punition: c'est une *conséquence*. La maladie n'est pas une sanction, mais un aboutissement souvent logique, l'évidence qu'on a oublié de respecter les principes de l'équilibre ou qu'on a intérêt à modifier notre rapport à la réalité.

Assez curieusement, alors qu'il est tellement évident que notre souffrance est en relation directe avec notre façon de vivre, tout le monde vit comme s'il n'en était rien. Chacun-e a toutes sortes d'autres priorités que celle de bien vivre. On préfère prendre des vitamines et des fortifiants, se culpabiliser de ne pas en faire autant qu'on «devrait», être à tout prix à la hauteur de ce que notre groupe social attend de nous, chercher le bonheur dans ce qui nous tue. L'épuisement, la chute, c'est la preuve que la solution à nos maux se trouve ailleurs que là où on l'a cherchée. La fatigue en est un premier indice.

Remédier à la surcharge

Quand la plupart de nos activités quotidiennes commencent à nous apparaître comme des corvées se succédant sans nous laisser de répit, on arrive à la surcharge. On vit en surcharge quand on se considère comme accablé-e par une série de tâches à accomplir du matin au soir.

La principale motivation à la base de nos actes devient leur apparente nécessité. *Il faut, il faut, il faut.* Tout le reste attendra. Il faut travailler pour payer ceci ou cela, il faut faire les travaux ménagers pour ceci, il faut amener les enfants pour cela, il faut que ceci soit fait comme cela, etc. «Quand j'aurai fini, je me reposerai... si jamais je finis.» Les obligations commencent tôt le matin (*il faut* se lever...) et finissent tard le soir (*il faut* se coucher et même *il faut* dormir).

Alors, voici les premiers symptômes désagréables de la surcharge: quelques malaises passagers, besoin de plus de tabac, de plus de café ou de plus d'alcool pour faire passer les petites misères de chaque jour («*faut* bien se récompenser»), plus de compensation dans des achats («*faut* bien penser un peu à soi»), quelques oublis, difficultés de concentration à faire le budget à 11 heures le soir («pourtant *il faut*, c'est la fin du mois!»), moins de temps pour les ami-es («que voulez-vous, *il faut* qu'on finisse la rénovation, mais bientôt, *il va falloir* qu'on vous invite, c'est promis»).

À ce rythme-là, la fatigue s'installe de plus en plus tôt durant la journée, bien que la nuit, si on ne souffre pas encore d'insomnie, nous aide à récupérer. Or, c'est justement là qu'apparaissent nos premières difficultés à dormir. On se couche en se disant: «*Il faut* que je dorme, demain, j'ai une autre grosse journée, *je ne peux pas me permettre* d'être fatigué-e.» On reprend la besogne avec de plus en plus l'impression que la vie est une suite de corvées qui n'arrête pas souvent. Maux de tête, douleurs dans le dos, rien pour nous empêcher, du moins au début, de poursuivre notre chemin vers la suite de notre liste d'obligations. Le médecin nous confirmera qu'on n'a rien de grave, que «ce sont nos nerfs», un virus ou un manque de vitamines.

Bien sûr, les autres commencent un peu à nous tomber sur les nerfs, avec leurs demandes imprévues ou leur besoin d'affection. «Vous ne voyez pas que je travaille? Et pour vous en plus!»

On sait qu'on va y arriver (?), avec des efforts, *si on ne s'écoute pas*. Arriver à sortir la production à temps, à concilier les besoins affectifs des autres avec nos besoins d'argent, de propreté, etc. «Laissez-moi finir, après c'est promis je vais aller jouer. Bientôt. En tout cas, plus tard, parce que là, je n'ai pas le temps.»

C'est la course contre la montre, l'impatience devant les pertes de temps: «Pourquoi la circulation est-elle si lente? Je suis pressé-e, moi.

J'ai pas toute la vie devant moi! Il faut que je fasse cuire mon poulet!» Ou: «Mon Dieu, faites qu'il ne pleuve pas demain, c'est notre seul jour libre pour laver les vitres!» Ou: «Je ne peux pas avoir mal à la tête, je n'ai pas encore fini mon rapport!»

On marche, on mange et on bouge vite. On a beaucoup de difficulté à se détendre (même *s'il faudrait* bien qu'on se détende!). On a de moins en moins de temps pour l'exercice physique, pour les passe-temps, pour la jouissance de la vie. On fait les choses pour s'en débarrasser, pas par plaisir. Seul le but compte: avoir fini pour pouvoir ensuite s'attaquer à une autre des multiples tâches qui nous attendent. On a les mâchoires un peu serrées, le visage tendu, occasionnellement une boule dans l'estomac, des palpitations, ou d'autres symptômes physiques occasionnels qui disparaissent au repos ou en vacances.

Anxiété, changements d'humeurs, préoccupations constantes qui nous font perdre le plaisir lié aux petites choses, petites choses qui deviennent elles aussi des corvées, alors qu'on y prenait autrefois plaisir (comme par exemple faire les courses, bricoler, raconter une histoire aux enfants pour les endormir: «Il était une fois une petite fille avec un chapeau rouge, elle est allée dans la forêt voir sa grand-mère et le loup l'a mangée. Dormez, et faites ça vite!»).

Ces symptômes de l'état de surcharge sont des avertissements: ils en précèdent de pires. C'est pourquoi il est important de les reconnaître et d'agir dans de brefs délais pour diminuer la charge de notre stress. On peut penser à réévaluer les engagements, à faire de nouveaux choix en ce qui concerne ce qui est vraiment important. L'attitude de base est celle de la soumission à un prétendu devoir, qui se déguise dans le quotidien en un million de petites et grandes choses «qu'il faut» faire.

À partir d'une certaine charge de stress, la joie de vivre et l'état de santé commencent donc à décliner.

Gilles: la course contre... quoi?

Gilles vient d'avoir trente-sept ans. Il a trois enfants, il est marié à Lise et il enseigne le français dans le même collège privé depuis dix ans. Il passe beaucoup de temps à corriger les devoirs et les exercices qu'il donne à ses élèves. Il joue du piano dans un bar les vendredi et samedi soir. Le mardi soir, c'est sa soirée pour les scouts et le dimanche matin, il s'occupe d'un club d'athlètes amateurs. Il passe la majeure partie du temps qui reste à s'occuper de sa famille, à laquelle il est malgré tout très présent, du moins en ce qui concerne les tâches. Lise travaille à temps complet elle aussi.

La vie de Gilles est une course continuelle dont le rythme souffre mal les imprévus, d'autant plus qu'il ne fait pas les choses à moitié. Le problème c'est qu'il y a beaucoup d'imprévus! Maladies occasionnelles des enfants, réparation de l'automobile, coup de main au beau-frère dont le logement a passé au feu (malgré la pièce de théâtre à monter au collège pour Noël!), courses pour renouveler l'équipement pour les sports d'hiver, etc. Gilles dit qu'il n'a pas le temps de se reposer, alors qu'en fait, il se soumet à beaucoup d'obligations dont il pourrait se passer et il ne s'accorde aucune période de repos. Quand il est venu nous consulter, il venait de s'engager comme bénévole dans la campagne électorale!

Si Gilles se plaint de la lourdeur de la vie, s'il pense que la vie est une lutte, c'est parce qu'il se confronte lui-même à trop d'occasions de stress. S'il a de la difficulté à s'endormir, c'est parce qu'il est anxieux de ne pas arriver à faire tout ce qu'il entreprend; la solution, c'est d'en entreprendre moins, de choisir certaines activités et d'en laisser tomber d'autres, de se libérer, de faire de la place. Alors, il retrouvera du plaisir à préparer la pièce de théâtre et à répondre aux exigences normales de sa vie de famille. Lise et les enfants en profiteront eux aussi. Quand on retrouve l'équilibre, s'occuper des autres n'est plus une corvée: c'est un plaisir. On ne cherche pas l'équilibre que pour soi.

S'arrêter avant la chute

Si on ne s'occupe pas de notre surcharge, notre niveau de stress augmente encore. On «tombe» alors malade physiquement ou psychologiquement: c'est la chute.

Si on ne change rien, la surcharge finit par nous faire tomber. On a trébuché quelques fois mais, à chaque fois, on est resté-e debout. Un coup plus solide nous a fait chanceler, mais on a pu repartir. La charge nous a fait vaciller encore plus sérieusement mais, encore une fois, «ça a fini par passer». Alors on a essayé de reprendre notre bon vieil élan. Puis, finalement, boum! On est tombé-e, malade. Le mot chute évoque la perte de contrôle; de fait on a perdu le contrôle de sa vie. On ne peut vraiment plus fonctionner comme avant, on n'arrive pas à refaire nos forces. La tension a provoqué une rupture. La charge est venue à bout de notre résistance, on sent qu'on est à terre ou que c'est pour très bientôt. On vit une chute, quand, à force d'investir de plus en plus sans résultat, on finit par s'épuiser, par ne plus se reconnaître et par tomber sous une charge qu'on ne peut plus supporter.

Le mal de vivre augmente, on ne se reconnaît plus et la vie ne peut plus continuer ainsi. On est forcé-e de s'arrêter: on est dans une période de crise. Notre médecin nous prescrira très probablement des médicaments pour notre souffrance physique et il trouvera un diagnostic médical ou psychologique pour la caractériser: on fait une dépression nerveuse ou de l'angoisse, on a fait un infarctus? Notre tension peut s'exprimer de bien des façons.

Sur le plan physique, on ressent plus intensément et plus souvent les symptômes apparus en surcharge, alors que d'autres symptômes jusque-là inexistants apparaissent. Nos malaises sont tels qu'on a fréquemment besoin de médicaments et la tension musculaire qui nous fait mal au dos, à la tête ou aux mâchoires ne lâche plus que rarement. Ce qui nous amène à augmenter notre consommation des réducteurs artificiels de tension (pilules pour les nerfs, alcool, drogues, etc.) dont la consommation pourra mener à des abus; ces abus deviendront occasions de stress (comme l'alcoolisme) et contribueront au maintien de l'état de chute et à la progression des autres symptômes. Il faut comprendre que la vie ne peut plus continuer de la même façon; c'est insupportable, il nous faut soigner notre vie et non plus seulement nos maux: il faut changer.

En règle générale, un premier secteur de notre vie devient d'abord intolérable: ça peut être le travail, phénomène dont il a abondamment été question (c'est le burn-out, le syndrome d'épuisement professionnel). Mais ça peut aussi être la vie amoureuse, ou le travail à la maison avec les enfants, ou les études, ou une autre forme d'engagement qui nous pose des problèmes qu'on n'arrive pas à régler et qui finit par nous faire chuter.

Dans les premières phases d'une chute, on peut encore se sentir bien, dans les moments où on n'est pas en contact avec notre bourreau. Tombé-e sous des exigences démesurées au travail, on peut, au début, se sentir relativement bien le soir ou en vacances. Notre mal nous reprend le lundi matin. Ayant chuté sous le poids de nos amours douloureuses, on peut encore parfois être bien au travail; notre mal nous attend au retour à la maison.

On a habituellement investi beaucoup d'énergie dans le secteur où on a fini par s'épuiser. Nos solutions n'ayant pas porté fruit, on se considère de plus en plus comme inefficace ou inadéquat-e. Il faut dire que notre capacité de concentration est moindre, que notre niveau d'énergie est franchement bas et que la tâche est lourde: on n'est pas tombé-e pour rien. Notre inefficacité (on lutte de plus en plus fort et on n'obtient malgré tout que des résultats de moins en moins encourageants) nous amène à croire qu'on ne vaut pas grand-chose. Cette baisse de l'estime de soi augmente notre frustration, puis nous amène à croire que c'est aussi de la faute des autres si ça va mal. On se replie sur nous-même, on se ferme, on se réfugie sous une carapace pour que rien ne nous atteigne. On cherche des coupables, on fait des cachettes, on finit par en faire le moins possible. On ne se reconnaît plus. Les personnes de notre entourage ont aussi tendance à s'éloigner de nous, lasses de nous entendre toujours parler de la même préoccupation depuis si longtemps.

Sur le plan intellectuel, on est moins capable de se concentrer, on oublie tout, on est distrait-e et parfois confus-e. On ne s'intéresse progressivement plus à grand-chose. On rumine les mêmes idées, sans en sortir.

On n'arrive à peu près plus à s'apaiser, à se détendre. Notre vie nous apparaît avoir de moins en moins de sens; les autres secteurs de notre vie commencent à être pollués par notre fatigue et nos maux: tout va de plus en plus mal.

La chute succède en général à des périodes de vie de grande énergie, où on a dépensé sans compter, avec enthousiasme. Puis quand est survenue une espèce de stagnation, on a investi davantage d'énergie pour redresser la situation. On s'est acharné-e de plus en plus sans succès et on s'est épuisé-e à la tâche. Déçu-e de nous, on se sent déchu-e.

Plus on avance dans notre état de chute, moins il y a d'énergie disponible pour apporter des solutions. Il est important de ne pas confondre la chute avec les difficultés plus ou moins grandes qu'on peut éprouver dans notre vie de travail, par exemple. En chute, on ne peut vraiment plus fonctionner. Comme le disait un participant à un de nos ateliers: «J'ai roulé pendant quelque temps avec une batterie de plus en plus faible, puis avec la batterie de secours, puis plus rien; je suis revenu quatre mois et demi plus tard.»

Bien que les manifestations physiques de la chute soient considérées comme des maladies par la médecine, on peut aussi les voir comme le résultat d'une tension trop grande, maintenue trop longtemps ou comme la conséquence d'une augmentation aiguë de la tension due à une perte importante. Une maladie peut être un symptôme de stress ou, dit autrement, le stress affecte le fonctionnement de notre corps.

Au bout de la chute, notre résistance meurt. L'énergie disponible est au minimum, ce qui nous laisse sans espoir de guérison. On ne mange plus, on ne dort plus, ce qui abaisse encore davantage notre niveau d'énergie. On voit la vie en noir, on n'y trouve pas de sens et on conclut qu'elle n'en a jamais eu et qu'elle n'en aura jamais: c'est la dépression majeure.

On est épuisé-e de façon chronique, sans vitalité, presque sans défense; et on a mal. On est méconnaissable, pour les autres comme pour nous. On n'a plus le goût de rien et chaque invitation, chaque «tu devrais sortir, faire ceci ou cela» nous laisse encore plus malheureux-se, plus seul-e au monde. On pleure ou on pleurerait tout le temps. Notre monologue intérieur est essentiellement négatif. Au cœur de nous, la souffrance morale, le goût de mourir. On sent que quelque chose est définitivement brisé, que rien ne sera plus jamais comme avant. Un sentiment de vide ou d'injustice peut nous habiter.

Mais on peut en sortir. Après avoir fait une dépression nerveuse majeure, par exemple, on peut revenir à un très bon niveau de santé et de joie de vivre. On peut se relever d'une chute grave mais, pendant qu'on la vit, le fonctionnement de notre cerveau nous empêche d'y croire, ce qui augmente encore la souffrance. Pour retrouver l'équilibre, il nous faut rompre temporairement avec les occasions de stress qui nous ont écrasé-e et, pendant la «convalescence», se reposer beaucoup tout en nous préparant à changer nos façons de penser et d'agir qui nous ont amené-e à tomber.

Pierre: beaucoup d'avancements qui font... reculer

À quarante-six ans, Pierre vit depuis vingt ans avec Mireille; ils ont trois enfants. Sa femme, comme il le dit, est du type «volontaire» et il a toujours été plus ou moins dominé par elle. Pour ne pas que ça saute, il s'est réfugié dans le travail, lui reléguant ainsi progressivement toute la conduite de la vie familiale.

Pour Pierre, le travail est ainsi lentement devenu l'unique source de valorisation. Il travaille dans une compagnie qui récompense les bourreaux de travail par des promotions, des primes et des félicitations. Elle les soumet aussi à de terribles exigences. Sur une période de huit ans, le travail est devenu son univers. Il a dû étudier le soir pour acquérir les compétences nécessaires pour gravir les échelons, apporter du travail à la maison pour que ses réalisations soient à la hauteur des attentes de la compagnie, qui sont progressivement devenues ses propres attentes.

Son monde mental était continuellement peuplé de choses à faire pour le travail. Il n'avait à peu près plus de temps pour faire quoi que ce soit d'autre. Comme il avait fait siennes les normes de la compagnie, il ne s'accordait jamais le droit de négocier l'accomplissement d'aucune des tâches qui lui avaient été confiées. Sa réponse était toujours «oui», après quoi il se cassait la tête pour être à la hauteur de ses promesses.

Pendant un certain temps, il a trouvé un sens à sa vie dans les promotions et les félicitations: il était plutôt en équilibre. Puis sa vie a été remplie d'exigences d'une part au travail, mais aussi à la maison, puisque la vie familiale ne s'est pas arrêtée pour autant. Ses enfants et son épouse ont continué à avoir des attentes et à exprimer des besoins. Ce fut la surcharge, les premières intolérances face aux enfants, les premiers «Comment vais-je leur expliquer qu'il faut je travaille samedi?», les premiers retards dans l'accomplissement des tâches domestiques: l'anxiété devant l'incapacité à concilier le monde du travail et celui de la vie familiale, anxiété remplie de culpabilité et aussi de ressentiment.

Ces sentiments se sont accompagnés d'insomnie et le tout a provoqué une fatigue de plus en plus chronique. La fatigue a augmenté son intolérance et diminué sa capacité de concentration. Son rendement au travail en a grandement souffert. Alors, sa culpabilité et son sentiment qu'il fallait travailler plus fort ont grandi, ce qui a fait augmenter sa fatigue... Bref, à un moment donné, il est devenu partout incompétent, son estime de soi en a pris un coup et il s'est réfugié dans un sorte de malhonnêteté qui lui a fait expliquer ses retards à livrer la marchandise par des circonstances extérieures ou qui lui a fait déplacer sur le dos des autres le poids de ses propres erreurs de jugement.

Il était alors coincé de partout: ça ne pouvait plus durer. Il ne pouvait pas accepter d'être malhonnête, son insomnie résistait à des doses importantes de somnifère, des sentiments dépressifs l'envahissaient. Il avait perdu beaucoup de poids et était très agressif avec les siens, tout en commençant à réaliser qu'il ne les connaissait pas vraiment. Il était négligent, plus rien n'avait d'importance sinon de sauver la face. Il passait ses soirées devant le téléviseur, dans une sorte de torpeur. Son patron l'a obligé à prendre congé, à aller se reposer. Il s'est senti rejeté et cela a fait déborder le vase. C'est à ce moment qu'il est venu nous consulter.

Son état de souffrance l'amène à réfléchir à ses besoins profonds négligés et à l'urgence d'y répondre: il renégocie lentement une place dans la maison avec Mireille, renoue connaissance avec ses enfants et leur ouvre progressivement son cœur (cela prendra plus de temps que le temps nécessaire à son retour au travail); il reprend contact avec des membres de sa famille d'origine et avec certains de ses vieux amis, juste pour le plaisir.

Il relit d'anciennes notes de cours en gestion du temps et projette des moyens de mettre en pratique certaines façons de mieux faire. Pendant sa période de congé, il négocie ces changements avec son patron; si ça ne fait pas l'affaire, il se dit prêt à laisser son poste de cadre ou à chercher du travail ailleurs. Il ne veut pas courir le risque d'avoir aussi mal de nouveau. Toute sa convalescence est marquée par l'identification de ce qui l'a amené là, par la fixation de nouvelles priorités et par la négociation de leur réalisation avec les personnes concernées. Cela n'a pas été facile, notamment à la maison où on avait appris à vivre sans lui, tout en développant à son égard beaucoup de ressentiment. Rappelons-nous qu'avant tout cela, Pierre et Mireille avaient déjà un problème de couple, en ce qui a trait à la prise des décisions relatives à la vie familiale; la chute ne l'a pas réglé. Mais elle a permis qu'il soit abordé et que d'autres réponses, définies et expérimentées entre adultes, soient mises de l'avant.

Pierre a mieux dosé ses occasions de stress. Il a pris conscience de ses occasions de stress au travail et à la maison, il s'est temporairement retiré du travail, il a augmenté ses occasions positives de stress, comme un rapprochement avec sa femme et ses enfants, le retour à certains loisirs, visites de parents et d'amis. Il ne fait plus que travailler, il y a davantage de variation dans sa vie. Il s'est fixé des buts et des priorités qui répondent à ses besoins et à ses ressources du moment. Il a remis à l'horaire des activités de jeu et de détente. Il prévoit ajuster son travail à ce qu'il peut faire sans constamment courir plutôt qu'à ce qui lui est demandé.

Le retour à la joie de vivre, après une chute, est possible. Mais il ne se fera qu'au prix de certains changements.

Il peut donc arriver qu'on finisse par tomber sous le poids toujours grandissant d'une situation qui n'en finit plus et dont on espère pourtant encore quelque chose. On aura investi toujours et encore plus d'énergie pour en venir à bout, parce que, selon notre façon de voir la vie, «il le fallait».

On peut aussi tomber parce que de trop grandes pertes se succèdent sans qu'on ait le temps nécessaire pour les intégrer. Un ami proche se suicide et quelques mois plus tard, on apprend que notre sœur souffre d'un cancer. Puis, notre conjoint-e nous avoue son désir amoureux pour quelqu'un d'autre. Après la séparation, un juge lui laisse la garde des enfants. On se fait cambrioler, puis un collègue avec qui on travaillait depuis dix ans s'en va travailler ailleurs. Notre père meurt. Il n'est plus question ici de notre acharnement à vouloir venir à bout d'une situation problématique, mais d'une série d'occasions de stress qui se succèdent trop rapidement pour qu'on ait le temps d'apprendre les moyens de retrouver notre équilibre. On finit par voir la vie comme une suite de pertes et on s'écroule parce qu'on n'en peut plus.

Ici encore, on peut très bien s'en relever. Mais, pendant que les coups pleuvent, on n'y croit pas vraiment. Il est plus difficile d'ajuster nos occasions de stress parce qu'on n'a pas vraiment de contrôle sur ce qui nous arrive. La solution se trouvera davantage dans notre façon de répondre à ces pertes.

Quand il y a déséquilibre entre ce à quoi on est confronté-e et ce à quoi on peut répondre, il se crée une tension qui se manifeste sous forme de symptômes. La capacité de rester en équilibre malgré beaucoup d'occasions de stress n'est cependant pas égale pour tout le monde. Voici différentes «vitesses de croisière».

Savoir ajuster sa vitesse de croisière

Certaines personnes peuvent vivre en équilibre malgré beaucoup d'occasions de stress alors que d'autres s'épuisent avec beaucoup moins. Tout le monde ne peut pas assumer un poste de premier ministre ni diriger une multinationale. Pourtant, certaines personnes y arrivent. Elles ont besoin d'avoir des problèmes à régler, elles y trouvent du sens et se sentent bien ainsi. D'autres sont plutôt des gérants d'estrade; ils ont bien des idées quand il s'agit de critiquer, mais ils se gardent bien d'agir ou de prendre des responsabilités. Il ne faut pas leur en mettre beaucoup sur les épaules avant qu'ils ne se découragent.

Tourner au ralenti

La «petite vitesse» représente notre profil si on laisse aux autres (à nos parents, à notre conjoint-e, à l'État) une bonne partie des responsabilités qui pourraient nous revenir. «Je ne suis pas capable, c'est trop difficile pour moi» peuvent être des excuses pour laisser faire par les autres ce qu'on pourrait finir par assumer avec fierté. Souvent, on reste en petite vitesse parce qu'on préfère la dépendance à l'autonomie. On

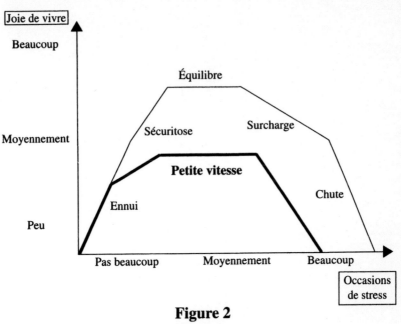

Figure 2
Petite vitesse

ne peut pas être exposé-e à beaucoup d'occasions de stress sans que la charge ne nous occasionne une foule de symptômes de stress ou sans tomber malade.

On considère que c'est trop exigeant de retourner aux études, d'apprendre une langue seconde, d'apprendre à conduire une automobile, de travailler: tout nous semble trop difficile. Il ne faut pas trop nous en demander. On se croit né-e pour un petit pain, on se résigne trop facilement à son sort.

Ici, l'axe horizontal du graphique ne représente plus la charge du stress, mais la quantité des occasions de stress; la courbe large et foncée est la petite vitesse, qu'on compare à la vitesse d'une personne qui aurait des capacités moyennes, celle de monsieur-madame-tout-le-monde (la courbe plus pâle sur le graphique).

Foncer à tombeau ouvert

Il se peut au contraire qu'on ne se sente en équilibre qu'en étant confronté-e à d'énormes quantités d'occasions de stress. À un niveau de travail où quelqu'un de «normal» serait en équilibre, on s'ennuie; là où les autres chutent sous la charge, on trouve notre équilibre.

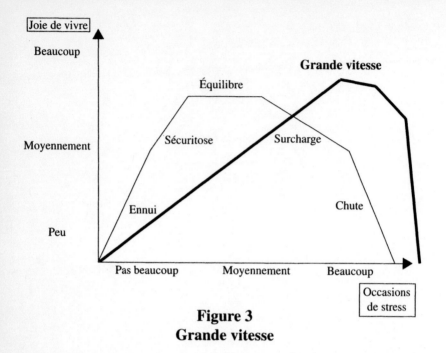

Figure 3
Grande vitesse

Ça peut expliquer pourquoi certaines des personnes qui occupent des postes de direction trouvent que l'énorme somme de travail qu'elles exigent des autres est normale. Ce qui est normal pour quelqu'un peut dépasser de beaucoup ce qui est normal ou acceptable pour quelqu'un d'autre.

Ajuster sa vitesse

Et si on développait nos capacités de façon telle que notre joie de vivre soit relativement indépendante de la quantité des occasions de stress auxquelles on est exposé-e? Si on pouvait profiter de la vie aussi bien quand elle est trépidante que lorsqu'elle est calme? Si on apprenait à apprécier les périodes exigeantes et les périodes de repos, les périodes de conflit et les périodes où tout roule comme sur des roulettes? Pourquoi faudrait-il être bourreau de travail ou contemplatif-ve, alors qu'on peut tirer autant de satisfaction à travailler qu'à développer sa vie intérieure dans la paix?

Même avec des échéances à remplir avant la fin de la semaine, on peut être détendu-e. Même avec rien d'obligatoire à faire, on peut encore être énergique.

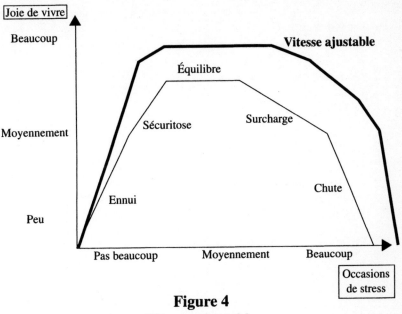

Figure 4
Vitesse ajustable

Pouvoir changer de vitesse quand c'est nécessaire ou quand on le souhaite, voilà qui nous offre les plus grandes chances de rester en équilibre. On gagne de l'argent, mais on ne se rend pas malade; on a des obligations qui donnent du sens à notre vie, mais on a le temps de relaxer. On peut *ajuster* notre vitesse de croisière.

Pour doser nos occasions de stress, il est utile de tenir compte non seulement de notre état de stress, mais aussi de notre vitesse de croisière, à ce moment-ci de notre vie. Cela pourrait nous éviter de reproduire l'aventure de la grenouille qui voulait devenir aussi grosse que le bœuf ou, au contraire, celle du troisième serviteur (dans la parabole des talents) qui avait enterré son talent en attendant anxieusement le retour du maître.

Rester dans l'état d'équilibre suppose qu'on développe la capacité de concilier ce qui nous apparaît important et les symptômes de stress qu'on ressent. La quantité d'occasions de stress qu'il nous est possible de supporter avec bonheur est révélée par nos symptômes de stress, et tout entêtement à en prendre plus sans acquérir les habilités pour mieux répondre mène tout droit à des états de stress plus avancés. En prendre beaucoup moins conduit à l'ennui ou à la sécuritose, ce qui n'est guère

117

mieux pour notre joie de vivre. C'est pourquoi il est salutaire de bien doser nos occasions de stress.

2. Observer ses occasions de stress

Voici un premier exercice d'observation pour doser nos occasions de stress.

Il s'agit d'identifier les événements avec lesquels on se stresse. Trop de travail ou pas assez, trop de sources de frustration, trop de bruit, pas assez d'amour, voilà des occasions possibles pour vivre du stress.

Compléter les phrases qui suivent:

Présentement, dans ma vie, je suis confronté-e à:

_____

_____

_____

_____

_____

Utiliser plus d'espace, au besoin.

Voici quelques questions pour poursuivre l'exploration; on répond en complétant les phrases.

Depuis deux ans, il y a eu des changements très importants dans ma vie, dont:

_____

_____

Depuis deux ans, il y a eu beaucoup de petits tracas dans ma vie, dont:

_____

_____

Il y a des événements de ma vie passée qui me font encore mal, dont:

_____

_____

J'ai peur de _____, _____, _____, _____, _____.

J'ai un sentiment de culpabilité par rapport à _____, _____, _____, _____.

J'ai du ressentiment par rapport à_____, _____, _____.

J'ai honte de _____, _____, _____, _____.
Je n'arrive pas à prendre une décision par rapport à _____,

_____, _____, _____.

Je ne vis pas en accord avec mes valeurs, notamment en ce qui concerne _____

J'ai peur de me tromper et de faire des erreurs, particulièrement dans les contextes suivants:

_____
_____.

Mes journées sont parsemées de petites choses qui me tombent sur les nerfs, au nombre desquelles:

_____
_____
_____

Ma vie est routinière; je manque de

_____
_____

Questionnaire: Faire l'inventaire de ses occasions de stress

La liste d'occasions de stress que voici aide à préciser encore davantage le travail entrepris ci-haut. On y note jusqu'à quel point chacun des énoncés nous affecte en encerclant l'un des quatre chiffres qui les précèdent.

On encercle le 3 si l'énoncé représente une grande occasion de stress pour nous.

Si l'occasion de stress est assez importante pour qu'on s'y arrête, on encercle le chiffre 2.

On encercle le 1 pour noter que l'occasion de stress nous concerne un peu.

On encercle le 0 si l'occasion de stress ne nous touche pas du tout.

On répond en ne notant que les occasions de stress qui nous dérangent; par exemple, si on n'a pas de sécurité d'emploi mais que cela ne nous crée pas de stress, on encercle le «0».

L'occupation

Nous avons utilisé l'expression «occupation» pour désigner le travail, les études, le travail à la maison, etc.

0 1 2 3: J'ai perdu mon occupation ou je n'ai pas d'occupation.

0 1 2 3: Il y a trop de bruit, de froid, de chaleur ou d'humidité là où je passe mes journées.

0 1 2 3: Je ne peux pas respecter mon rythme (ou le faire respecter).

0 1 2 3: Je suis soumis-e à des demandes ou à directives contradictoires.

0 1 2 3: Je suis soumis-e à des demandes ou à des directives qui changent constamment.

0 1 2 3: Je pense que ce que j'ai à faire dépasse ce que je peux assumer sans stress excessif.

0 1 2 3: Je sens que j'ai trop peu à faire ou que mes ressources sont mal utilisées.

0 1 2 3: Je suis tenu-e responsable de résultats sur lesquels je n'ai pas de contrôle.

0 1 2 3: Je n'ai pas d'intérêt pour mon occupation.

0 1 2 3: Mes bonnes idées sont rejetées ou ignorées.

0 1 2 3: Je ne suis pas consulté-e pour les décisions qui me concernent

0 1 2 3: Je me sens bloqué-e, mon occupation ne me mène nulle part.

0 1 2 3: Je n'ai pas de sécurité d'emploi.

0 1 2 3: Je ne dispose pas des outils qu'il faut pour bien faire ce que j'ai à faire.

0 1 2 3: Je ne fais rien de valable à mes yeux.

0 1 2 3: Je me sens obligé-e d'aller l'encontre de mes valeurs.

0 1 2 3: Je suis exposé-e à des dangers physiques.

0 1 2 3: J'ai une occupation où d'éventuelles erreurs peuvent avoir de graves conséquences.

0 1 2 3: Je manque d'espace privé.

0 1 2 3: Je vis des injustices.

0 1 2 3: Je n'arrive pas à faire tout ce que je voudrais.

0 1 2 3: Je vais éventuellement être obligé-e de changer d'emploi.

0 1 2 3: Je songe sérieusement à changer d'occupation.

0 1 2 3: Je déteste l'environnement où se déroule ma journée.

0 1 2 3: Je suis en grève, en lock-out ou sur le point de l'être.

0 1 2 3: J'entends parler de chômage ou de fermeture pour bientôt.

0 1 2 3: Je suis préoccupé-e de l'influence qu'a mon occupation sur ma famille.

Le corps

0 1 2 3: Je trouve mon corps gros, petit, laid, etc. ou je n'aime pas certaines de ses parties.

0 1 2 3: Je suis malade.

0 1 2 3: Aucun médecin ne trouve ce dont je souffre.

0 1 2 3: J'ai des malaises.

0 1 2 3 J'ai des douleurs.

0 1 2 3: J'ai des épisodes de panique.

0 1 2 3 J'ai de la difficulté à bien dormir.

0 1 2 3: J'ai de la difficulté avec la nourriture.

0 1 2 3: Je suis en train de rompre une vieille habitude (tabac, aliments, alcool...).

0 1 2 3: Je n'arrive pas à vaincre une dépendance «physique» (___une drogue,___le tabac,___des médicaments pour les nerfs, ___l'alcool, autre_____)

0 1 2 3: Je suis inquiet-e de ma santé.

0 1 2 3: J'ai peur de mourir.

0 1 2 3: J'ai des problèmes sexuels.

Les autres
Vie de couple

0 1 2 3: Je n'ai pas de conjoint-e.

0 1 2 3: J'aime une personne qui n'est pas disponible.

0 1 2 3: Je ne sens pas d'amour dans ma vie de couple (de ma part ou de la part de l'autre).

0 1 2 3: Il n'y a pas de communication véritable dans notre vie de couple.

0 1 2 3: Je me sens incompatible avec mon/ma conjoint-e.

0 1 2 3: Je sens que les efforts que je fais pour ma vie de couple ne servent à rien.

0 1 2 3: Je suis tendu-e à cause d'une relation extra-conjugale.

0 1 2 3: Je vis une séparation ou j'ai du mal à me remettre d'une séparation.

0 1 2 3: Je me sens obligé-e de prendre toutes les décisions.

0 1 2 3: Nous avons des mésententes sur le partage des tâches.

Vie familiale

0 1 2 3: Je n'ai pas d'enfants.

0 1 2 3   Je ne trouve pas de sens à ma vie familiale.

0 1 2 3: Je me sens constamment sollicité-e à la maison.

0 1 2 3: J'ai des problèmes à faire garder les enfants.

0 1 2 3: Nous avons souvent des mésententes sur la façon d'éduquer les enfants.

0 1 2 3: Il y a de la violence à la maison (physique ou verbale).

0 1 2 3: Il y a des conflits de valeur ou de génération à la maison.

0 1 2 3: Les enfants ne respectent pas les limites fixées ou les ententes convenues.

0 1 2 3: Je suis inquiet-e de l'avenir d'un enfant.

0 1 2 3: Je suis seul-e à porter la responsabilité de l'éducation des enfants.

0 1 2 3: Je dois m'occuper seul-e des soins à apporter aux enfants.

0 1 2 3: Les repas, le coucher, le départ pour l'école, ou _____ sont des moments pénibles.

0 1 2 3: Il y a de l'inceste à la maison ou j'ai des raisons de croire qu'il y en a.

0 1 2 3: J'ai des ennuis avec mes enfants.

0 1 2 3: J'ai des ennuis avec les ami-es de mes enfants.

0 1 2 3: J'ai de mauvaises relations avec des membres de ma famille ou de ma belle-famille.

Relations de travail

0 1 2 3: Je sens de la pression.

0 1 2 3: J'ai continuellement quelqu'un qui me surveille.

0 1 2 3: Je vis du harcèlement sexuel.

0 1 2 3: Je suis interrompu-e.

0 1 2 3: Je reçois beaucoup de critique négative.

0 1 2 3: Je me sens exploité-e.

0 1 2 3: Je suis en conflit, ou j'assiste à des conflits.

0 1 2 3: Je sens que personne ne s'intéresse à ce que je fais.

Vie sociale

0 1 2 3: Je vis isolé-e.

0 1 2 3: Je ne me sens pas apprécié-e.

0 1 2 3: Une personne que j'aime a une maladie chronique.

0 1 2 3: Une personne que j'aime est récemment décédée ou est sur le point de mourir.

0 1 2 3: J'ai du mal à supporter les manies ou les humeurs de certaines personnes que je côtoie.

0 1 2 3: Quelqu'un que j'aime a un problème de drogue ou d'alcool.

0 1 2 3: Je suis souvent critiqué-e par mes proches.

0 1 2 3: Je me sens exploité-e par mes proches.

0 1 2 3: Je me sens constamment sollicité-e.

0 1 2 3: Je me sens inférieur-e aux personnes que je côtoie.

La société

0 1 2 3: J'ai des difficultés d'ordre légal.

0 1 2 3: J'ai une relation conflictuelle avec les propriétaires (locataires), les concierges, ou avec mes voisin-es, etc.

0 1 2 3: Je m'inquiète des nouvelles transmises à la télévision ou par les journaux.

0 1 2 3: J'ai peur d'être attaqué-e ou que ceux que j'aime ne le soient.

0 1 2 3: J'ai des problèmes de transport.

0 1 2 3: J'ai trop ou trop peu d'activités sociales.

0 1 2 3: Le quartier où j'habite ou mon voisinage est bruyant.

0 1 2 3: Mes enfants fréquentent une école que je n'apprécie pas.

0 1 2 3: Mes enfants ont des difficultés d'adaptation à l'école.

0 1 2 3: J'ai de la paperasse à remplir.

0 1 2 3: J'ai des difficultés avec cette institution, ce commerce, ou ce centre de services:_____

Le temps

0 1 2 3: Je n'ai pas de temps pour flâner ou pour rêver.

0 1 2 3: Je n'ai pas suffisamment de temps pour me reposer.

0 1 2 3: Je n'ai pas assez de temps pour moi.

0 1 2 3: J'ai trop de temps libre, je m'ennuie.

0 1 2 3: J'ai des choses en retard.

0 1 2 3: Je passe du temps à attendre.

0 1 2 3: Je me sens à la course.

0 1 2 3: Je dois prendre beaucoup de temps pour me rendre à mon occupation.

0 1 2 3: Je m'ajuste difficilement à ce qu'exige mon horaire de travail.

0 1 2 3: J'amène du travail à la maison.

0 1 2 3: Je n'arrive pas à respecter mes échéanciers ou ceux des autres.

0 1 2 3: Je n'ai pas de temps pour décompresser pendant la journée.

0 1 2 3: J'ai double ou triple tâche (travail-maison-études).

0 1 2 3: J'ai des problèmes d'horaire avec ma famille.

L'argent

0 1 2 3: J'ai une grande insécurité financière.

0 1 2 3: J'utilise mal mon argent.

0 1 2 3: Je ne sais pas où va mon argent.

0 1 2 3: Je crains les échéances financières (remboursements).

0 1 2 3: Je suis financièrement exploité-e par quelqu'un.

0 1 2 3: Je paie pour les erreurs financières des autres.

0 1 2 3: Beaucoup de mon argent va aux autres ou sert aux besoins des autres.

0 1 2 3: Je veux toujours plus d'argent.

0 1 2 3: J'ai peur de me faire voler.

0 1 2 3: Je n'ai pas suffisamment d'argent pour couvrir des besoins de base: logement, nourriture, vêtements, transport, loisir.

0 1 2 3: Je suis financièrement dépendant-e de quelqu'un.

0 1 2 3: Je dois renoncer à certains de mes biens.

0 1 2 3: Presque toute ma vie sert à gagner de l'argent.

0 1 2 3: J'ai peur de manquer d'argent pour mes vieux jours.

*   *   *

Peut-être savez-vous un peu mieux tout ce qui ne va pas dans votre vie, ce qui est mal dosé, ce à quoi vous pourriez mieux répondre, pourquoi votre équilibre personnel est précaire ou a été rompu? Prenez le temps de relire vos réponses et de prendre conscience de ce qui ne va pas. Une partie du succès de la démarche réside dans la capacité à mieux doser les occasions de stress auxquelles vous êtes confronté-e. Mieux savoir ce à quoi vous êtes confronté-e va vous aider à le faire.

Où sont les 2 et les 3? Combien y en a-t-il? Êtes-vous coincé-e de partout, ou êtes-vous à l'aise dans certains secteurs de votre vie?

Est-ce qu'observer vos occasions de stress vous permet de mieux comprendre votre état de stress, l'ampleur de vos symptômes?

Examiner ses journées

Finalement, il peut être utile d'observer ce à quoi on passe nos journées. Il s'agit de repasser en mémoire une journée typique de «semaine» et une autre de fin de semaine, de la façon la plus précise possible, et d'écrire ce à quoi on a concrètement occupé notre temps durant l'une et l'autre de ces journées. Une fois que c'est fait, on peut répondre aux questions qui suivent.

La plupart de nos activités nous aident-elles à être bien?

A-t-on des activités variées, en alternance ou fait-on continuellement la même chose ou des choses du même type? Par exemple des activités intellectuelles et des activités manuelles, des activités plus physiques et des activités plus cérébrales, du temps avec les autres et du temps seul-e, du temps occupé et du temps libre, des activités et du repos, des activités routinières et des activités plus stimulantes?

Ce qu'on fait concrètement répond-il aux priorités qu'on veut mettre de l'avant?

Les activités «obligatoires» auxquelles on se livre sont-elles vraiment nécessaires?

Fait-on ce qu'on aime?

Voici maintenant quelques pistes d'action pour mieux doser ses occasions de stress.

3. Agir pour doser ses occasions de stress

Bien faire les exercices qui suivent prend beaucoup de temps. En faire un peu à la fois est une meilleure stratégie que de tout faire d'un coup.

Trois stratégies pour commencer à doser ses occasions de stress

Voici trois stratégies pour commencer à doser nos occasions de stress: bien cerner nos occasions de stress actuelles, établir nos priorités et apporter de la variation dans notre vie.

Mieux cerner ses occasions de stress

Une première chose à faire pour passer à l'action en ce qui concerne l'ensemble de nos occasions de stress consiste à en identifier le plus grand nombre. Répondre aux questionnaires de la partie «observer» ci-haut est un bon moyen d'y arriver. Une fois ce travail accompli, on aura avantage à prendre le temps de réécrire sur une feuille à part les occasions de stress qui nous touchent.

Ensuite, on précisera les énoncés plus généraux. Par exemple, si on sent de la pression au travail, il sera utile d'être spécifique: on notera qui met de la pression, à quelles occasions, sur qui, pourquoi, etc. Si on a vécu des changements importants dans les deux dernières années, il vaut mieux spécifier quels sont ces événements. Si on subit des critiques à la maison, il est utile de noter quelles sont ces critiques et de qui elles proviennent. Si on est constamment sollicité-e, par qui l'est-on et pour quoi? Si on n'a pas de temps pour réaliser nos projets, on peut écrire quels projets on voudrait réaliser et ce qui nous en empêche.

Qui? Quoi? Où? Comment? Combien? Quand? Pourquoi? Pour combien de temps? Depuis combien de temps? Avec quelle intensité? À quelle fréquence? Est-ce un choix ou une obligation? Est-ce contrôlable ou non? Voilà qui aide à préciser nos occasions de stress de façon à ce qu'on puisse y travailler.

Il faudra garder de la place sur notre feuille! Au fur et à mesure que les semaines passeront, on découvrira inévitablement d'autres occasions de stress. Certaines seront nouvelles: «J'ai perdu ma gardienne»; d'autres nous auront échappé lors de la première analyse: «J'ai horreur de tout ce qui concerne la pension alimentaire.»

Établir ses priorités

Établir ses priorités, c'est se consacrer à ce qui est vraiment important. On y parvient en éliminant ce qui n'est pas nécessaire, en ajoutant ce qui nous fait du bien, et en améliorant une foule de choses dans notre quotidien. Il faut rappeler ici que si notre priorité numéro 1 n'est pas d'être bien, il est normal qu'on ne le soit pas...

1. Éliminer les occasions de stress non nécessaires

En considérant l'ensemble de ces occasions de stress, trouve-t-on qu'elles sont toutes nécessaires si on veut vraiment vivre en équilibre? Y en a-t-il dont on pourrait se débarrasser?

Par exemple:

_____

_____

Quels sont les éléments de notre routine quotidienne ou hebdomadaire qu'on pourrait éliminer ou pour lesquelles on aurait avantage à montrer moins de zèle?
Par exemple:

_____

_____

Comment éliminer une partie des petites choses qui nous tombent sur les nerfs? Pourquoi par exemple ne pas réserver du temps pour régler des choses en retard, ou espacer les visites de politesse qui nous ennuient, ou laisser tomber les activités qui nous volent du temps sans être source de plaisir?
Par exemple:

_____

_____

_____

Bref, se donner un peu d'air est une bonne façon d'agir sur les occasions de stress de notre vie actuelle: offrir un réveille-matin à Isabelle et à Philippe et cesser de s'acharner à essayer de les pousser hors du lit vingt-cinq fois tous les matins. Être un bon parent et leur permettre d'assumer certaines responsabilités!

Se débarrasser de ce dont on n'a pas besoin, c'est une bonne façon de doser ses occasions de stress.

2. S'offrir davantage ce qui nous fait vraiment du bien

Éliminer le superflu peut permettre de libérer du temps et de l'énergie pour des occasions de stress positives ou des activités de détente qui font du bien. On peut alors mettre à l'horaire des activités qui sont bonnes pour le corps et pour l'esprit. On peut faire ce qu'on aime. Si on ne sait pas trop ce qu'on aime, c'est probablement parce qu'on est trop occupé-e à faire ce qu'il «faut» faire. Si on n'aime plus rien, c'est le temps de chercher de l'aide; c'est signe d'un état de stress avancé.

Ce que j'aime faire:

_____

_____

_____

_____

_____

Ce que j'aimerais faire:

_____

_____

_____

_____

Quand le faire, avec qui, où, à quelle fréquence?

_____

_____

_____

_____

3. Améliorer son quotidien

En plus d'éliminer le superflu et de faire davantage ce qu'on aime ou ce qu'on aimerait, on peut améliorer ce qu'on fait déjà ou ce qu'on doit faire. En améliorant ne serait-ce qu'un peu ce qu'on fait déjà, on pourrait commencer à briser certaines routines et à vivre plus intensément ou plus calmement. Mieux prendre conscience du temps qu'on investit plus par habitude que par nécessité dans un train-train qui ne répond plus à grand-chose et choisir davantage comment on veut vivre le quotidien, maintenant, va nous amener à faire des actions concrètes pour vivre plus en équilibre. Il y a toujours quelque chose qu'on peut faire dans ce sens-là.

Pour améliorer notre vie de tous les jours, on répondra à quatre questions qui touchent à un grand nombre de secteurs de notre vie quotidienne:

1. Qu'est-ce qu'on fait présentement de chacun de ces secteurs?
2. Est-ce qu'on s'en occupe trop, assez, ou trop peu?
3. Comment pourrait-on améliorer notre joie de vivre?
4. Comment s'organiser pour y arriver?

Il est aussi utile de penser à des améliorations *quantitatives* (ajouter ou retrancher des choses) qu'à des progrès *qualitatifs* (faire autrement). Comment mieux répartir nos priorités en vue de diminuer notre stress et d'augmenter notre joie de vivre avec les mêmes 24 heures?

Il est préférable de n'entreprendre à la fois qu'un ou deux items de ce qui suit, plutôt que de tout faire d'un seul coup: on évite ainsi que ce travail devienne machinal, laborieux et sans grande utilité.

Il est important de passer à l'action dans les jours ou les heures qui viennent quand on découvre des changements qui pourraient nous amener vers plus de joie de vivre. Attendre, c'est finir par oublier. Ce n'est pas le fait de répondre à des questions qui fait qu'on va mieux: c'est la production concrète du changement vers lequel nos réponses nous entraînent.

Voici un exemple fictif pour utiliser les quatre questions dans le but d'améliorer les relations avec les ami-es.

1. Ce que je fais de ce secteur de ma vie: je le néglige; depuis un an, je vois peu mes ami-es et je les vois de moins en moins.
2. Je m'en occupe trop peu, assez ou trop? Trop peu.
3. Ce que je pourrais faire pour améliorer ma joie de vivre avec ce secteur de ma vie:
   a. Plus de: Plus de temps consacré à mes ami-es, plus d'activités ensemble. Des repas, des sorties, des loisirs. Plus de dialogue et d'affirmation avec mon/ma conjoint-e qui n'aime pas beaucoup les activités sociales ni que je sorte sans lui/elle. Plus d'insistance à ce qu'on voie ensemble des ami-es.
   b. Moins de: Moins de ma paresse qui me fait toujours rester à la maison, moins de routine, moins de peur de déplaire à mon/ma conjoint-e, moins de bonnes excuses pour ne rien faire. Moins de peur de déranger en communiquant avec les ami-es.
   c. Faire autrement: Je réserve un samedi sur trois pour voir les ami-es, j'achète des billets de spectacle d'avance, je prends des rendez-vous d'avance plutôt que de continuer à attendre à la dernière minute, ce qui a toujours pour résultat concret que je ne vois jamais personne.
4. M'organiser pour agir: Je parle de mes intentions avec mon/ma conjoint-e, je vérifie qui on aurait du plaisir à voir ensemble, et je prends les rendez-vous qui nous conviennent. J'appelle x, y, et z pour prendre de leurs nouvelles et fixer un moment où on pourrait se voir. J'entoure un samedi sur trois dans mon agenda pour me rappeler mes

bonnes intentions. Je note les dates d'anniversaire de mes ami-es, pour leur téléphoner au moins ce jour-là, ce qui mène le plus souvent à ce qu'on se rencontre. À la fin de chaque rencontre, je vérifie une date approximative ou une circonstance où on pourrait se revoir et je l'indique dans mon agenda pour m'y faire penser.

C'est un début. Chacun-e peut trouver ce qui lui convient le mieux. Il sera utile de subdiviser certains secteurs. Par exemple, au secteur des activités culturelles, on peut répondre aux quatre questions pour chacune des activités: cinéma, lecture, etc.

À votre tour maintenant.

A. *Le corps*

L'alimentation. La préparation des repas, ce qu'on mange, etc. Il ne s'agit pas de trouver comment se priver davantage, mais comment faire de l'alimentation quelque chose de plus joyeux, de plus agréable. On garde les mêmes principes pour doser: identifier, éliminer le superflu, augmenter le plaisir, créer de la variation.

1. Ce que je fais de ce secteur de ma vie:

_____

_____

2. Je m'en occupe trop peu, assez ou trop? _____
3. Ce que je pourrais faire:
a. Plus de:

_____

b. Moins de:

_____

c. Faire autrement:

_____

4. M'organiser pour agir:

_____

_____

_____

_____

L'exercice et le sport. Reprendre les questions 1, 2, 3 et 4 posées ci-haut et ainsi de suite pour chacun des secteurs qui suivent.

Le sommeil.
La relaxation.

B. Les relations avec les autres

La vie de couple.

La vie avec les enfants.

La famille et la belle-famille.

Les ami-es.

Les relations sociales.

Les relations de travail.

C. L'occupation (Le travail à l'extérieur ou le travail à la maison, les études, etc.)

L'environnement quotidien.

Le rythme, la pression.

Les possibilités d'apprendre.

Les possibilités d'être utile.

La quantité de tâches

D. La société

Le transport.

Le logement.

L'utilisation des services.

La paperasse.

L'information.

Les engagements communautaires

E. Le temps

Les vacances. Hebdomadaires, saisonnières ou annuelles.

Les activités «gratuites». Plus nécessaires qu'on pense. C'est le temps de jouer, de bouquiner sans idée préconçue, de prendre un long bain de mousse et de se livrer à toutes sortes d'autres activités qui ne servent à rien d'autre qu'à profiter de la vie.

F. L'argent

La quantité d'argent dont on dispose.

L'utilisation de notre argent.

G. Divers

Les tâches domestiques.

Les cours, ceux qui mènent à l'obtention d'un diplôme, et ceux auxquels on s'inscrit plus gratuitement.

L'information politique, sociale, économique, etc.

Les activités culturelles: lecture, cinéma, concert, télévision, etc. La création artistique ou intellectuelle.

La spiritualité.

La sexualité.

Autres secteurs pour lesquels on peut répondre aux mêmes questions?_____, _____,

_____

Faire le bilan du dernier exercice

Identifier nos occasions de stress, éliminer le non-nécessaire, nous offrir davantage ce qui nous fait du bien et améliorer le quotidien va nous permettre de mieux doser nos occasions de stress, de nous situer davantage dans la zone d'équilibre sur la courbe de stress. Pour poursuivre ce travail, voici une façon de faire un bilan du dernier exercice.

1. À quoi accordez-vous en fait le plus d'importance dans votre vie actuelle?

_____

_____

2. À quoi serait-il bon pour votre équilibre personnel d'en accorder davantage?

_____

_____

3. À quoi serait-il bon pour votre équilibre personnel d'en accorder moins?

_____

_____

4. Accordez-vous vraiment la priorité à ce qui vous fait du bien?

_____

_____

Apporter de la variation

Une dernière façon de doser nos occasions de stress consiste à apporter de la variation à nos journées et à nos semaines.

Comment apporter de la variation à nos journées? Voici quelques thèmes:

Tâches et repos, activités physiques et activités mentales, moments de solitude et moments de partage, moments de jeu et moments plus sérieux, travail manuel et travail intellectuel, moments au grand air et moments à l'intérieur, moments où on donne et moments où on reçoit, activités «utiles» et activités gratuites, moments intenses et moments plus calmes.

Faire varier différents types d'occupations et faire varier occupation et repos sont deux façons de doser ses occasions de stress.

Quelques façons de mettre de la variation:

_____

_____

_____

Poursuivre le travail accompli

Dans les autres chapitres de ce livre, nous proposerons des moyens de trouver des solutions plus élaborées aux occasions de stress qui ont été identifiées plus haut. Dans ce chapitre, nous avons décrit quelques principes de base pour doser les occasions de stress, à savoir: identifier ce avec quoi on se stresse, éliminer ce qu'on fait plus par habitude que par nécessité, donner de la place et du temps à ce qu'on aime et faire varier nos activités. Le principe est simple, mais son application nécessite de réfléchir et d'agir. Voici une piste.

Il y a peu de choses absolument nécessaires, mais on fait face à beaucoup de pressions sociales et morales qui créent des habitudes qu'on gagnerait à réévaluer. Lorsqu'on s'abstient de faire quelque chose qui nous ferait plaisir parce que l'on considère qu'il est plus utile de passer l'aspirateur, on se raconte des histoires. Si on coupe sur le temps de la vie amoureuse en accordant la priorité à la vaisselle, notre vaisselle reste propre et notre vie de couple se vide; si on commence par le plaisir amoureux, faire la vaisselle devient tout à coup plus agréable. Le problème, c'est qu'on arrive à regretter plus de ne pas avoir fait la vaisselle que de ne pas avoir fait l'amour...

Cela vaut bien sûr pour toutes les corvées et tous les plaisirs: on donne souvent la priorité aux besognes et on enseigne à nos enfants qu'ils n'ont pas le droit d'avoir du plaisir tant qu'ils n'ont pas fait leur lit. Ensuite, on dit que la vie est exigeante et qu'on n'a jamais de temps pour se détendre! Le danger qui nous guette c'est de ne plus savoir flâner ou s'amuser. On trouve alors continuellement quelque chose à faire parce qu'on se sent mal quand on ne fait rien «d'utile».

De l'autre côté il y a l'ennui et la sécuritose. Là, agir signifie faire plus, prendre des risques, oser faire ces quelques pas qui redonneraient de la couleur à nos journées et nous remettraient en vie.

Qu'est-ce qui est vraiment nécessaire? Nécessaire à quoi? Répondre à ces questions permet de réviser nos choix actuels. En faisant cette révision, on constatera que la joie de vivre n'est pas notre priorité actuelle. Au fil des années, on a fait passer toutes sortes de choses avant. On peut cependant *refaire* nos choix. Si on ne fait pas de l'équilibre notre priorité, les risques sont grands qu'on soit en déséquilibre. Équilibre et déséquilibre sont la conséquence de nos choix.

Dans notre société, on nous enseigne que le bonheur est extérieur à nous, ce qui fait qu'on pense souvent: «Je serais tellement bien si j'avais ceci ou cela.» Mais si on se demandait plutôt: «Si j'étais bien, de quoi est-ce que j'aurais besoin?»

Chapitre 3

TROISIÈME CLÉ DE L'ÉQUILIBRE PERSONNEL: MIEUX RÉPONDRE. EXPRIMER, AGIR AVEC COMPÉTENCE ET INHIBER DE MOINS EN MOINS

1.Comprendre: la réponse

On est stressé-e par ce à quoi on ne sait pas encore répondre. *Une occasion de stress appelle une solution.* S'il n'y a pas de réponse satisfaisante, la tension demeure. Même si, à l'occasion, on la ressent moins, elle reviendra en force dès qu'un autre accroc nous rappellera que rien n'a été réglé et qu'on ne dispose pas encore de solutions appropriées.

Notre réponse, c'est ce qu'on fait avec notre tension. On l'endure ou on change.

Une fois qu'on a appris à doser nos occasions de stress, il s'agit de mieux répondre à celles qu'on a choisi de garder et à celles qui sont inévitables. Il est donc primordial de savoir répondre.

Notre réponse peut accentuer notre déséquilibre ou nous ramener vers l'équilibre. Par exemple, si on répond à l'exploitation en se soumettant, on accentue le déséquilibre; si on répond en exigeant du respect ou en rompant nos liens avec nos exploiteurs, on le diminue.

Notre patron ferme boutique: tensions musculaires, panique, insomnie, découragement, inquiétude, ou bien soulagement, enthousiasme? Ce sont là différents symptômes de stress. Cette tension amène une réponse à l'occasion de stress. Par exemple, on confie nos émotions, on

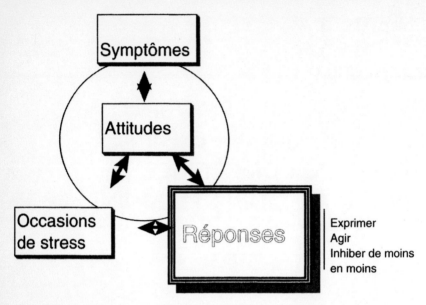

se plaint de notre sort injuste, on cherche du travail, on s'inscrit au chômage, on cherche à qui la faute? Ce sont des *réponses* qu'on met de l'avant pour canaliser la tension générée en nous par la décision de notre employeur.

Quand le patron ferme boutique, cela peut engendrer en nous beaucoup ou peu de symptômes désagréables; on peut même percevoir la fermeture comme une libération. *Tout dépend de notre capacité à y répondre.*

On peut rester découragé-e, se répéter continuellement que notre vie est fichue, rêver d'un monde où un emploi nous serait attribué en permanence, boire à l'excès, rester isolé-e, dramatiser, accuser les riches de leur égoïsme, etc. Si ce sont là nos choix de réponse, le problème perdure et notre tension monte.

Ou on peut s'inscrire au chômage, aviser le plus de gens possible de notre situation pour multiplier nos chances de retrouver rapidement un emploi, faire part de notre désir de travailler à d'éventuels employeurs, profiter de notre temps libre pour faire un peu plus ce qu'on aime, saisir l'occasion pour suivre des cours et augmenter notre compétence ou pour se recycler, chercher activement de l'emploi là où on a des chances d'être embauché-e, etc. La tension alors est utilisée de façon plus constructive et, comme on s'en sert pour régler le problème, elle finit par disparaître.

La fermeture de la boutique, c'est une oc*casion* de se stresser, pas nécessairement un problème: c'est notre façon d'y répondre qui va déterminer l'ampleur des symptômes de stress qui vont l'accompagner. Autrement dit, ce n'est pas «parce que» on a perdu notre emploi qu'on est stressé-e, mais parce que, ayant perdu notre emploi, on ne sait pas répondre de façon à conserver ou à retrouver notre équilibre.

Combattre, fuir ou rester stressé-e

Lorsqu'un loup a faim (occasion de stress), sa tension augmente et il chasse les cerfs (réponse); et lorsqu'un cerf voit un loup (occasion de stress), ses muscles se tendent et il se sauve (réponse). C'est ainsi que le système nerveux des mammifères leur permet de s'adapter à leur environnement. Ce qu'ils perçoivent comme des occasions de stress augmente leur tension et leur permet de répondre avec énergie: c'est le combat ou la fuite, c'est *l'action*. Quand ils ne peuvent ni combattre ni fuir, quand la peur est trop grande, ils figent sur place: c'est *l'inhibition*.

Même si notre système nerveux est capable de plus de rationnel que celui des loups ou que celui des cerfs, il est fondamentalement semblable quant au reste: tout ce qu'on considère comme une occasion de stress fait monter notre tension et il devrait s'ensuivre une réponse de fuite ou de combat. Or ce n'est pas toujours facile dans nos sociétés actuelles. Il devient de plus en plus difficile de fuir ou de combattre au fur et à mesure que la vie se complexifie.

Voici donc notre cerf attaché au bout d'une solide chaîne pendant que le loup approche: il ne peut pas fuir, il n'a aucun espoir de sortir victorieux d'une éventuelle lutte; le loup vient le voir un peu à chaque nuit, sans décider de le manger. Peut-on douter que son sommeil en soit troublé?

Voici maintenant notre loup affamé attaché par une solide chaîne à un pieu: le cerf vient le narguer deux ou trois fois par jour, puis retourne dans le bois. Est-on surpris-e d'entendre le loup hurler?

Finalement, voici maintenant Roland au bout de sa chaîne: son bureau est jonché de dossiers en retard; on lui en apporte deux nouveaux, urgents bien entendu. Deux des quatre employé-es dont il a la charge sont en congé de maladie depuis deux semaines. Son banquier, au bout de la ligne, le menace de saisie. Pourquoi est-on surpris-e qu'il ait besoin de hurler et qu'il fasse de l'insomnie?

Dans notre vie de tous les jours, le combat et la fuite apparaissent souvent impossibles à première vue. On apprend à se soumettre, à retenir l'énergie libérée dans notre système nerveux par notre exposition à diverses occasions de stress: on apprend à inhiber, comme le fait un chien battu par son maître qui, parce que son système nerveux le force à rester fidèle malgré tous les coups, a l'air ou bien triste ou bien terrorisé: il a perdu la joie de vivre. Il ne peut pas combattre, il ne peut pas se sauver.

On a étudié jusqu'ici plusieurs raisons pouvant expliquer nos tensions: ou bien il n'y a pas assez d'occasions de stress: c'est l'ennui, la sécuritose; ou bien, il y a trop d'occasions de stress: c'est la surcharge ou la chute; une troisième raison est *qu'on répond mal* à nos occasions de stress. On est comme le cerf au bout de sa chaîne, incapable de fuir le loup ou de le combattre, jour après jour: on inhibe, on se sent incapable d'exprimer ou d'agir.

Exprimer, agir avec compétence et inhiber de moins en moins

Jean-Pierre: dire oui jusqu'à s'épuiser

Jean-Pierre a trente ans; il travaille comme représentant des ventes pour une compagnie de matériaux de construction. Il en a été le meilleur représentant... jusqu'à son burn-out. Ses principaux problèmes découlent de son incapacité à s'affirmer vraiment quand il arrive à la limite de ce qu'il peut concéder sans se sentir mal.

Il a ce genre d'inhibition avec son patron, ses clients, ses parents, son amoureuse et l'enfant de son amoureuse, ses amis et aussi avec son chat, quoique à un degré moindre. Il cherche l'admiration, il se dévoue corps et âme, il veut satisfaire tous et chacun parfaitement. Extérieurement, il cache son impatience, sa fatigue, son désir de plus en plus présent de tout laisser là et de partir au bout du monde, seul. C'est aussi parce qu'il ne peut pas mettre de limites aux demandes des autres qu'il vit seul; chez lui au moins, il peut se reposer. Comme c'est souvent le cas chez les personnes qui sont coincées à l'intérieur d'elles-mêmes, il fait des crises de panique, auxquelles il essaie de remédier par de bonnes doses d'alcool.

La solution à son mal consiste, à son avis, à devenir capable de faire toujours plus pour les autres; quand il se rend compte qu'il en a assez, qu'il a du ressentiment envers ceux et celles qu'il sert, il se culpabilise.

Pour se soulager de sa culpabilité... il se dévoue davantage. Cette façon de tourner en rond lui crée des angoisses, il se réfugie de plus en plus souvent chez lui, il ne répond pas quand on frappe à sa porte, il débranche le téléphone, il mange d'énormes quantités de sucreries et il boit d'énormes quantités d'alcool. Pour se faire pardonner, il recommence de plus belle à se sacrifier. On comprend que *c'est sa solution qui entretient son problème*. Rien d'extérieur ne le force à agir ainsi.

Ce n'est que lorsqu'il a appris à poser des limites aux demandes des autres qu'il a commencé à voir la fin de ses angoisses et de ses compulsions. Il a appris à exprimer ses limites et à agir de façon à les faire respecter. Il a cessé de refouler toutes ses émotions supposément négatives. Il parle de son goût de se cacher, de ses compulsions alimentaires et de son problème d'alcool, de son impatience devant l'enfant de son amoureuse, de son sentiment de culpabilité, et il agit: il se joint aux alcooliques anonymes, il quitte son emploi malgré les pressions pour qu'il y demeure et s'inscrit à des cours; il éloigne certains de ses amis qui l'exploitent. Il met au clair avec son amoureuse ce qu'il peut supporter et ce qu'il ne peut pas tolérer, et il agit en conséquence, ce qui ne l'empêche pas d'être respectueux de ses besoins à elle. Il exprime, il agit et il inhibe de moins en moins. Tout n'est pas parfait, mais il va mieux.

On ne peut répondre que de trois façons à nos occasions de stress: on peut s'exprimer, on peut agir et on peut ne faire ni l'un ni l'autre, c'est-à-dire inhiber. On *s'exprime* quand on révèle les émotions qu'on ressent devant une ou plusieurs occasions de stress ou quand on communique nos idées et opinions. On *agit* quand on utilise l'énergie engendrée par une occasion de stress dans le but de rétablir notre bien-être. On *inhibe* quand on retient en nous l'énergie dégagée par notre exposition à une occasion de stress.

Éviter d'inhiber

Les occasions de stress auxquelles on est exposé-e libèrent dans notre corps de l'énergie pour le combat ou pour la fuite, qui sont deux formes d'action. Inhiber, c'est garder cette énergie en nous, la retenir, l'empêcher de s'exprimer, pour toutes sortes de raisons, qui sont souvent de «bonnes» raisons. On se retient parce qu'on a peur, parce qu'on est poli-e, parce qu'on se sentirait coupable d'intervenir ou de susciter des conflits, parce qu'on ne pense pas avoir le droit de prendre notre place ou qu'on ne pense pas mériter un meilleur sort, parce qu'on pense qu'il revient aux autres de régler nos problèmes, etc. On peut retenir l'expression de nos émotions, de nos valeurs, de nos opinions et on peut s'empêcher d'agir; on peut donc inhiber l'expression et l'action.

Éviter d'inhiber l'expression

On inhibe l'expression d'une émotion en s'empêchant de la ressentir ou de la laisser se manifester. Le processus est conscient quand, par exemple, on se retient volontairement de pleurer ou de se fâcher, ou quand on garde le secret sur un événement qu'on a vécu (par exemple parce qu'on en a honte). Généralement, on inhibe notre émotion parce qu'on la juge moralement mauvaise, malsaine, dérangeante ou «négative».

L'inhibition de l'expression émotive est inconsciente quand on «oublie» une situation qui nous fait mal. Par exemple, notre relation de couple est très insatisfaisante et on se lance à fond de train dans le travail, pour éviter de ressentir notre peine, notre colère ou notre misère amoureuse. Elle est aussi inconsciente quand on refoule des souvenirs dont le rappel nous ferait souffrir: par exemple, on «oublie» l'inceste dont on a été victime, on en garde le secret, même pour nous-même; notre inconscient peut provoquer ce genre d'amnésie.

Si on porte une tristesse de fond, qu'on n'arrive pas à traduire en mots ou à comprendre, c'est un signe fiable de ce genre d'émotion profondément refoulée. Notre corps sait de quoi il s'agit, mais notre tête l'ignore encore. Ces émotions enfouies peuvent cependant remonter à la conscience pendant une psychothérapie, sous hypnose ou à l'occasion d'événements qui ressemblent à celui qu'on a refoulé. On peut alors s'en libérer.

Consciente ou non, l'inhibition de l'expression émotive augmente notre tension. Exprimer nos émotions la réduit. Il arrive souvent qu'au seuil de la mort des personnes «confessent» leurs secrets comme Auguste, qui avait étouffé toute sa vie sa colère contre sa mère à qui il avait obéi quand elle l'avait empêché, cinquante-trois ans plus tôt, d'épouser la femme qu'il aimait; de même pour Jacynthe, cette religieuse de quatre-vingt-six ans qui était entrée dans les ordres pour que cesse l'inceste dont elle était victime et dont elle n'avait jamais parlé jusqu'à ce jour. Ces confidences apportent souvent l'apaisement en nous menant à une réconciliation avec notre blessure et à son intégration dans notre histoire. Pourquoi attendre si longtemps?

Exprimer ce qui a été inhibé fait du bien et nous ouvre à notre richesse intérieure. Tant qu'on a honte, qu'on a peur, qu'on se cache, on ne peut pas vivre pleinement notre vie. Quelque chose sonne faux. La prise de conscience et le partage de certaines situations et des émotions qui les accompagnent font partie de toute psychothérapie. C'est en partageant ce qui nous touche qu'on bâtit des relations humaines profondes. Inhiber l'émotion, c'est rester emprisonné-e en soi-même, isolé-e. C'est ne pas se donner le droit d'être ce qu'on est, cacher notre richesse intérieure, se déposséder d'une partie de notre potentiel et en priver les autres.

On apprend jeune à inhiber nos émotions. On considère souvent qu'un «bon» enfant sait contrôler sa colère, sa jalousie, sa peine, ses pleurs, ses désirs, même sa joie. On aime bien un enfant raisonnable, qui ne dérange pas et qui fait ce qui lui est demandé sans répliquer. Cet enfant «sage» apprend cependant jour après jour à tuer sa vitalité en gardant au fond de lui ce qui est considéré comme répréhensible. Il apprend aussi qu'il ne pourra jamais être aimé s'il ressent des émotions «non permises».

Alors, il refoule; par exemple, il «comprend» qu'il ne faut pas se battre avec ses frères et sœurs, qu'il ne faut pas manger tous les bonbons, que les adultes ont toujours raison, qu'il ne faut pas pleurer parce que «ça ne fait pas mal», ou parce que ça fait de la peine à maman, que s'il n'a pas assez faim pour manger ce qui reste dans son assiette, il n'a sûrement pas assez faim pour manger du dessert. Bref, c'est un enfant qui apprend à désamorcer ses émotions avec les arguments de la raison.

Il ne faut pas conclure que nos enfants ont le droit de faire tout ce qu'ils veulent. Il s'agit de mieux accueillir ce qu'ils ressentent. On peut reconnaître leur colère tout en n'acceptant pas qu'ils brisent des choses ou qu'ils se défoulent sur le chien. On peut comprendre leur désir de posséder tous les jouets qu'ils voient sans les acheter. Ils auront peut-être de la peine d'essuyer un refus, peine dont on pourra les consoler, mais ils ne sentiront pas que leur désir est illégitime ou qu'il est la preuve qu'ils sont égoïstes, méchants ou inadéquats de toute autre façon.

«Je comprends que tu veuilles ceci, même si je ne peux accéder à ton désir», plutôt que «Espèce d'enfant gâté! Tu as déjà deux ours en peluche! As-tu pensé à tous les enfants qui n'ont pas de jouets?»

«Parle-moi de ce qui te fait mal...», plutôt que «Espèce de braillard-e, as-tu fini de pleurer pour rien!»

Il est tellement plus facile d'accepter un refus quand on a l'impression d'avoir été écouté-e et respecté-e. Ce qui est difficile, c'est d'être incompris-e, rejeté-e, voire humilié-e, de sentir que les autres se foutent de nous ou d'avoir l'impression d'être profondément inadéquat-e parce qu'on ne ressent pas ce que les autres voudraient qu'on ressente. Ce qui rend malade, ce n'est pas que tous nos désirs ne soient pas comblés dès que formulés: c'est de cacher ce qu'on ressent pour ne pas être rejeté-e.

Les choses difficiles de la vie s'accompagnent nécessairement d'émotions qu'il est salutaire de reconnaître et d'exprimer. Exprimer permet de garder notre vitalité, d'avoir accès à notre réservoir d'énergie psychique, à notre flamme vitale. Il est impossible de tuer ses émotions «négatives» sans étouffer dans le même mouvement ce qui fait vivre les autres. Quand on est anesthésié-e, on ne ressent plus rien, ni douleur, ni plaisir. On est dans un état végétatif.

Quand Manon répond à l'agressivité verbale de son mari en se fermant, elle devient en même temps indifférente à ce qu'elle apprécie en lui. Dans ces moments-là, elle se sent aussi incapable d'aimer ses enfants et elle se sent déprimée. Tout son monde se referme et elle a de fréquentes crises de panique, accompagnées d'agoraphobie.

Dans la vie quotidienne, pour éviter que son mari ne se fâche, elle a appris à tricher avec ses propres valeurs: elle lui cache des choses, elle fait des tonnes de compromis qui deviennent tellement habituels qu'elle ne sait plus toujours ce qu'elle veut. De plus, elle se sent coupable de ne pas avoir le courage d'affronter la situation par le bon bout; par exemple, quand elle oblige les enfants à se comporter comme des images, il lui semble les trahir.

Manon a peur de perdre son mari. C'est la «bonne raison» qui explique pourquoi elle a attendu longtemps avant de renouer contact avec elle-même. Ses tentatives pour être indifférente et ses jeux de cache-cache ne l'ont menée nulle part ailleurs qu'à la panique et au sentiment de vide. Exprimer ses peurs, sa honte de contrôler ses enfants et son découragement face à l'avenir lui a permis de retrouver le courage d'être elle-même et de poser immédiatement des limites strictes aux manifestations d'agressivité inacceptables. Manon a repris la responsabilité de sa vie.

Elle ne peut pas décider pour son mari, mais elle peut décider pour elle-même et être plus responsable envers ses jeunes enfants. Quand Manon a décidé d'affirmer fermement ce qu'elle voulait, son mari a été acculé à un choix. Vivre un divorce ou accepter de changer. Le couple est allé en consultation. Depuis, tout n'est pas parfait, mais tout le monde respire mieux. Exprimer est souvent le premier pas qui mène à agir.

Nos émotions ne sont certes pas les seules réactions qu'on garde en nous; pour toutes sortes de bonnes raisons, on retient aussi nos opinions, on accepte de se conformer aux valeurs d'autrui, on garde en nous nos désirs, nos goûts. À la longue, on devient ainsi plus étranger-e à nous-même. Nos relations avec les autres deviennent de plus en plus fausses, parce qu'en ne nous montrant pas tel-le que l'on est, on finit par leur faire croire qu'on est tel-le qu'on se montre, c'est-à-dire sans opinion ou «toujours d'accord», ce qui revient au même. Personne ne nous connaît vraiment et on finit par ne plus savoir nous-même qui on est. Constamment fatigué-e, anxieux-se, souvent déprimé-e, on ne sait parfois même plus que notre vie ne nous ressemble pas, qu'on vit sous une fausse identité, qu'on triche.

Il est donc crucial d'inhiber de moins en moins l'expression de nos émotions; on peut apprendre à les redécouvrir et à les exprimer d'une façon saine. Cela nous mène aussi à apprendre à écouter les autres de façon attentive et respectueuse (plutôt que distraite et jugeante), ce qui est tout aussi nécessaire si on veut vivre des relations riches et porteuses de joie de vivre.

Éviter d'inhiber l'action

On inhibe l'action quand on endure un problème sans agir pour le régler. On reste figé-e devant quelqu'un qui nous blesse. On n'exige pas que l'argent qu'on a prêté nous soit remboursé. On endure le patron ou les employé-es. On ne réagit pas concrètement au harcèlement sexuel. On laisse les situations se détériorer. *Nos problèmes perdurent parce qu'on n'agit pas.* En règle générale, on a toujours de bonnes raisons pour ne pas régler un problème, comme si on avait plus appris à vivre avec les difficultés qu'à leur chercher des solutions. La peur est notre véritable bourreau.

Jean-Paul a été suspendu de son emploi pour deux semaines le mois dernier, en raison de ses absences injustifiées; cette nouvelle occasion de stress a fait monter son anxiété d'un cran. Ça n'allait déjà pas bien, mais là, il est sur le bord d'éclater. Il est découragé et il prend les médicaments pour les nerfs que son médecin lui a prescrits, tout en continuant à absorber une assez grande quantité d'alcool. C'est ainsi qu'il arrive à tenir le coup à court terme.

L'anxiété est un signal de notre organisme. Elle survient quand on a besoin de régler des problèmes. Si on contrôle cette anxiété avec de l'alcool ou des médicaments, on perd le signal. On s'empêche de ressentir pleinement nos émotions, notre énergie tourne en rond, plutôt que d'être utilisée pour solutionner nos difficultés: on inhibe. Évidemment, si l'anxiété devient paralysante, des médicaments pourront temporairement nous aider à retrouver le chemin de l'expression et de l'action. La médication n'est pas toujours une option qui mène à inhiber.

Nicole a beaucoup de travail. Ses dossiers s'accumulent et sa patronne ne semble pas s'apercevoir qu'elle lui en donne trop. Pourtant, selon Nicole, c'est facile à voir, quand on s'en donne la peine. Quand sa collègue Micheline est débordée, Nicole s'en rend compte, elle, et elle lui donne un coup de main. Pourquoi la patronne ne voit-elle pas la surcharge de travail qu'elle impose? Et Micheline, qu'est-ce qu'elle attend pour l'aider? Nicole a dit à tout le monde qu'elle n'en pouvait plus, à tout le monde sauf... à sa patronne. Nicole a dit à tout le monde que Micheline ne l'aidait pas... sauf à Micheline. Elle a peur de passer pour quelqu'un qui se plaint et elle attend que le changement vienne des autres. Souffrir en attendant que ça change et se plaindre à des personnes qui ne peuvent rien changer à notre situation constituent d'autres façons d'inhiber.

Michel a commencé un certificat en administration. Ses travaux devaient être prêts il y a deux semaines, mais il a réussi à en faire reculer la date de remise. Il passe une bonne partie de la journée à se dire qu'il devrait s'y mettre, mais toutes les excuses sont bonnes pour ne pas commencer; son anxiété monte. Il lit des romans policiers, il appelle des amis, il regarde la télévision et le soir, il va dans un bar. L'occasion de stress reste présente, mais il ne fait rien pour vraiment en venir à bout. Il se culpabilise, mais il n'agit pas.

Accumuler ce qu'on considère comme des obligations en les remettant à plus tard est une autre façon d'inhiber, quand on le fait de façon systématique.

Josée a des problèmes de stress. Son médecin lui a proposé de faire de l'exercice physique, mais «elle n'arrive pas à y penser» et «la piscine est en réparation». Elle pourrait faire de la relaxation, mais «elle n'a pas toujours le temps». Elle pourrait se reposer davantage, se réserver plus de temps de sommeil, mais «elle a tellement de choses à faire!» Son mari lui a proposé de prendre totalement en charge certaines tâches jusque-là communes, mais elle considère «qu'il travaille moins bien qu'elle». Une amie lui a offert de venir passer quelques jours à son chalet, mais «que fera-t-elle si ses vertiges la reprennent»? Son patron lui a parlé de lui retirer temporairement quelques dossiers, mais «ce serait admettre un échec». Se trouver systématiquement des excuses pour ne rien changer, c'est inhiber.

Germaine n'a jamais été acceptée par sa belle-famille. Depuis le premier jour où elle les a rencontrés jusqu'à maintenant (cela fait vingt-six ans), les parents de son mari n'ont pas souvent raté une occasion de lui faire sentir qu'ils auraient souhaité une femme «mieux qu'elle» pour leur fils. Elle en a toujours souffert. Loin de l'aider, son mari ferme les yeux sur les insinuations malveillantes et approuve ainsi tacitement ses parents. Germaine continue de fréquenter ses beaux-parents, leur sourit, est gentille, ce qui renforce le mépris dont elle est victime. Elle n'agit pas. Dans le fond de son cœur qui se durcit, Germaine attend que ses beaux-parents soient punis par une maladie et c'est ainsi qu'elle pense sortir enfin victorieuse de cette confrontation. En attendant, elle inhibe toute action qui pourrait l'aider à sortir de son malheur.

Garder de la rancune, c'est une façon de ne pas régler un problème, de laisser une occasion de stress prendre de plus en plus de place. C'est une façon de retenir en nous une énergie qui pourrait servir à des fins plus constructives. Souhaiter du mal à quelqu'un, ça ne fait pas avancer la situation. Penser que les méchant-es seront puni-es non plus. C'est inhiber.

Germaine se conçoit comme une victime, comme la misérable épouse d'un mari qui n'a jamais osé quitter les jupes de sa mère. Elle se considère comme une pauvre femme qui n'a pas eu la chance de naître dans une famille riche où elle aurait pu apprendre avec naturel les simagrées nécessaires à la vie bourgeoise. Toute forme d'apitoiement sur son sort mène aussi à l'inhibition, parce qu'elle reporte sur les autres ou sur le «système» la responsabilité de faire quelque chose pour améliorer sa situation. Si on pense qu'il revient aux autres d'agir, alors on ne fait rien.

Robert fait partie du comité de négociation de son syndicat. À ses amis, il dit que les décisions du comité sont surtout prises sous l'influence d'un leader dont il ne partage pas toujours les opinions. Cependant, jamais il ne confrontera directement ses idées aux siennes: il a peur de mal paraître et il ne se pardonnerait pas qu'une décision prise sous sa propre influence contre celle du leader se révèle un jour mauvaise. Alors il se retient de dire ce qu'il pense, il vote dans le sens du leader, mais il ne manque pas une occasion de dénoncer les mauvaises décisions dans les corridors sans jamais rien dire ouvertement durant les réunions.

La peur de s'affirmer, la peur de prendre de mauvaises décisions et la soumission qui s'ensuit sont d'autres formes d'inhibition. La critique des personnes absentes en est une autre forme. Quand on entend plus souvent parler des problèmes de travail dans les cafétérias que dans les endroits où il serait possible de les régler, il y a inhibition et énergie gaspillée.

Mathieu, à neuf ans, a bien compris ce qu'il doit faire pour avoir ce qu'il veut: il fait des crises. Alors, pour avoir la paix, ses parents finissent presque toujours par céder. Ils obéissent à leur enfant, ils se soumettent. Le problème de fond reste sans solution et les parents le savent bien, parce qu'ils ont des remords d'avoir cédé et se demandent ce qui va se passer quand leur fiston aura seize ans. Ils ont presque déjà démissionné, mais n'osent pas penser au pensionnat, ni à s'inscrire à un des cours destinés à aider les parents ni à changer leur comportement. Ils attendent qu'une solution leur tombe du ciel, une solution facile qui ne nécessiterait aucun changement dans leur façon de voir la situation, bien entendu.

Quand on achète la paix de façon régulière, quand on cède sur l'essentiel, on entretient nos problèmes. Quand on pense à court terme dans les situations à long terme, ce qu'on évite pour le moment va nous revenir en plein visage plus tard, un peu plus fort. Quand on confond souplesse et mollesse, quand on tarde longtemps à faire ce qu'on a à faire, on inhibe.

Éloïse a fait une colère noire pour un chandail et un verre sale qui traînaient dans la salle à manger: pacotilles pour les autres, montagne pour elle. Elle a dit des choses qui dépassaient sa pensée, que personne ne l'aimait, qu'elle vivait avec des «sans cœur», etc. Toute la famille en est bouleversée et Éloïse se sent coupable. Pendant deux jours, on fera attention. Puis tout recommencera, bien entendu. Le problème du rangement et celui de la frustration qui s'ensuit ne sont certainement pas réglés.

Quand on fait des colères disproportionnées, c'est qu'on a déjà accumulé beaucoup de frustration. Une goutte fait tout simplement déborder le vase. Une terrible colère suivie de culpabilité mène à d'autres colères stériles. C'est un cercle vicieux: on est frustré-e, on endure, on finit par éclater, on s'en veut, on veut se faire pardonner, alors on endure à nouveau, on accumule de la frustration, on éclate de nouveau et c'est reparti. Quand on n'explose que pour mieux se soumettre, on inhibe. Il y a sans doute d'autres solutions.

Nathalie a enfin trouvé un homme! Selon ses amies, c'est un drogué et un paresseux, mais selon elle, il est simplement malchanceux. Elle travaille pour gagner leur vie et elle se farcit en plus le travail ménager. Elle ne se plaint pas, mais elle souffre de ses sautes d'humeur, de ses disparitions et de ses retours sans avertissement, du fait qu'il ne reste jamais d'argent pour elle. La vie devient tranquillement un enfer. Pour sauver son amour, elle endure sans rien négocier. Trouver des excuses aux autres pour éviter de voir les choses en face, c'est inhiber.

Marie n'a pas pu obtenir de son mari qu'ils aillent manger au restaurant; pour répondre à sa frustration, elle boude. Belle façon pour elle de passer la soirée? Elle répond à sa frustration en se privant elle-même de bien-être. Bouder, c'est inhiber.

Normand a huit ans et il aime bien voir son père dont il est séparé depuis six mois. Quand il en parle à sa mère, elle éclate en sanglots. Normand réalise qu'il ne devrait pas parler de cela avec sa mère, que cela lui fait de la peine. Alors il essaie de faire semblant que tout est normal: il apprend l'inhibition.

Toute occasion de stress génère de l'énergie et suscite des émotions. Si on retient cette énergie, elle finit par se retourner contre nous, même si nos raisons pour inhiber expression ou action se révèlent à première vue être de très bonnes raisons: on a peur de faire de la peine aux autres, de souffrir, de perdre; voilà quelques-unes des «bonnes raisons» par lesquelles on justifie le plus souvent notre refus de parler ou d'agir. Il n'empêche que les effets néfastes de l'inhibition sur la santé ne dépendent pas tellement des raisons qui l'expliquent. Par exemple, laisser durer un problème parce que les autres vont avoir de la peine ou le laisser durer parce qu'on pense que les autres vont nous punir ne change rien au fait que notre tension augmente. Connaître les raisons pour lesquelles on s'empêche de vivre peut cependant nous aider à changer nos attitudes et à passer à l'action.

Si inhiber peut procurer une sorte de répit, cela ne résout pas les occasions de stress en cause; *inhiber accentue le déséquilibre dont on souffre*. Alors, à moyen terme, nos symptômes de stress augmentent. Inhiber, c'est garder la tension, et garder la tension mène à la maladie. Inhiber n'est pas la seule cause de la maladie, mais c'est une des plus importantes. Sur le plan psychologique, inhiber nous fait perdre la joie de vivre.

De plus en plus de recherches scientifiques montrent qu'il existe des relations étroites entre la maladie et le malheur, c'est-à-dire entre la maladie et une vie où les occasions de stress ne sont pas réglées. Elles ne font que confirmer ce qu'on sait déjà: quand on est coincé-e, on a mal au ventre ou ailleurs; quand on ne voit pas de solution à nos problèmes, on est déprimé-e; quand on a peur, tout notre corps réagit. Quand on inhibe expression et action, c'est-à-dire quand on se tait et quand on n'agit pas, on est mal dans notre peau et on finit par «tomber» malade.

Même si on préfère que nos problèmes se règlent d'eux-mêmes ou que des événements douloureux n'aient jamais eu lieu, même s'il est plus difficile de changer que d'endurer, une occasion de stress demande une solution, donc une action ou une expression efficace.

Alors, voici venu le temps de parler et d'agir.

Exprimer

Retenir nos émotions exige beaucoup d'énergie: il faut serrer la gorge, tendre les épaules, serrer les dents et les poings, marcher de long en large, etc. À la tension originelle créée par l'occasion de stress s'ajoute alors la tension de l'inhibition, comme si on freinait au maximum tout en continuant à pédaler de toutes nos forces. Inhiber l'expression de nos émotions nous dévitalise. Peut-on fuir indéfiniment ce qu'on porte en nous?

Exprimer de façon constructive nos émotions conscientes et laisser émerger nos émotions refoulées s'accompagne presque toujours d'un regain de vie: ça fait mal d'être en contact avec notre souffrance mais, quand c'est bien fait, ça soulage et ça redonne espoir. Ça ouvre de nouvelles avenues pour une vie plus riche, pour de nouvelles actions. Ça permet de prendre possession de notre souffrance, de la valider pour finalement mieux l'intégrer et pouvoir passer à autre chose sans être constamment bloqué-e par nos peurs.

Le mot expression est formé de «ex» qui signifie «en dehors» et du mot «pression». Ex-primer, c'est faire sortir ou laisser sortir la pression au dehors, c'est se libérer, au moins momentanément, de la tension que l'on ressent à l'intérieur de soi. C'est manifester extérieurement notre émotion, notre opinion, c'est laisser voir la personne que l'on est.

Quand on est touché-e, il se crée un mouvement dans tout notre être; cela ne peut être évité. On peut choisir de vivre dans des conditions où on n'aura pas constamment à subir les mêmes situations pénibles, on peut apprendre à voir la vie autrement et à être moins touché-e par certains événements inévitables, mais on ne peut pas empêcher que naisse en nous un mouvement émotionnel quand, de fait, on est touché-e. Si on étouffe ce mouvement, la tension demeure et se manifeste par des symptômes de stress. Si on l'exprime, si on laisse vivre au grand jour ce mouvement intérieur spontané, alors la tension se dissipe et on redevient optimiste, on retrouve notre équilibre émotionnel. Une seule fois ne suffit en général pas; on aura besoin d'exprimer notre souffrance à de nombreuses reprises pour qu'elle passe, pour qu'elle nous ouvre la voie à une vie meilleure.

Quand notre douleur perdure malgré qu'on lui permette de faire surface, il est probable que l'émotion exprimée en cache une autre, moins «permise». Il n'est pas rare que la peine qu'on accepte de dévoiler masque une colère ou une haine dont on se permet à peine de prendre conscience. Si donc exprimer encore et encore une émotion ne nous procure aucun soulagement, il sera utile d'aller voir ce qui se cache derrière. C'est là un travail délicat, mais vivifiant quand il est mené à terme.

On peut trouver dans l'expression non seulement un certain soulagement mais aussi le courage d'agir.

Voici quelques modes d'expression.

Exprimer en paroles

Parler de ce qui ne va pas, avec quelqu'un qui sait nous écouter, a un effet soulageant. Cela peut être parler de ce qui vient d'arriver (du décès de notre conjoint-e, de notre congédiement, d'une humiliation récente), ou parler de ce qui ne va pas depuis longtemps (parler de nos difficultés dans notre vie de couple, de notre manque de confiance en nous), ou parler de ce dont on n'a jamais osé parler (de l'inceste que l'on a vécu il y a trente ans, d'un viol, d'une injustice qu'on a commise et pour laquelle on n'a jamais cessé de se condamner, d'un rêve qu'on n'a pas pu réaliser). Parler délivre; parler permet de libérer l'émotion qui est retenue par le silence, même si cela demande parfois de grands efforts.

Il ne faut pas confondre «expression» et «lamentations». Se lamenter, se plaindre, c'est souvent dire que nos problèmes sont créés et entretenus par les autres ou par le système. C'est dire comment les autres devraient changer pour qu'on soit mieux, comment la vie est injuste, comment elle devrait être. C'est accuser les autres et se déresponsabiliser. S'exprimer, c'est confier ce qu'on *ressent,* c'est parler de nous, de nos réactions aux autres et aux situations qu'on vit.

Exprimer notre émotion permet de mieux en prendre conscience. L'expérience démontre que c'est en exprimant nos émotions qu'on se découvre, qu'on identifie des émotions plus cachées, qu'on se rencontre soi-même à un niveau plus profond. Mettre des mots sur ce qu'on ressent permet de laisser se dévoiler ce qui autrement reste flou et inaccessible à notre conscience. C'est pourquoi l'expression est très encouragée en psychologie: si on ne se sent pas jugé-e, exprimer dévoile, éclaircit, permet de voir la lumière, de laisser se dégager des solutions.

Écrire un journal personnel est une autre façon d'utiliser les mots pour s'exprimer. Cela crée plus d'intimité avec soi, tout en dégageant de l'espace intérieur. Écrire nos émotions nous décrispe. Ce qui est sur le papier n'est plus uniquement en nous; il a été révélé.

S'exprimer verbalement, c'est aussi se servir des mots pour partager nos opinions, nos valeurs, nos désirs, pour faire respecter ce qui est important pour nous. Exprimer montre aux autres qu'on existe, même si ça peut les déranger. On ne peut pas ajuster nos relations avec les autres si on n'exprime rien. Attendre que les autres nous devinent, c'est s'exposer à bien des malentendus; manifester ouvertement aux autres nos attentes ou notre point de vue, c'est augmenter les chances qu'au moins on se comprenne et, éventuellement, qu'on s'entende.

Exprimer avec le corps

L'énergie biologique liée au stress est libérée dans le corps et c'est là qu'on la retient plus ou moins consciemment, en inhibant les moyens dont la nature nous a pourvu-e pour l'exprimer. On a appris à retenir les mouvements spontanés de notre corps pour toutes sortes de bonnes raisons. Ainsi, il ne faut pas pleurer, il ne faut pas crier, il ne faut pas élever le ton; il faut rester poli-e devant les personnes qui nous oppriment, dire «oui patron, merci», «ne pas mordre la main qui nous nourrit».

On nous a appris que pleurer ne donne rien, ne change rien. Pourtant, parce qu'on l'a vécu, on sait que pleurer soulage, qu'à la douleur du moment où les sanglots nous secouent succède une période où le calme revient, où notre perception de la vie est plus claire, plus sereine. La tension s'est dissipée et on peut se servir de l'énergie récupérée pour agir sur ce qui nous fait pleurer ou pour mieux accepter ce qu'on ne peut changer. Pleurer de peine ou pleurer de rage est souvent la première étape du changement, du retour à la joie de vivre, une étape de prise de conscience et de libération intérieure. On ne pleure jamais pour rien.

Notre système nerveux est bâti pour répondre à la frustration par la colère. Elle crispe nos muscles. Cependant, comme «ce n'est pas beau» de se fâcher, on se retient, on inhibe, on «contrôle» nos émotions; pour résultat, on a beaucoup d'agressivité réprimée, de tension retenue. L'art de canaliser notre agressivité dans des voies non destructrices n'est pas simple et, s'il existe de saintes colères, il y en a aussi de moins saintes. En attendant, les poings et les mâchoires restent serrés.

Les sports où on frappe et où on peut crier (sports de raquettes, sports de combat) peuvent permettre d'exprimer la colère sans trop de dégâts. Tout comme frapper dans des coussins, hurler, déchirer en mille miettes les papiers sur lesquels on a dessiné la personne qu'on considère comme responsable de notre souffrance. On peut aussi apprendre à deux à exprimer sa colère à l'autre, d'une façon qui rende la relation plus vivante. Et si on trouvait des solutions à la frustration qui engendre la colère?

La sexualité s'exprime elle aussi par le corps; le besoin sexuel est ancré dans les zones les plus profondes de notre cerveau (comme le besoin de respirer, comme celui de manger) et la continence sexuelle requiert une énergie considérable. Dans la société actuelle, vivre sainement sa sexualité demeure un défi de taille. D'un côté, il y a le refoulement sexuel, héritage d'un certain puritanisme; de l'autre, il y a la banalisation des relations sexuelles, qui vide la sexualité de sa composante humaine de communication et d'amour, ce qui diminue d'une autre façon la joie de vivre et laisse «l'animal triste». Il y a pourtant de la place entre le défoulement sexuel et l'inhibition. Trouver une voie qui nous convienne et l'assumer contribue pour beaucoup à la joie de vivre.

Notre corps exprime non seulement nos émotions mais aussi nos opinions. Notre désaccord s'exprime par une crispation des muscles des mâchoires, des poings, par un ton de voix plus sec, par une dysharmonie dans nos mouvements, par une fermeture générale du corps. Nos désirs peuvent s'exprimer par de l'enthousiasme, un ton de voix plus chaud, une ouverture du corps. Laisser vivre ces mouvements nous fait du bien.

Exprimer par les arts

La création artistique est un autre moyen d'expression, une façon de laisser sortir la tension en communicant une émotion. Jouer d'un instrument de musique, chanter, peindre, danser, travailler la terre glaise, dessiner, cela permet parfois d'exprimer l'innommable, de libérer les tensions qui nous habitent sans que les mots n'interviennent. Créatifs ou interprétatifs, les arts permettent de montrer, de dire ou de faire sentir aux autres ce qu'on ressent. La danse de Zorba le Grec, alors que tout s'est effondré et que la séparation d'avec le «patron» devient imminente, en est un très bel exemple: «Patron, cria-t-il, j'ai beaucoup de choses à te dire, je n'ai jamais aimé personne comme je t'aime, j'ai beaucoup de choses à te dire mais ma langue n'y arrive pas. Alors, je vais les danser! Mets-toi à l'écart que je ne te marche pas dessus! En avant, hop! hop!» (Kazantzaki[*]).

Quelques illustrations

- Rachel connaît Caroline depuis toujours. Bien que séparées par un océan, elles sont toujours restées proches. Elles s'écrivent régulièrement, pour se confier leurs joies et leurs peines, parce qu'elles se savent comprises. Même si la réponse ne leur parvient qu'un mois plus tard, la magie de l'amitié fait immédiatement son œuvre.
- Joseph écrit depuis longtemps un journal intime. Il y note tous ses bons et mauvais coups. Quand quelque chose le dérange ou quand il est heureux, il s'assied et il écrit. Il ne garde rien en lui, tout est sur le papier. Il trouve dans l'écriture une façon de revenir vers lui-même et de se calmer. Il a même l'impression que c'est une forme d'auto-hypnose qui l'amène à trouver des solutions, comme si les mots savaient inconsciemment le conduire là où il convient qu'il aille.
- Réjeanne donne l'heure juste et on sait à quoi s'en tenir. Comme elle avait de la difficulté à dissimuler ses réactions émotives, elle a pris le taureau par les cornes et elle a décidé de les exprimer ouvertement. Depuis, on sait exactement si ce qu'on fait lui convient ou non. «On vit dans un pays libre, alors je dis ce que j'ai à dire», déclare-t-elle en riant. Les gens qui aiment que les choses soient claires l'aiment beaucoup, les autres se tiennent loin.

- Émile, un jour, a pu dire à son médecin que sa vie de couple n'avait plus de sens. L'aide qu'il a reçue lui a permis de prendre la responsabilité de changer sa façon de répondre. Jusque-là, il s'était surtout plaint d'une jalousie dont il se sentait victime. Mais il a pris conscience de ses propres réponses à cette jalousie: il justifiait abondamment tout retard, il rassurait, il se tenait loin de toute autre femme que la sienne et se comportait de façon à éviter les crises de jalousie. Mais, plus il se défendait, plus il nourrissait les craintes de sa femme plutôt que de régler le problème. Ses jeux de cache-cache enfantins étaient devenus monnaie courante et il les justifiait à ses propres yeux par son désir de ne pas faire de peine à sa femme. En fait, il a réalisé qu'il avait peur de sa femme et, bien avant elle, de sa mère. Or, voilà que sa femme lui fait des crises pour qu'il refuse une promotion qui le mettrait en contact avec des femmes. Exprimer son dilemme, à savoir continuer d'acheter la paix avec sa femme ou accepter la promotion, lui a permis de constater qu'il devait agir différemment de sa façon habituelle s'il voulait améliorer son sort. L'achat de la paix n'avait jamais fonctionné qu'à très court terme. Ou bien il continuerait à dire qu'il avait raté sa vie à cause de sa femme, ou bien il prendrait la responsabilité de changer sa vie et de laisser sa femme réagir au changement. Il a choisi la seconde solution. Sa femme, confrontée à de nouvelles règles du jeu, a répondu en allant consulter un psychologue pour que cesse sa propre souffrance liée à sa jalousie: *on est rarement seul-e à guérir.* Exprimer ses désirs en acceptant la promotion lui a fait du bien et en a fait à sa femme. Il a cessé de se plaindre et il a pris la responsabilité de sa vie. Sa femme aurait pu augmenter ses crises ou le quitter; c'était un risque à courir. On peut rarement changer sans prendre de risque.

- Jeanne, à deux mois de sa retraite, a des angoisses. Elle nous dit qu'elle a servi tout le monde toute sa vie et entrevoit sa retraite comme un esclavage. Son mari est déjà à la retraite et il a hâte qu'elle soit à la maison avec lui parce qu'il s'ennuie. Or, comme c'est souvent le cas, «il s'ennuie» signifie surtout «il est ennuyant»: elle dit qu'il ne s'intéresse à rien. Jeanne est angoissée quand elle pense devoir passer le reste de ses jours à divertir son mari qui n'a pas d'initiative et qui reporte sur elle la responsabilité de le prendre en charge, comme elle l'a toujours fait. En se confiant, elle ose peu à peu affirmer clairement ce qu'elle pensait déjà confusément: elle a le choix, rien ne l'oblige à jouer le même rôle toute sa vie. Elle peut offrir ses services de secrétaire à temps partiel, suivre des cours d'anglais, comme elle a toujours voulu le faire, elle peut trouver une utilité sociale dans le bénévolat, etc. Elle peut aussi faire avec son mari les activités de plein air qui leur font du bien. Elle pourrait même vivre seule!

À chacune de ses entrevues, les éléments un peu confus dont elle parle se mettent davantage en place. Elle commence à envisager sa retraite comme un espace de temps libre, dont elle a la responsabilité. Ses angoisses diminuent considérablement. Parler lui a dégagé les horizons qui étaient cachés par sa peur de ne pas être à la hauteur d'un rôle d'épouse qu'elle n'avait jamais remis en question jusqu'à ce moment.

• Maurice, à trente ans, a considérablement augmenté sa consommation d'alcool et il commence à prendre de la cocaïne. Il est très dépressif et maquille son mal comme il peut. Il travaille à peu près tout le temps, ce qui lui permet d'éviter les reproches de sa femme et le regard de ses enfants. Un jour, il raconte enfin à un ami, collègue de travail, que son enfance a été marquée par des abus sexuels de la part d'un voisin adulte. Il en avait parlé à sa mère en pleurant, à l'époque, mais elle n'avait rien fait pour que ça cesse. Maurice en a conclu, dans sa tête d'enfant, qu'il était puni parce qu'il était mauvais. Il a alors agi comme un enfant «méchant». En fait, sa mère avait peur et jouait à l'autruche pour sauver les apparences.

Mais voilà que son ami lui dit qu'il fallait que son voisin soit vraiment malade pour abuser d'un jeune enfant et que sa mère avait évité la situation plutôt que de la régler. Pour Maurice, c'est le début de la reconstruction. Il ne boit pas parce qu'il est fondamentalement méchant, il boit parce qu'il souffre. Il ne s'est pas prostitué parce qu'il était méchant, il n'a pas volé parce qu'il était méchant, mais parce qu'il croyait qu'il l'était. Il retrouve un peu de dignité. Il raconte tout à sa femme, prend de longues vacances pendant lesquelles il entreprend une psychothérapie. Sa consommation d'alcool diminue et il cesse tout contact avec la drogue. Il n'en ressent plus le besoin. Il souffre encore, mais il se sent libre. Exprimer ce qu'il avait toujours caché lui donne le droit et même le devoir de mener une vie valable à ses propres yeux. Il n'a plus besoin d'expier des fautes, mais plutôt le «devoir» de vivre dignement. Il peut respecter ses émotions, sa souffrance, aller au bout de ce passage douloureux et ainsi guérir de sa honte, de sa colère et de son sentiment d'avoir été abandonné par sa mère. Exprimer mène au changement. C'est souvent le premier pas.

Le besoin d'exprimer

Exprimer, c'est une façon de nous soulager de notre tension; c'est par conséquent une façon d'agir sur les symptômes de stress. Cependant, après l'expression, la situation à laquelle on réagit par de la tension n'est pas changée. Seules notre tension et notre humeur sont modifiées, ce qui est déjà pas mal! On est prêt-e à agir pour modifier la situation ou à changer notre attitude. *Exprimer est un point de départ.*

Mais il arrive parfois que toute action sur l'occasion de stress soit impossible: on ne peut pas ressusciter un être cher, on ne peut pas recoller notre bras amputé ni redonner sa force d'antan à notre dos qui a subi une opération chirurgicale majeure. Exprimer nos émotions reste un moyen privilégié de dégager une nouvelle façon de vivre quand survient une perte importante. Cela peut redonner du sens à la perte qu'on a subie.

Le vieillissement très prématuré et la mort à quatorze ans du fils du rabbin Kushner* a été terriblement difficile à vivre. Mais cela a engendré en lui toute une réflexion sur le sens de la vie et sur celui de la souffrance, réflexion qu'il a partagée avec l'humanité dans son premier livre et dans une série de conférences. Devant l'apparent chaos de ce qui lui arrivait, il a cherché une façon de donner du sens.

Le sens qu'il a trouvé, il l'a fait connaître. Des personnes qui ont lu son livre lui ont témoigné une immense reconnaissance; elles lui ont fait savoir qu'il les avait beaucoup aidées à continuer à vivre malgré les difficultés apparemment insolubles qu'elles rencontraient. Le rabbin Kushner a su répondre de façon constructive à ce qui lui causait tant de mal. Il a trouvé une façon de donner du sens à sa souffrance. On ne peut pas éviter toute souffrance, on ne peut pas empêcher la vie de nous faire mal à l'occasion, mais on peut disposer, si on la développe, d'une inépuisable capacité à répondre admirablement.

À certains moments, des événements font que notre vie bascule, qu'on se retrouve désorienté-e. Pour se reconstruire, on a avantage à reconnaître et à exprimer nos émotions associées à ces changements. On peut mordre la poussière, descendre aux enfers, se retrouver devant rien, il n'empêche qu'exprimer ce qu'on ressent peut nous redonner le souffle de vie qu'on pensait avoir perdu. Crier notre rage ou notre désespoir peut nous aider à surmonter ce qu'on considère comme un désastre, à survivre à ce qu'on perçoit comme une catastrophe. Exprimer est la première étape de notre reconstruction quand on a été démoli-e.

Exprimer nos émotions nous ramène à leur source, à la tension originelle: cela nous fait pénétrer au cœur de notre émotion et nous la révèle. Ce qui nous blesse crée une é-motion, littéralement un mouvement vers l'extérieur. Exprimer notre émotion n'ajoute pas à la douleur; en allant dans le sens de ce qui est déjà là, l'expression permet d'évacuer la tension. Ne pas parler de ce qui fait mal sous prétexte que ça fait mal d'y penser ne fait qu'entretenir la souffrance. Si on la retient, on s'en garde captif-ve; en se fermant à ce qu'on ressent, on s'emprisonne nous-même. Au contraire, exprimer notre émotion nous en délivre et nous libère, petit à petit.

René a perdu sa femme. Quand il y pense, il souffre. Alors, il préfère ne pas y penser. Mais ce n'est pas parce qu'il y pense qu'il a mal, c'est *parce que celle qu'il aimait n'est plus.* S'il pleure, s'il se confie, s'il exprime librement ce qu'il ressent, peu importe qu'il s'agisse de culpabilité, de colère, de tristesse ou d'amour, son désarroi et sa souffrance finiront par passer. Il pourra penser à sa femme décédée avec un sentiment de paix. S'il ne le fait pas, il restera accroché, il se durcira, il se considérera comme la victime d'une injustice ou d'un malheur, il vivra dans la nostalgie. Et les risques sont grands qu'il se ferme à toute nouvelle occasion d'aimer, qu'il se «protégera» pour ne plus courir le risque de perdre à nouveau. Non seulement il aura perdu sa femme, mais il se privera à tout jamais d'aimer.

Exprimer dans le respect des autres

Une nuance s'impose ici: il y a une grande différence entre inhiber ses émotions et tempérer des comportements destructeurs pouvant exprimer ces émotions. S'il est utile de reconnaître notre tristesse et de l'exprimer, il est aussi utile d'éviter le comportement suicidaire qui pourrait lui être associé. S'il est mieux pour notre bien-être de reconnaître notre colère et de l'exprimer, cela ne signifie pas qu'il faille passer à l'acte et frapper nos enfants ou tout casser dans la maison. L'expression des émotions nous amène à une plus grande joie de vivre, pas à la loi de la jungle. Il en va de même de l'expression des opinions ou des valeurs: les croisades et les guerres sont aussi des façons d'exprimer des opinions et des valeurs. On a sans doute avantage à en apprendre d'autres.

La peur d'exprimer

Quand on s'exprime, on dérange parfois les autres (on peut leur faire de la peine) et on fait parfois l'objet de jugements («Ça ne serait pas arrivé si tu avais fait attention», «Ton jugement montre que tu es imbécile»); c'est souvent par peur d'être jugé-e qu'on résiste à s'exprimer. La solution n'est pas de se taire: *elle est de trouver des personnes capables de nous entendre sans nous juger.*

Il n'est bien sûr pas approprié de tout dire, toujours et partout, à n'importe qui. L'important est de reconnaître ce qu'on a à exprimer et de trouver des personnes avec qui il est possible de le faire, de trouver aussi des lieux et des moments. On peut ainsi récupérer l'énergie rendue disponible pour solutionner les situations qui ont engendré nos émotions et pour établir des relations plus saines avec les autres. Nos réactions émotives sont légitimes; il nous faut trouver des moyens constructifs de les exprimer et des façons de les utiliser pour nous développer.

Par exemple, quand on se fâche parce qu'on est frustré-e, on peut en profiter après pour mieux se connaître, pour s'affirmer *avant* d'être frustré-e, pour mieux régler les problèmes qui nous frustrent. Quand notre anxiété nous révèle notre peur d'exprimer nos désirs, on peut s'en servir pour développer notre aptitude à les communiquer. Quand on commence à bouder, on peut se réveiller, exprimer notre frustration et chercher des solutions. Quand on est triste parce que les autres ne nous écoutent pas, on peut s'interroger sur notre façon de communiquer: y mettre un peu plus de vie pourrait peut-être nous rendre plus intéressant-e.

On peut aussi bien sûr se servir de nos émotions pour manipuler les autres; les colères qui entretiennent la terreur des autres à notre égard, ou les lamentations qui attirent la pitié sont des exemples d'expression qui font que les problèmes perdurent. Il sera utile de voir à s'exprimer de façon responsable, sans manipuler. Il en va de même avec nos valeurs, nos désirs, nos opinions; *exposer,* ce n'est pas *imposer.*

Bien que nous ayons surtout parlé jusqu'ici d'émotions douloureuses, il ne faut pas penser que ce sont les seules qui sont refoulées. «Tu ris trop fort.» «Arrête de t'énerver, ton anniversaire, c'est seulement demain.» «Retombe sur la terre, on le sait que tu es en amour!» Mais si on rit moins fort, on rit moins tout court. Si on ne se donne pas le droit d'avoir hâte à ce qui nous plaît, ça ternit notre joie. Si on ne vit pas plus d'émotions quand on est en amour que quand on fait du ménage, aussi bien faire du ménage... Quand on censure nos émotions joyeuses, on éteint la vie tout autant que lorsque l'on refoule nos émotions tristes ou «honteuses». Nos émotions n'ont pas besoin d'être légitimées: elles ont besoin d'être exprimées.

Quand Micheline a accepté qu'elle avait besoin d'intimité et de temps pour elle-même, elle a pu exprimer sa frustration à toutes les personnes qu'elle laissait arriver chez elle sans leur demander de prévenir. Elle a pu leur faire respectueusement part des nouvelles politiques de la maison. Elle a récupéré toutes les clés de son appartement. Depuis, elle peut faire ce qu'elle veut sans crainte d'être dérangée, elle peut inviter son amoureux chez elle plutôt que de toujours aller chez lui. Elle héberge encore souvent parents et ami-es, mais ils doivent maintenant téléphoner avant de venir. Micheline se réserve le droit de dire non si ça ne lui convient pas, ce qui, dit-elle, est rare. Elle aime avoir des gens à la maison; mais elle veut avoir son mot à dire sur «qui» et «quand». Au travail, elle a aussi communiqué clairement à ses collègues qu'elle avait parfois besoin d'être seule pour mieux se concentrer. Elle l'indique en fermant la porte de son bureau.

Avant de procéder à ces changements, Micheline a pris conscience de la tension importante qu'elle éprouvait en raison de son incapacité à exprimer ses besoins. Elle a reconnu la colère sourde et la frustration qu'elle ressentait quand parents ou ami-es arrivaient chez elle à l'improviste, même si ça lui faisait souvent plaisir d'avoir de la visite. Puis, elle a accepté de prendre parti pour elle, de ne pas passer en second dans sa propre demeure. Finalement, elle a appris à communiquer d'une façon ferme et respectueuse ce qui la dérangeait et elle a établi cette nouvelle façon de faire dans d'autres secteurs de sa vie, notamment au travail.

Elle a donc mieux répondu à ses élans intérieurs (besoin d'intimité) et trouvé des solutions concrètes à ses occasions de stress. Sa grande peur de perdre ses ami-es s'est avérée sans fondement, presque tous-tes ayant accepté ce changement et en ayant reconnu le bien-fondé.

Exprimer peut ainsi mener à agir.

Quatre clés: autant de cibles sur lesquelles agir

On peut agir sur quatre plans pour rester ou revenir en équilibre; ce sont nos quatre clés. On peut agir sur nos symptômes de stress, sur nos occasions de stress, sur notre réponse aux occasions de stress et sur nos attitudes. Nous présentons des moyens d'action sur chacun de ces plans

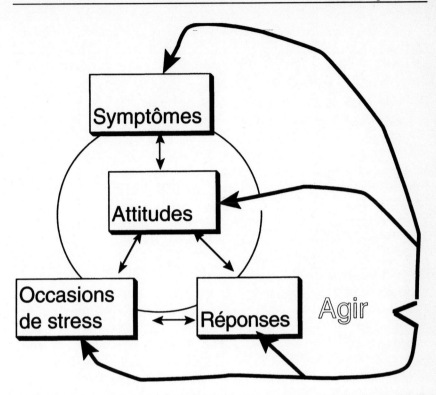

dans chacun des chapitres qui leur sont consacrés. Nous ne nous y attarderons pas ici.

Agir avec compétence

Agir avec compétence, c'est transformer concrètement les situations pour qu'elles nous conviennent davantage, c'est parfois même transformer une occasion de stress difficile en une occasion de bien-être. C'est aussi laisser tomber ce qui nous fait beaucoup plus de mal que de bien.

Agir avec compétence, c'est changer nos solutions encore et encore décevantes. On peut changer tantôt notre propre façon de répondre à l'occasion de stress, tantôt une attitude qui nous bloque, et parfois même les deux. Par exemple, face à un surplus de travail, on peut en déléguer une partie (changer notre façon de répondre) ou apprendre à être moins perfectionniste (changer notre attitude) ou accepter que tout ne soit pas parfait tout en déléguant ce qu'il est possible de déléguer (agir sur les deux). Agir avec compétence, c'est prévenir ou régler un problème.

C'est dans l'action qu'on trouve la meilleure façon d'utiliser notre tension.

Fuir: parfois une façon d'agir, parfois une façon d'inhiber

Les formes primaires que prend l'action sont le combat et la fuite. «Combattre» c'est communiquer, négocier, déléguer, gérer notre temps, s'affirmer, etc. Fuir, c'est couper le contact avec l'occasion de stress. On peut fuir temporairement (prendre un congé sans solde), ou définitivement (démissionner). On peut fuir en réaction à des situations difficiles (on divorce parce qu'on n'en peut plus), et on peut se préserver d'événements destructeurs (on refuse de prendre de la drogue, on refuse de se marier avec quelqu'un qu'on n'aime pas même si lui ou elle nous a choisi-e, on refuse un travail qui va à l'encontre de nos valeurs, etc.). On peut fuir *après,* on peut fuir *avant*.

Se garder la fuite comme possibilité, c'est se garantir une issue au tunnel; c'est refuser de s'enfermer ou de se laisser enfermer. Oui, on peut divorcer. Oui, on peut quitter un emploi. Oui, on peut vendre l'auto et revenir au transport en commun. Oui, on peut placer un enfant ou un parent en centre d'accueil. Non, on n'est pas obligé-e d'accepter une promotion. Non, rien ne nous force à vivre avec quelqu'un malgré ses supplications. Non, rien ne nous contraint à être toujours et en tout lieu à la hauteur de ce qu'on a promis.

Fuir, c'est cesser de s'exposer à ce qui nous fait du mal. Rien ne justifie qu'on doive pour le restant de nos jours accepter d'avoir mal alors qu'on pourrait fuir. Se donner la permission de fuir, c'est expérimenter la vie autrement qu'une condamnation à la misère, c'est se donner la possibilité de revoir nos engagements antérieurs en tenant compte des changements intérieurs ou extérieurs qui font que ce qui nous convenait ne nous convient plus. Ça peut demander du courage.

On a presque toujours la possibilité de fuir; il reste à accepter d'assumer la responsabilité de vivre avec les conséquences de notre fuite, dont des émotions parfois violentes et des situations moins confortables à court terme.

Si on fuit systématiquement à la moindre difficulté, on arrive tout droit à l'ennui ou à la sécuritose. On se fait de moins en moins confiance, on s'aime de moins en moins. Là n'est pas le but du choix de fuir. Mais si on ne se permet jamais de fuir, on réduit considérablement notre marge de manœuvre et on finit nécessairement par vivre coincé-e.

Quand on donne aux autres et quand on se donne la possibilité de fuir, on peut plus facilement négocier des ententes satisfaisantes: ou bien on arrive à établir une bonne entente avec l'autre partie, ou bien on évite d'en conclure une ou on rompt l'engagement qui existe déjà. On cesse de s'acharner. La vie peut comporter beaucoup moins de chaînes que ce qu'on est porté-e à croire, si on prend les moyens de rester libre. Fuir en est un.

Trois étapes pour mieux répondre: observer, exprimer, agir

On franchit généralement trois étapes pour solutionner une occasion de stress.

Observer

On observe une occasion de stress ou un élan intérieur en prenant conscience des émotions qu'ils suscitent en nous, ou par d'autres symptômes de stress. Ces signaux nous invitent à changer; ce ne sont pas des caprices à renier ou des dérèglements glandulaires insignifiants. Si on a mal dans notre vie physique et psychologique, c'est qu'on a besoin de changer. L'observer constitue un premier pas.

Exprimer

Observer une occasion de stress et prendre conscience des émotions qu'elle nous fait vivre nous mène à l'expression. Exprimer ce qu'on ressent diminue la tension, en clarifie la source et permet de penser à des solutions actives ainsi que de retrouver notre vitalité.

Agir

La réflexion et la créativité (et aussi parfois un certain courage) nous amènent à faire des gestes concrets pour remédier à des situations difficiles. On agit en utilisant une ou plusieurs des quatre clés de l'équilibre. On peut combattre ou fuir. On peut agir immédiatement ou développer de nouvelles compétences pour agir avec compétence plus tard.

Tout l'art de vivre en équilibre consiste à trouver comment s'exprimer et agir avec compétence dans chaque situation.

Deux secrétaires voient s'ajouter à leur tâche le travail de la troisième qui a donné sa démission. Elles font beaucoup de temps supplémentaire, les pauses et les repas du midi sont écourtés et elles demandent à leur patron de se hâter d'embaucher une nouvelle personne. Ce dernier dit qu'il fait ce qu'il peut et justifie les délais par toutes les contraintes auxquelles il est soumis. Elles travaillent ainsi comme des folles pendant trois mois, tout en insistant périodiquement pour obtenir de l'aide.

À ce rythme, bien que la tension soit encore tolérable, l'insatisfaction grandit. Le travail est de moindre qualité, comme c'est toujours le cas quand la tâche est trop grande. Comprenant que leurs solutions (demander une aide qui ne vient pas tout en continuant à faire tout le travail) entretiennent leur problème, ensemble, elles informent leur patron de leur décision commune: dans une semaine, elles cesseront de faire du temps supplémentaire et reprendront leur horaire habituel et leur rythme de travail normal.

Elles ont changé de solution. Trois jours plus tard, une nouvelle secrétaire est embauchée, le patron ayant tout à coup réalisé l'urgence de la situation et s'en étant fait une priorité. On ne peut pas changer les autres, mais on peut les influencer en changeant notre propre façon d'exprimer ou d'agir.

Agir pour retrouver l'équilibre, c'est accepter de prendre des risques, c'est chercher des solutions même si elles ne plairont pas nécessairement à tout le monde, c'est négocier, c'est courir le risque d'être libre, c'est accepter de sacrifier un peu de sécurité extérieure au profit d'un gain de sécurité intérieure. C'est aussi se construire en utilisant ses forces, en créant des solutions nouvelles et génératrices de joie de vivre. C'est accepter de prendre sa place sur la planète même si ça ne fait pas toujours l'affaire des personnes qui veulent garder leur pouvoir sur nous.

Pour garder l'équilibre, on veillera à exprimer, à agir avec compétence et à inhiber de moins en moins.

Bernard: un patron moins stressé, un homme plus heureux

Bernard a cinquante-trois ans. Il est coresponsable du service de réparation et d'entretien des voitures chez un concessionnaire automobile. Théoriquement, il ouvre le service à six heures le matin et il quitte quand le gérant du soir arrive, à quinze heures. Mais, comme il ne lui fait pas confiance, il arrive vers cinq heures pour vérifier si tout a été fait après son départ, la veille, et il rentre toujours chez lui après l'heure prévue. Il veut contrôler. Mais il n'a pas tout le contrôle: alors il est stressé.

C'est pour satisfaire tout le monde qu'il veut contrôler. Les clients trouvent qu'ils paient toujours trop cher. Certains l'accusent de changer des pièces de façon injustifiée. S'il attend leur approbation, la voiture n'est pas toujours prête le soir même et les reproches sont encore pires. Ça le stresse.

Le propriétaire veut des profits. Il insiste pour qu'on pousse un peu plus dans le dos des mécaniciens. Or ces derniers se plaignent déjà de la lourdeur de la tâche. Le gérant du soir est plus généreux envers les employés, et il est davantage aimé. Le propriétaire travaille à un autre point de vente et n'est que rarement sur place. Comme Bernard est presque toujours au travail, il le considère comme le «vrai» responsable du service; il s'adresse toujours à Bernard quand il n'est pas content et c'est à lui qu'il confie les tâches administratives.

Alors Bernard surveille les mécaniciens de plus près: ils se sentent harcelés, ils résistent, le climat est tendu. Bernard a du ressentiment de «devoir» faire plus que l'autre gérant, d'avoir à combler le travail non accompli par l'équipe du soir, d'avoir à pousser dans le dos des travailleurs et à surveiller de près la qualité de leur travail pour plaire aux clients alors qu'il ne reçoit en retour que des reproches de la part du propriétaire, de la résistance de la part des membres de son équipe et des plaintes de la part de ses clients.

Tout cela le hante. Il est préoccupé lorsqu'il rentre à la maison, il a du mal à être présent à sa femme et à son fils de 18 ans; il ne veut pas entendre parler de leurs problèmes. Il ne parle pas des siens. Il se sent pourtant coupable d'offrir si peu à sa femme et à son fils. Il leur procure un peu de luxe sur le plan financier, mais il sait bien que ce n'est pas là ce qui leur importe le plus.

Il est en déséquilibre. Il est stressé. Il est fatigué, il a de moins en moins le goût d'aller travailler, et, quand il ne travaille pas, il «jongle». Tout est une corvée pour lui, il maugrée à la journée longue, il se ferme. Il n'est pas heureux. Il nous consulte pour de récentes irruptions cutanées et en profite pour nous parler de sa fatigue et de ses maux de dos, qu'il attribue au fait qu'il est souvent debout.

Bien sûr, il a besoin d'une crème médicamenteuse pour sa peau et, à l'occasion, d'une médication anti-inflammatoire pour ses maux de dos. Mais comme il est aussi fatigué et démotivé, il a surtout besoin de changer.

Bernard comprend que sa fatigue et sa démotivation ne sont pas liées exclusivement au fait qu'il travaille trop. Il travaille trop, c'est une partie du problème, mais il travaille aussi trop d'*un travail insatisfaisant.* Ce qu'il veut dans la vie, c'est que les gens soient contents. Or son patron n'est pas content, ses clients ne sont pas contents, ses employés ne sont pas contents, sa femme n'est pas contente, son fils n'est pas content. Pourtant, il travaille fort...

Bernard entreprend alors de changer. Il découvre que son sens de l'autorité, qu'il tient de son propre père, lui nuit. «Il faut» qu'il satisfasse son patron, sans poser de questions. «Il faut» que les mécaniciens lui obéissent. «Il faut» que le gérant du soir assume ses responsabilités. «Il faut» que son fils marche droit. Bernard accepte de prendre le risque d'assouplir son sens de l'autorité. *Alors, il commence à parler et à agir.*

Il rencontre le propriétaire et lui fait part de ses griefs et de quelques propositions de changement: il y a moins de travail le soir, le gérant du soir aura le temps d'assumer les tâches administratives, et Bernard lui montrera comment. On inscrira l'heure des rendez-vous sur les factures et tous les services rendus après quinze heures seront sous la responsabilité du gérant du soir et ceux qui ne seront pas terminés à quinze heures resteront sous la responsabilité de son équipe. Bernard n'aura plus à se soucier du travail de son collègue puisque, d'une part, les responsabilités respectives seront clairement spécifiées et, d'autre part, *parce que Bernard acceptera qu'il en soit ainsi.* La transition entre les services du jour et du soir se fera entre quatorze heures trente et quinze heures trente. Bernard repousse ainsi d'une demi-heure son heure de sortie, mais il pourra la respecter. Cette nouvelle façon de travailler sera expérimentée et on verra au fur et à mesure comment traiter les points litigieux.

Bernard s'entend avec chacun de ses clients sur un montant en deçà duquel il peut effectuer des réparations nécessaires qui ne sont pas prévues, et au-delà duquel il doit obtenir leur approbation. Il insiste pour savoir précisément comment les rejoindre durant la journée si besoin est.

Il réunit ses employés pour entendre leurs doléances et leurs propositions pour remédier aux problèmes qu'ils vivent. Il se rend bien compte de ce que des relations de travail malsaines sont contre-productives et il entend tenir mieux compte de ce que ses employés ont à dire. Il devient plus permissif avec la majorité de son personnel, plus ferme avec les quelques membres plus nonchalants. Après plusieurs avertissements, de plus en plus sérieux, il en congédie un. Il dit que le climat de travail s'améliore, qu'on rit plus souvent. Il constate que l'absentéisme baisse légèrement et que la productivité est stable.

Quand il quitte, plus ou moins à l'heure prévue, il peut plus facilement couper avec le travail. «Demain est un autre jour.» Il dit se sentir plus motivé. La vie est plus légère, il est plus souvent de bonne humeur.

Bernard n'est pas encore un homme très ouvert à ses émotions; cependant quelque chose s'est ouvert en lui. Il dit écouter davantage (et sa femme nous le confirme lors d'une visite) et, comme il le faisait quand son fils avait huit ans, il assiste fidèlement à ses matchs de hockey. Il est fier de son fils même s'il n'est pas encore capable de le lui dire seul à seul. Mais il est capable de le dire à d'autres, en sachant bien que le message va se rendre à son fils. C'est un début.

Bernard n'est pas un homme parfait; mais il dose mieux ses occasions de stress, il y répond mieux. Il est plus présent à sa femme et à son fils. Il est plus joyeux, il va mieux, il se dit beaucoup moins fatigué et ses proches en profitent. Il a commencé à changer.

2. Observer ses réponses

Questionnaire: Identifier ses tendances à exprimer, à agir et à inhiber

Dans le questionnaire qui suit, on retrouve une liste de réponses, regroupées deux à deux. On répond en répartissant un total de dix points entre les deux énoncés de chaque numéro, pour indiquer la fréquence à laquelle on utilise l'une et l'autre des réponses qu'il décrit.

Exemple. Si on a plus tendance à jouer à l'autruche qu'à regarder la vie en face, on répond ainsi au couple de questions suivant:

A   *7* fois sur 10, j'ai tendance à jouer à l'autruche

B   *3* fois sur 10, je regarde la vie en face

On donne au premier énoncé le pointage de 7 et on accorde au deuxième le pointage complémentaire de 3, de façon à ce que le total donne 10 (ou 8 et 2, 6 et 4, etc.).

Attention! Il ne s'agit pas ici de répondre ce qui est idéal et vertueux; il s'agit d'être honnête pour apprendre à mieux se connaître.

Pour bien comprendre le choix qu'on a, il faut lire les deux énoncés de chaque numéro avant de commencer à répartir les points.

1 A: __ fois sur 10, j'ai tendance à m'apitoyer sur mon sort.

1 B: __ fois sur 10, j'ai tendance à agir pour améliorer mon sort.

2 A: __ fois sur 10, je finis par me faire avoir, même si l'enjeu m'apparaît important pour mon bien-être.

2 B: __ fois sur 10, je sais tenir mon bout quand l'enjeu m'apparaît important pour mon bien-être.

3 A: __ fois sur 10, je règle mes frustrations avec les autres.

3 B: __ fois sur 10, je ne parle pas de mes frustrations et je garde de la rancune.

4 A: __ fois sur 10, je garde mes opinions pour moi.

4 B: __ fois sur 10, j'exprime ouvertement mes opinions.

5 A: __ fois sur 10, quand j'ai des problèmes avec une personne, c'est à elle que j'en parle.

5 B: __ fois sur 10, quand j'ai des problèmes avec une personne, je me plains à d'autres.

6 A: __ fois sur 10, quand ça ne fait pas mon affaire, j'exprime ma déception et je négocie pour améliorer la situation.

6 B: __ fois sur 10, quand ça ne fait pas mon affaire, je me ferme et je boude.

7 A: __ fois sur 10, je cède pour ne pas faire de chicane, je «laisse faire».

7 B: __ fois sur 10, j'interviens activement pour m'assurer que les mêmes difficultés ne reviendront pas constamment.

8 A: __ fois sur 10, j'endure longtemps, je fais une colère, je me sens coupable et ça recommence: j'endure longtemps, etc.

8 B: __ fois sur 10, je prends rapidement la responsabilité de chercher des solutions durables à ce qui me dérange.

9 A: __ fois sur 10, quand j'ai des problèmes, je cherche plus une solution valable à long terme qu'un soulagement à court terme.

9 B: __ fois sur 10, quand j'ai des problèmes, je me soulage avec de l'alcool, des drogues, des médicaments pour les nerfs, des cigarettes, des sucreries, etc.

10 A: __ fois sur 10, quand j'ai des difficultés, je m'y attaque dans de brefs délais.

10 B: __ fois sur 10, quand j'ai des difficultés, je tarde à agir en espérant que ça va finir par passer.

11 A: __ fois sur 10, je règle les choses de la vie courante au fur et à mesure.

11 B: __ fois sur 10, j'accumule, je remets à demain ou à plus tard les choses de la vie courante.

12 A: __ fois sur 10, je trouve une bonne raison pour renoncer à satisfaire mes désirs.

12 B: __ fois sur 10, je travaille concrètement à la réalisation de mes désirs.

13 A: __ fois sur 10, je m'affirme.

13 B: __ fois sur 10, je m'efface.

14 A: __ fois sur 10, je me passe volontiers des gens avec lesquels je m'entends mal ou qui me font du mal.

14 B: __ fois sur 10, je ferais presque n'importe quoi pour être aimé-e.

15 A: __ fois sur 10, je peux tout faire pour éviter de faire de la peine aux autres.

15 B: __ fois sur 10, je communique clairement ce qui me dérange, même si ça peut faire de la peine.

16 A: __ fois sur 10, quand je parle de ce qui ne va pas, c'est surtout pour exprimer ce que je ressens.

16 B: __ fois sur 10, quand je parle de ce qui ne va pas, c'est surtout pour me plaindre.

17 A: __ fois sur 10, s'il y a occasion de conflit, j'essaie de l'éviter à tout prix.

17 B: __ fois sur 10, s'il y a occasion de conflit, je cherche activement des solutions.

18 A: __ fois sur 10, quand j'ai de la peine, je ne pleure pas.

18 B: __ fois sur 10, quand j'ai de la peine, je pleure si j'en ressens le besoin.

19 A: __ fois sur 10, j'exprime ma colère, les autres savent que je suis blessé-e, frustré-e.

19 B: __ fois sur 10, je retiens ma colère, les autres ne savent pas que je suis blessé-e, frustré-e.

20 A: __ fois sur 10, devant un problème, je cherche d'abord à qui la faute.

20 B: __ fois sur 10, devant un problème, je cherche d'abord une solution.

Compiler ses réponses au questionnaire

Chacune des séries de deux énoncés (A et B) ci-dessus montre une réponse qui fait augmenter le stress à moyen terme et à long terme, et une autre qui le fait diminuer. Pour compiler nos réponses, on reporte

167

les pointages qu'on a inscrits dans les colonnes suivantes, on les additionne, et finalement on divise les résultats par 2.

1A	_____	1B	_____
+2A	_____	+2B	_____
+3B	_____	+3A	_____
+4A	_____	+4B	_____
+5B	_____	+5A	_____
+6B	_____	+6A	_____
+7A	_____	+7B	_____
+8A	_____	+8B	_____
+9B	_____	+9A	_____
+10B	_____	+10A	_____
+11B	_____	+11A	_____
+12A	_____	+12B	_____
+13B	_____	+13A	_____
+14B	_____	+14A	_____
+15A	_____	+15B	_____
+16B	_____	+16A	_____
+17A	_____	+17B	_____
+18A	_____	+18B	_____
+19B	_____	+19A	_____
+20A	_____	+20B	_____
= _____ ÷ 2= _____		= _____ ÷ 2= _____	

C'est notre pourcentage inhibition.

C'est notre pourcentage expression-action.

Nos réponses à ce questionnaire donnent une bonne idée de nos tendances à inhiber ou à exprimer et à agir. On sait que plus notre total action-expression est élevé, plus on répond de façon saine à nos occasions de stress.

Un «pourcentage action-expression» de 80% et plus est bon signe.

Un «pourcentage action-expression» de 60% et moins indique qu'on a du travail à faire si on veut vivre en équilibre.

On peut maintenant observer quelles sont ces x fois sur 10 où on inhibe plutôt que d'exprimer ou d'agir. En reprenant chacun des numéros, on peut reprendre nos réponses et chercher quels sont les contextes dans lesquels on inhibe, ceux où on se permet d'exprimer et d'agir. Qu'est-ce qui nous rend l'expression plus difficile, plus facile? Qu'est-ce qui nous aide à agir avec compétence, qu'est-ce qui nous en empêche? Que peut-on apprendre sur nous-même? Qu'a-t-on besoin d'apprendre pour changer?

3. Agir sur ses réponses

Si nos résultats au questionnaire sont une occasion de stress, on peut tout de suite observer notre réponse et se préparer à agir.

Quand je regarde mes réponses au questionnaire:

A- Je me dis: «Pauvre moi! Je ne m'en sortirai jamais, je ne suis pas capable d'exprimer ce que je ressens ou d'agir, mon haut pourcentage inhibition est la preuve que je ne vaux rien, c'est de la faute de mes parents si j'inhibe autant, etc.»

B- Je regarde mes points forts et mes points faibles, je me réjouis des premiers, je fais un plan d'action pour améliorer les seconds.

Notre but est maintenant de trouver comment on pourrait exprimer davantage ce qu'on garde en nous et comment on pourrait agir là où notre pointage inhibition est présentement élevé. Puisque chaque paire d'énoncés du questionnaire contient une façon utile et une façon nuisible de répondre, on peut concevoir chaque façon utile comme une voie à suivre pour contrer la façon nuisible.

Exemple. Si on a beaucoup tendance à ne pas parler directement aux personnes concernées des problèmes qu'on a avec elles (énoncé B, question 5), on peut apprendre à leur dire directement comment leur comportement nous affecte et comment on aimerait que la situation évolue (énoncé A, même question).

Voici un rappel du questionnaire, formulé de façon telle qu'on puisse explorer de nouvelles réponses pour mieux faire face à de vieux problèmes. On gagne à explorer les pistes expression-action de façon concrète.

Explorer de nouvelles voies pour exprimer, agir avec compétence et inhiber de moins en moins

1. Situation où je m'apitoie sur mon sort:

_____

Comment améliorer mon sort dans cette situation:

_____

_____

2. Situation où je me fais avoir:

_____

Comment tenir mon bout dans cette situation:

_____

_____

3. Situation où je ne parle pas de mes frustrations et où je garde de la rancune:

_____

Comment exprimer ma frustration et la régler:

_____

_____

4. Une opinion que je garde pour moi:

_____

Comment et à qui l'exprimer ouvertement:

_____

_____

5. Je ne parle pas directement avec cette personne _____
_____ de mes difficultés avec elle.

Comment informer cette personne de mes difficultés avec elle:

_____

_____

6. Je me ferme quand _____ (une situation qui ne fait pas mon affaire)

Comment exprimer mes émotions et m'ouvrir au lieu de me fermer:

_____

_____

7. Une situation où je «laisse faire» pour avoir la paix à court terme:

_____

Comment intervenir activement pour que les difficultés ne reviennent plus:

_____

_____

8. Situation où j'endure, je fais des colères, je me sens coupable:

_____

Comment appliquer une solution durable:

_____
_____

9. Difficulté dont je me soulage avec de l'alcool, des médicaments, etc.:

_____

Comment utiliser une solution valable à long terme:

_____
_____

10. Situation où je tarde et qui, je l'espère, va finir par passer:

_____

Comment m'y attaquer dans de brefs délais:

_____
_____

11. Quelque chose de la vie courante que j'ai encore remis à demain:

_____

Comment le faire au fur et à mesure:

_____
_____

12. J'ai trouvé une bonne raison pour renoncer à satisfaire ce désir:

_____

Comment travailler concrètement à le satisfaire:

_____
_____

13. Situation où je m'efface:

_____

Comment m'y affirmer:

_____
_____

14. Je fais beaucoup pour être aimé-e de cette personne qui me fait du mal:

_____

Comment je pourrais me passer de cette personne:

_____

_____

15. Je fais tout pour éviter de faire de la peine à cette personne:

_____

Comment lui communiquer clairement ce qui me dérange, même si ça peut lui faire de la peine:

_____

_____

16. Quelque chose dont je me plains:

_____

Comment je pourrais à la place exprimer ce que je ressens:

_____

_____

17. Une situation que j'essaie d'éviter en raison de conflits possibles:

_____

Comment je pourrais chercher activement une solution.

_____

_____

18. Je me retiens de pleurer, même si j'ai de la peine à cause de:

_____

Moment et lieu où je pourrais pleurer librement:

_____

_____

19. Situation où je retiens ma colère:

_____

Comment je pourrais l'exprimer:

_____

_____

20. J'ai trouvé à qui la faute mais ce problème n'est pas réglé:

_____

Comment chercher d'abord une solution:

_____

_____

Inhiber nous fait tourner en rond; à chaque jour, on se retrouve donc encore devant les mêmes sources de souffrance que la veille et, comme on ne change pas, on voit le lendemain arriver avec le même ennui, la même fatigue, les mêmes craintes ou le même désespoir. Changer (exprimer et agir avec compétence) nous projette au contraire vers l'avant. Le choix est simple. Parfois difficile à faire, mais toujours simple.

Un plan en quinze étapes pour mieux répondre

Selon Paul Watzlawick[*], un problème est une difficulté qui revient continuellement. Si la difficulté revient continuellement, c'est que notre solution est inefficace. En toute logique, pour régler le problème, il faut changer la solution qu'on a utilisée souvent et sans succès. Pourtant, on s'y refuse souvent; on préfère penser que notre solution va finir par produire le changement désiré! Qu'on ne s'y trompe pas: *agir sur notre réponse, c'est la changer.*

On peut faire cela de deux façons: on peut passer de l'inhibition à l'expression ou à l'action, ou changer une action inefficace ou une façon d'exprimer insatisfaisante pour d'autres qui offrent plus de chances de succès.

Dans les deux cas, on prend un risque. Si on garde la même réponse, on ne court aucun risque: on a cependant la quasi-certitude que ça va continuer à aller de plus en plus mal!

Quinze étapes pour planifier un changement

Voici un guide pratique pour nous aider à mettre en place des réponses plus satisfaisantes à nos occasions de stress maintenant, ou pour nous préparer à le faire à moyen terme. Pour chacune des étapes, on complète les phrases tel qu'indiqué; on aura besoin de papier supplémentaire.

1. Je choisis une occasion de stress présente dans ma vie.

_____

2. Je décris cette occasion de stress de multiples façons.

J'écris plusieurs facettes de l'occasion de stress, ou plusieurs façons de la voir. (Ex.: je travaille trop, je travaille plus que les autres, je m'organise mal, je manque d'outils, je manque de temps libre, etc.) Je décris la situation de façon à pouvoir prendre moi-même un maximum de responsabilité pour produire le changement. J'emploie «je».

description a) Je_____

description b) Je_____

description c) Je_____

description d) Je_____

description e) Je_____

autres:

3. J'évalue l'importance de cette occasion de stress
Pas importante 1-2-3-4-5-6-7-8-9-10 Très importante

4. Je décris comment je tente présentement de résoudre cette difficulté ou d'exprimer les émotions qu'elle me fait vivre.
Présentement, j'utilise les solutions que voici

_____

_____

_____

_____

5. Je classe mes réponses actuelles.
Je reprends chacune de mes réponses au n° 4 et je note un A si elles représentent une action, par un E si elles sont une façon de m'exprimer et par un I si j'inhibe.

6. J'identifie plus spécifiquement l'inhibition.
L'inhibition fait en sorte que le problème perdure; c'est important d'identifier l'inhibition pour mieux m'orienter vers l'expression ou vers l'action.
Dans cette situation, si je n'avais pas peur, je: _____

_____

Si je ne me retenais pas, je: _____

_____

Comment vaincre ma peur, comment exprimer ou agir plutôt que de me retenir? _____

_____

7. Je prends conscience des émotions que je vis.
Si l'événement me stresse, je ressens nécessairement des émotions.
Quelles sont-elles?
Je ressens _____

_____

Comment et à qui puis-je exprimer les émotions que je ressens?
Je peux les exprimer en _____

_____

Je peux les exprimer à:_____

_____

8. J'imagine tout ce qui, dans un monde magique où tout serait
   permis, pourrait me soulager ou régler le problème. Mon
   inconscient peut me mettre sur la bonne voie...
Si j'avais une baguette magique, je _____

_____

Je n'ai pas de baguette magique, mais je pourrais tout de même

_____

_____

9. Je spécifie mes objectifs de façon réaliste.
Comment améliorer cette situation? Je décris mes objectifs de façon
à ce que ce soit le plus clair possible.
Je veux _____

_____

Je tiens à ce que _____

_____

Je formule autrement les objectifs de manière à me donner une
responsabilité dans le changement.
Je peux _____

_____

10. J'identifie les principaux obstacles à la réalisation de mes
    objectifs
Qu'est-ce qui m'empêche actuellement de régler le problème? Je ne
dispose pas d'assez de temps, je n'arrive pas à m'affirmer, mon code
moral m'empêche de passer à l'action, je ne sais pas encore comment
faire?
Je pense que je ne peux pas changer ma réponse parce que

_____

_____

Si je réalise mes objectifs, la situation ne sera plus la même. Je
prends le temps d'imaginer la situation changée. Est-ce que j'aurai

175

certains regrets? Qu'est-ce que je risque de perdre? Ce sont aussi des obstacles.

Si je change ma réponse, j'ai peur que: _____

_____

Cela modifie-t-il mes objectifs? Si oui reprendre le n° 9.

11. Je formule un plan d'action.
• À court terme
Expression: à court terme, je peux _____

_____

Action: à court terme, je peux _____

_____

• À moyen terme
Expression: à moyen terme, je peux _____

_____

Action: à moyen terme, je peux _____

_____

• À long terme
Expression: à long terme, je peux _____

_____

Action: à long terme, je peux _____

_____

12. Je vérifie les ressources dont j'aurai besoin pour réaliser mon plan d'action.

Comment utiliser mes forces et celles des autres? De quelles ressources ai-je besoin? D'un bon sens de l'humour, de mon sens de la discipline, de ma marge de crédit, de prendre du recul, etc.?

Je peux utiliser ma capacité de _____

_____

Je peux utiliser mon habileté à _____

_____

J'aurais besoin d'apprendre à _____

_____

13. Je pense à un premier pas.

Qu'est-ce qui pourrait m'aider à amorcer mon plan d'action? Je pense à un ou plusieurs gestes simples et concrets, qui me mettraient sur la voie.

Le mieux à faire, pour commencer, c'est de _____

_____

14. Je passe à l'action.

Je fais le premier pas et je mets en branle les autres gestes concrets qui feront avancer la réalisation de mes objectifs à court, moyen et long termes. Je trouve le moment favorable pour chaque geste pour me donner le maximum de chances.

Pour réaliser mon objectif de _____ ,

je ferai _____

Idéalement, je le ferai d'ici cette date _____
Le moment le plus favorable serait _____
Pour m'en souvenir, je ferai _____

15. J'évalue l'impact réel des changements apportés.

Au fur et à mesure que j'accomplis les changements prévus ci-dessus, je prends note des résultats obtenus et je vérifie s'ils vont bien dans le sens de mes objectifs. Sinon, il reste toujours possible de formuler d'autres stratégies ou d'autres objectifs.

J'ai fait: _____
Le résultat est que: _____
Je conclus: _____

On peut utiliser les quinze étapes autant pour des occasions mineures de stress que pour des occasions majeures de stress. L'idée est de mieux comprendre comment nos occasions de stress ne perdurent que parce que nos réponses sont inefficaces et de mieux connaître nos mécanismes d'inhibition pour pouvoir les remplacer en exprimant et en agissant.

Pour nous aider à mettre en pratique certaines des nouvelles réponses qu'on considère comme souhaitables, peut-être faut-il d'abord changer certaines de nos attitudes. Par exemple, il est difficile d'exiger du respect si on n'a pas d'abord le sentiment d'être respectable, si notre attitude envers nous-même est négative.

Nous abordons dans le prochain chapitre des attitudes qui sont utiles au maintien de la position d'équilibre et dont dépend notre capacité à répondre.

Chapitre 4

QUATRIÈME CLÉ DE L'ÉQUILIBRE PERSONNEL: ASSOUPLIR OU CHANGER SES ATTITUDES

1. Comprendre: les attitudes

Assouplir ou changer des attitudes rigides fait toute la différence entre une vie plutôt misérable et une vie au contraire remplie de joie de vivre. Ce sont nos attitudes qui limitent les réponses que l'on peut mettre de l'avant pour faire face à nos occasions de stress; c'est pourquoi nos attitudes sont la clé de voûte de notre équilibre personnel. C'est en effet en raison de notre façon de penser qu'on se condamne à la sécuritose ou qu'on se précipite vers la chute: *ce n'est jamais à cause d'une réalité extérieure incontournable.*

Ce n'est pas tant une situation particulière qui nous limite que notre façon de la voir. Dans la même situation, d'autres s'en sortent bien. Ils la voient autrement, ils la ressentent autrement; ils n'ont pas les mêmes restrictions quand à ce qu'ils ont le droit de faire. Quand on accepte de changer nos façons de voir la vie et quand on accepte qu'on peut changer, tout un nouveau monde s'ouvre devant nous: *un monde où on peut exprimer et agir.*

Se lever dix minutes plus tôt pour être moins pressé-e le matin, c'est un changement de réponse qui ne demande pas un grand changement intérieur. Mais refuser de se laisser manger la laine sur le dos alors qu'on a toujours accepté de se soumettre aux exigences des autres, ça demande un changement plus profond, un changement d'attitude: c'est plus long, c'est plus difficile, c'est plus risqué. C'est aussi plus nécessaire et plus satisfaisant.

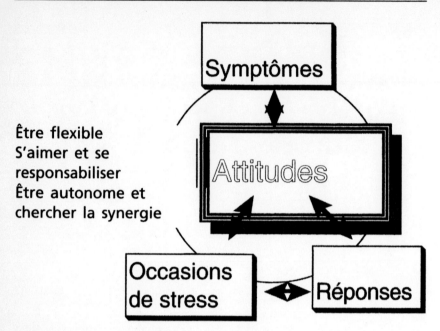

Être flexible
S'aimer et se
responsabiliser
Être autonome et
chercher la synergie

Marcel: cesser d'attendre une décision qui ne vient pas et aller de l'avant

Marcel (30 ans) était terriblement anxieux depuis que Julie (32 ans), sa conjointe depuis quatre ans, lui avait dit et fait sentir son ambivalence à poursuivre leur relation. Elle ne disait pas oui, elle ne disait pas non: elle disait qu'elle ne savait pas et qu'elle avait besoin de temps pour y penser. Marcel pensait et ressentait qu'il avait besoin de Julie. Il adorait leur jeune fils. Depuis trois mois, il pressait Julie de se décider (comprendre de décider de vivre avec lui), mais elle n'arrivait pas à le faire.

Comme il pensait que Julie choisirait d'autant plus de vivre avec lui qu'il ferait tout ce qu'elle voulait, il était relativement servile et faisait tout pour être le plus souvent possible avec elle. C'est précisément ce manque d'autonomie que Julie lui reprochait. Elle lui disait qu'elle avait besoin d'air, d'une part, et d'autre part qu'elle voulait vivre avec un homme pour lequel elle aurait de l'admiration.

Marcel a été capable de voir la situation autrement. Il a réalisé qu'il avait mal non pas parce que Julie ne se décidait pas, mais parce qu'*il* attendait qu'elle se décide. Alors, parce qu'*il* souffrait d'être avec Julie sans que rien ne change, *il* est parti, pour qu'ils puissent expérimenter

de vivre séparés et prendre le recul nécessaire pour prendre une décision plus éclairée.

Une nouvelle façon de considérer un problème ouvre ainsi la porte
à de nouvelles solutions, qu'on ne peut même pas envisager avant le
changement d'optique. Tant que Marcel est resté avec l'idée que son
bonheur dépendait de la décision de Julie, il était coincé; en fait, *ils*
étaient coincés. Quand il a réalisé que c'était plutôt sa solution qui le
rendait malheureux, il a pu la changer. Son attitude, qui maintenait sa
réponse, était de dépendre de Julie. Il attendait anxieusement une décision qui ne venait pas et il faisait tout pour lui plaire sans réaliser
vraiment ce qu'elle souhaitait. Or, plus il attendait et plus il voulait être
constamment en présence de Julie, moins elle avait d'admiration pour
lui et plus il lui manquait l'espace dont elle avait besoin.

Partir lui a fait mal. Mais moins mal que de rester à attendre. Il s'est
retrouvé avec beaucoup de temps libre et l'a progressivement occupé à
faire des choses qu'il aimait et qu'il avait délaissées: il a joué au volley-
ball deux soirs par semaine, il a fait de la randonnée en montagne avec
des amis durant les fins de semaine, il a repris son violon. Il a appris
à vivre seul, avec un budget très serré.

Ils ont conclu des ententes satisfaisantes au sujet de la pension alimentaire et de la garde partagée, ententes qui leur convenaient à tous
deux. Mais, nécessairement, ils ont dû réduire leur train de vie. Leur
séparation leur a appris à être davantage autonomes et, paradoxalement,
ils se sont servis de leur éloignement pour apprendre à se parler plus
ouvertement. Quelques mois plus tard, toujours séparés, ils ont recom-
mencé à passer des moments ensemble; ils ont parlé de ce qu'ils
aimaient chez l'autre, ils ont cherché à ajuster ce qui ne leur convenait
pas. Huit mois après leur séparation, ils reprenaient la vie commune.
Marcel joue toujours au volley-ball, et on entend des gammes dans la
maison. Julie, qui se sent moins prisonnière, poursuit ses études deux
soirs par semaine. Ils sont ensemble par choix, non parce qu'ils ne
peuvent se passer l'un de l'autre.

Quand on voit la vie autrement, on peut soudainement explorer des
options jusqu'alors insoupçonnées. On dispose de plus de marge de
manœuvre, on vit moins à l'étroit, on se délivre de certaines obligations
qui deviennent désuètes. Par exemple, si on accepte de remettre en
question les stéréotypes sexuels auxquels on s'était soumis-e, on ne se
sent plus confiné-e à ce qu'on pensait être un rôle restreignant et incontournable, et on n'attend plus avec ressentiment que notre conjoint-e

soit enfin à la hauteur de ses «responsabilités» d'homme ou de femme. Il n'y a soudainement plus rien «qu'un homme doit faire» ni rien «qu'une femme doit faire». On se retrouve en terrain relativement inconnu, qu'on peut défricher ensemble. On peut apprendre du nouveau et mieux utiliser nos ressources.

On peut toujours ou bien assouplir nos attitudes, ou bien les changer: cette capacité est notre meilleur atout, c'est là que réside notre liberté. Quand la vie fait mal, on peut jouer à la victime malchanceuse ou au contraire saisir l'occasion pour se développer, pour changer. Si on choisit l'attitude de victime, on éprouvera constamment de la tension devant les mêmes occasions de stress, parce qu'on n'apprendra jamais à leur faire face.

Si, au contraire, on veut apprendre à leur répondre adéquatement, elles deviennent des sources de développement. Chaque occasion de stress peut être une occasion de développement si on s'en sert pour apprendre. On peut même arriver à jouir de ce qui, auparavant, nous rendait anxieux-se. Par exemple, apprendre à mieux s'affirmer permet de cesser d'avoir peur de se faire manger la laine sur le dos; on peut alors s'engager dans des relations plus riches. Si on n'apprend pas à s'affirmer, on continue d'avoir peur d'être encore et toujours exploité-e; alors, on évite de s'engager ou on a une peur viscérale que nos parents, notre conjoint-e, notre employeur, nos employé-es ou nos enfants nous «obligent» à aller à l'encontre de qu'on veut. Notre peur limite considérablement notre capacité d'aimer. Avoir peur et éviter, cela nous prive de profiter de la vie, et cela nous empêche d'en faire profiter les autres. Cela nous rend malade.

L'équilibre ne peut ni s'arrêter à l'individu ni aller à l'encontre des grandes valeurs humaines. Quand on vit en déséquilibre, on est tendu-e, fatigué-e, irritable, on manque d'enthousiasme, on rêve d'une île déserte, on est déprimé-e, on est plus ou moins malade. Ces conditions physiques et mentales restreignent considérablement nos capacités d'aimer, d'apprendre et de contribuer au monde. Quand on est en équilibre, on porte en nous le goût de vivre, d'apprendre, de vivre des relations qui ont du sens, de réaliser des projets constructifs, basés sur des valeurs profondes.

Le maintien de l'équilibre repose en très grande partie sur notre capacité à répondre, c'est-à-dire sur le choix de consentir à ce qui nous appelle de l'intérieur pour le faire vivre pleinement dans l'environnement plus ou moins contraignant dans lequel on vit à chaque jour. Notre capacité à répondre s'appuie sur nos attitudes. On comprend donc leur importance dans le maintien de la santé.

Nos attitudes et nos compétences multiplient ou limitent nos possibilités de répondre. Si on entretient des attitudes rigides, notre répertoire de réponses reste fatalement limité, parce qu'on considère que nos problèmes n'admettent qu'une seule solution. Alors, dès qu'elle ne donne pas de résultats, on considère que ça va mal. Si, par exemple, on a absolument besoin que nos enfants poursuivent des études universitaires, si on laisse notre bonheur en dépendre, ça va mal quand ils nous annoncent qu'ils veulent quitter leurs études. Notre relation avec eux devient tendue: on essaie de les contraindre, on les menace, on les juge. Ils répondent de façon défensive, parfois avec hargne. Ils s'opposent d'autant plus à poursuivre leurs études, ne serait-ce que pour ne pas perdre la face. Si on est plus flexible, si on ne laisse pas notre bonheur dépendre de l'orientation que nos grands enfants veulent donner à leur vie, on peut leur exposer notre point de vue, écouter leurs difficultés, leurs ambitions, chercher comment on peut les aider et garder le contact même si leurs projets sont différents de ceux qu'on avait souhaités pour eux.

Nos attitudes rigides peuvent aussi nous limiter dans de plus petites choses, dont notre vie est remplie. Si on ne peut pas imaginer d'aller travailler autrement qu'en voiture et si on ne peut pas se permettre d'arriver en retard, ça va mal quand notre automobile refuse de démarrer. Si on développe au contraire des attitudes plus flexibles, on peut expérimenter une foule d'autres solutions quand les premières qui nous viennent à l'esprit ne donnent pas de résultats satisfaisants. Non seulement on peut aller travailler en voiture, en autobus, en taxi, à bicyclette, à pied ou téléphoner à quelqu'un qui nous prendra en passant, mais on se donne aussi sereinement la permission d'arriver en retard quand les circonstances le justifient. On dispose de plus de marge de manœuvre, nos possibilités se multiplient: on vit moins stressé-e.

Certaines attitudes nous permettent donc mieux que d'autres de prendre les situations en main, de sortir du pétrin ou d'éviter d'y tomber. Les intégrer dans notre vie ne nous met pas totalement à l'abri de la souffrance; cela nous permet cependant d'exprimer et d'agir davantage, et par conséquent, d'inhiber de moins en moins.

Alain: le contrôle maladif

Alain, trente-huit ans, ressent le besoin de tout contrôler. Dès que les choses se passent différemment de ce qu'il avait prévu, il réagit fortement. Il tolère très mal les embouteillages, il s'enrage quand un outil n'est pas à sa place, il se sent mal à l'aise dès qu'il s'éloigne des endroits et des personnes qu'il connaît.

Il occupe un poste syndiqué avec sécurité d'emploi et les tâches qui lui reviennent sont minutieusement répertoriées. Ce qu'il a le droit de refuser de faire et ce qu'il a le devoir de faire est inscrit dans un code que d'autres ont négocié. Ça le soulage. Il impose aussi des règlements très sévères à la maison. Il a besoin d'une structure, d'une vie minutieusement organisée, parce que ce n'est qu'ainsi qu'il se trouve en sécurité. Ses réponses, tout comme celles qu'il attend des autres, sont délimitées par un cadre prévisible, contraignant et stéréotypé.

Il a un don exceptionnel pour cacher ses erreurs et ne pas être pris en faute. Il vit cependant dans la crainte que ses camouflages ne soient découverts. Il a peur de perdre la face. Il est constamment sur ses gardes, il se méfie, il ne fait confiance à personne.

Il évite les activités dont il ne peut pas assumer le plein contrôle et il ne laisse rien au hasard dans celles qu'il peut contrôler. Alors, il est constamment préoccupé: il se casse la tête avec un million de situations hypothétiques: «S'il fallait que telle chose se produise!» Pour éviter que telle ou telle chose ne se produise, il a inévitablement la même réponse: il fuit. Par exemple, pour ne pas courir inutilement le risque que la voiture ne tombe en panne loin de chez lui, il reste le plus possible à la maison. Son monde rapetisse sans cesse. S'il avait su, il ne se serait pas marié! S'il avait su, il n'aurait pas eu d'enfants! S'il avait su, il aurait acheté une maison pour se mettre à l'abri des voisins bruyants! Maintenant qu'il sait, il évite soigneusement tout ce qui est susceptible de lui créer le moindre ennui. Et comme on ne peut pas avoir de plaisir sans courir un minimum de risques, Alain n'a pas de plaisir à vivre.

Mais il n'y a pas que l'absence de plaisir qui fait mal: les enfants devenus adolescents commencent à se rebeller devant l'autorité dictatoriale de papa; l'aîné en est à sa deuxième fugue. Les compressions budgétaires de son employeur mettent éventuellement en péril le poste qu'il occupe, malgré ses seize années d'ancienneté. Les nouveaux voisins ont un bébé dont les pleurs nocturnes traversent les murs. Après un an et demi d'une humeur plus stable, sa femme commence un quatrième épisode de dépression. Même dans son petit monde ordonné, il perd le contrôle. Ses migraines, ses insomnies remplies d'anxiété et son sentiment de panique augmentent en fréquence et en intensité. Il a mal au dos. Il n'arrive pas à se concentrer sur ce qu'il fait, il n'a plus le goût de rien, il a de plus en plus de mal à accomplir le strict nécessaire. Bien sûr, il a régulièrement recours à des anxiolytiques. Est-ce vraiment la seule solution?

Alain considère que la vie doit rentrer dans des cases fixes, établies une fois pour toutes. Il ne peut respirer en paix que si tout se passe comme prévu. Il a peur d'apprendre du nouveau, de changer sa conception de la vie, d'évoluer vers des attitudes plus flexibles. Il est intolérant, il craint de perdre ce qu'il possède. Il fuit tout ce qui remet en question l'immobilité qu'il veut donner à sa vie. Il a besoin de sécurité et il la cherche à l'extérieur de lui-même. Il y sacrifie sa vie. Ces attitudes sont la raison profonde de sa souffrance. Elles limitent son répertoire de réponses, alors les occasions de stress perdurent et les symptômes de stress augmentent.

Alain réduit chaque jour davantage son univers. Il a de plus en plus de mal à répondre calmement à des occasions de stress relativement banales. Des pacotilles le font exploser. Il ne peut pas revenir à l'équilibre en soumettant les autres et l'univers entier à ce qu'il en attend: il doit se remettre en question. En résistant au changement et en se repliant sur lui-même, il est arrivé à souffrir de symptômes de stress aigus, tout en rendant la vie difficile à ses proches; s'ouvrir au changement reste sa seule option viable et il ne peut le faire sans accepter de changer sa façon de voir la vie. Et nous savons que ce sera très difficile parce que, en prenant les premiers risques, il va vivre beaucoup de stress. Mais il augmentera aussi sa confiance en lui-même, ce qui est le début de sa libération. Ses proches en profiteront.

La santé ne peut reposer sur les médicaments contre l'angoisse, même s'ils peuvent être utiles à l'occasion. Pour retrouver notre équilibre, on a intérêt à changer nos réponses inappropriées et à en découvrir de nouvelles. Cela nécessite souvent de changer nos attitudes limitatives, sur lesquelles s'appuient nos réponses infructueuses.

Alain a peur des fugues de son fils parce... qu'il l'aime! C'est aussi parce qu'il ne veut pas qu'il lui arrive d'ennuis qu'il veut le contrôler. Pour arriver à aimer son fils sans le contrôler, Alain a besoin de voir le monde autrement que comme une série ininterrompue d'embuscades.

Alain croit que son bonheur dépend de sa sécurité et que sa sécurité repose sur sa capacité de tout contrôler, d'éviter tout imprévu et de se mettre à l'abri. Or cette croyance est nécessairement fausse. La vie bouge, change et elle est imprévisible, inévitablement capricieuse à l'occasion. Chaque jour amène de l'imprévu. Alain se condamne donc à vivre sous tension aussi longtemps qu'il n'élargit pas sa conception de la vie et celle de ses propres capacités, qui dépassent de beaucoup le peu auquel il se croit réduit actuellement.

Dans tous les changements présentés dans ce livre, on voit des gens qui ont changé d'attitude. Ils ont retrouvé leur équilibre et amélioré leur état de santé d'abord en acceptant de changer certaines façons de voir la vie et leur place dans le monde. Cela leur a permis de mettre de l'avant des actions différentes. Ces nouvelles réponses ont apporté à leur tour des modifications positives à leur vie et leur ont fait retrouver de la confiance en eux-mêmes et en la vie. Ils ont changé de façon à disposer de plus de marge de manœuvre, de plus de possibilités d'agir et d'exprimer. Le plus souvent, cela a finalement eu un effet positif sur leurs proches. Mais pas toujours. Il arrive que les gens que l'on aime s'opposent farouchement à ce que l'on change. La partie est alors plus difficile à jouer, mais elle en vaut d'autant plus la peine. Rester sous l'emprise de ceux qu'on aime, c'est finir par les détester. Est-ce vraiment ce qu'on veut et ce qu'ils veulent?

Si on ne voit pas d'issue à notre mal de vivre, ce n'est pas parce que notre situation est irrémédiable: c'est parce qu'on cherche encore et encore dans le même cul-de-sac, qui, l'expérience nous l'a montré, n'en comporte pas. Peut-on consentir à regarder ailleurs? Alain a besoin d'un monde qui obéisse à ses attentes; cela est impossible, il n'y a pas d'issue dans cette impasse. Peut-il changer, accepter des points de vue plus vivants? Peut-il adopter un sens de la sécurité qui serait basé sur le développement de sa capacité à répondre en souplesse à ce qui bouge autour de lui plutôt que d'attendre que le monde corresponde enfin à ses limites actuelles? Là, dans la voie d'une plus grande flexibilité, tous les espoirs lui sont permis, même si beaucoup de travail et certaines rechutes l'attendent.

Qu'est-ce qu'une attitude?

Quand on est confronté-e à une occasion de stress, on peut se demander ce qu'il faudrait faire pour la solutionner. Parfois, on ne le sait pas et la meilleure solution, c'est de l'apprendre. Souvent, cependant, on connaît un certain nombre de solutions, mais on ne se décide pas à les appliquer. Ce sont alors nos attitudes devant nos problèmes ou devant la vie qui limitent ce qu'il nous est possible de faire.

Quand ce n'est pas l'ignorance de solutions qui fait que le problème perdure, c'est notre peur d'amorcer le processus de résolution. On a peur de déplaire. On a peur de perdre de l'argent. On a peur d'être puni-e. On pense qu'on ne mérite pas de s'en sortir. On veut se faire payer nos erreurs. On n'a pas confiance en soi ou en la vie. On se limite par des normes extérieures (il est défendu de, on n'a pas le droit de). On voudrait que les autres changent, surtout quand on croit qu'ils ont tort de se comporter comme ils le font. On voudrait une solution immédiate dans des situations où on a besoin de temps: comme cela nous apparaît trop difficile de prendre le temps d'apprendre, on endure.

Quand on accepte au contraire de changer d'attitude, on peut résoudre le problème ou du moins commencer à apprendre à le faire.

Une attitude se compose de ce qu'on *pense*, de ce qu'on *ressent* et de ce qu'on *fait* en relation à un même sujet. Toute attitude comporte ces trois niveaux.

Claude pense que la relation de couple devrait être la première priorité de toute personne qui s'engage à vivre à deux: c'est ce qu'il en *pense*.

Il est plutôt heureux de sa relation avec la femme qu'il aime: c'est ce qu'il *ressent*.

Il respecte sa conjointe et il ne laisse pas son travail ou ses loisirs nuire longtemps à sa vie de couple; il cherche souvent avec sa conjointe ce qui peut les rendre heureux tous les deux et met les conclusions de leurs discussions en pratique: c'est ce qu'il *fait*.

Pensée, sentiments et action vont dans le même sens, l'attitude est *cohérente*. Il n'y a ni malaise, ni regrets, ni remords, ni ambivalence, ni culpabilité, ni besoin de changer.

Georges pense aussi que la relation de couple devrait être une priorité quand on vit à deux (ce qu'il pense).

Cependant il sent bien que sa conjointe et lui s'éloignent de plus en plus l'un de l'autre (ce qu'il ressent).

Et il réalise qu'il fait passer son travail avant sa relation avec sa conjointe. Il est prêt à faire l'impossible au bureau alors qu'il ne fait plus rien ou presque pour sa vie de couple (ce qu'il fait).

Son attitude est *incohérente*. Il vit un malaise et de l'ambivalence; il a des regrets, il ressent de la culpabilité. C'est pourquoi sa relation de couple est une occasion de stress pour lui.

Puisqu'une attitude possède trois composantes, Georges, devant son malaise, a devant lui trois grandes directions où il peut trouver des options pour rétablir l'équilibre:

1. Penser. Il peut cesser de penser que le couple doit être une priorité et admettre que, pour lui, le travail passe avant. Il change ce qu'il pense.

2. Ressentir. Il peut se rapprocher de sa femme, partager ses émotions avec elle, écouter ce qu'elle a à lui dire, se souvenir de leurs beaux moments, être plus affectueux, etc. Il redonne ainsi vie à des sentiments qui vont avec ce qu'il pense. Ou encore, il peut accepter de constater que ses sentiments amoureux se sont éteints et qu'il perd son temps et en fait perdre à sa femme, ce qui pourra les amener à rompre leur relation. Il change en tenant mieux compte de ce qu'il ressent.

3. Agir. Il peut changer sa façon de travailler et recommencer à s'occuper activement de sa vie de couple, refaire des projets avec sa femme, proposer une thérapie conjugale, mieux dialoguer, etc. Ou encore, il peut chercher une autre femme à aimer. Il change ce qu'il fait de façon cohérente avec son idée première qui donne priorité à la vie de couple. D'autres réponses sont possibles pour retrouver de la cohérence entre ce qu'il pense, ce qu'il ressent et ce qu'il fait.

Pour assouplir ou pour changer nos attitudes, on peut donc agir à trois niveaux: on peut changer ce qu'on pense, on peut mieux prendre conscience de ce qu'on ressent et en tenir compte, et finalement on peut changer ce qu'on fait.

Certaines façons de penser changent avec l'évolution des sociétés. Ainsi le féminisme a amené d'autres façons de concevoir les relations entre les hommes et les femmes. Le syndicalisme a changé la perception qu'on avait des droits et des devoirs respectifs des employé-es et des employeurs dans les relations de travail. Des livres et des cours de toutes sortes proposent aussi de nouvelles façons de penser. Cela crée temporairement de l'incohérence: on ne peut plus penser exactement comme avant, mais on n'est pas toujours prêt-e à changer immédiatement notre comportement ou à accepter facilement les nouvelles idées. Par exemple, on peut penser qu'il est important de favoriser temporairement l'embauche des femmes, pour redresser le déséquilibre actuel. Mais si un homme s'est vu refuser trois emplois parce que les employeurs ont donné priorité aux femmes, ça peut lui rendre l'idée plus difficilement acceptable.

De nouveaux comportements et de nouvelles réactions émotives finissent par s'imposer quand on adopte de nouvelles façons de penser: par exemple, une union libre était autrefois un scandale et les amoureux étaient tenus à l'écart et montrés du doigt; aujourd'hui, c'est devenu beaucoup plus acceptable. Alors, de plus en plus d'amoureux vivent ensemble sans être mariés et le stress qu'ils ont à porter du fait de leur vie commune est beaucoup moins lourd parce qu'ils ne sont plus rejetés par leurs parents ou leurs voisins. Les attitudes ont changé.

Une émission de radio ou de télévision, une conversation, un article dans un journal peuvent aussi modifier notre façon de penser. Nous espérons que quelques-unes des idées présentées dans ce livre vous aideront à penser autrement, qu'elles arriveront au bon moment dans votre vie pour vous permettre d'assouplir ou de changer certaines attitudes qui vous font souffrir pour en adopter d'autres qui vous feront retrouver plus de joie de vivre.

On peut aussi changer d'attitude en vivant des expériences au niveau affectif. Un amour peut transformer l'image qu'on a de nous. Un divorce aussi. Ressentir des sentiments dépressifs peut nous amener à repenser notre vie. La joie du partage peut nous ouvrir à la collaboration. Une sainte colère peut nous inciter à nous faire respecter davantage, etc. Notre réaction affective peut donc nous amener à réviser certaines de nos idées sur nous-même.

Finalement, notre propre façon d'agir peut nous mener à changer d'attitude. Par exemple, une réussite ou un échec peut être à la base d'un changement d'attitude: si on est timide et qu'on se fait féliciter pour un discours, on peut tout à coup commencer à aimer parler en public et viser des emplois qu'on refusait d'envisager jusque-là. Si on apprend à écouter les autres, on peut développer des relations plus riches et leur faire progressivement plus confiance. Une erreur grave peut nous faire remettre en question notre compétence ou notre attitude face au travail, à la conduite automobile, à la sécurité à la maison, etc. En agissant autrement, on finit par changer ce qu'on pense et ce qu'on ressent.

Ce qu'on pense, ce qu'on ressent et comment on agit dans une situation donnée s'influencent mutuellement. Quand notre idée, notre émotion ou notre comportement change, il est temps de se remettre à jour, de faire du ménage à l'intérieur de nous. Parfois, on vit de l'incohérence au même niveau: on ne sait plus trop bien ce qui est vrai ou ce qui est faux ou ce qui est correct ou incorrect (niveau de la pensée), on se sent parfois bien dans une situation, puis on se sent mal quelques heures plus tard (niveau de l'émotion), on agit tantôt d'une façon et tantôt d'une façon contraire (niveau de l'action). Souvent, dans notre vie, «on ne se comprend pas», «on est déchiré-e», «on n'arrive pas à se décider».

Si on saisit l'occasion pour se développer quand de nouvelles idées ou de nouveaux comportements nous attirent ou deviennent nécessaires ou quand nos émotions nous guident vers le changement, on vit plus sainement.

Attitude et motivation

On crée et on maintient certaines attitudes parce qu'on perçoit qu'elles comportent plus d'avantages que d'autres. On sent le besoin de les remplacer quand d'autres offrent plus d'intérêt. La motivation à changer ou à garder une attitude est influencée par ces avantages conscients et inconscients. Par exemple, on peut rester dépendant-e de quelqu'un parce qu'on trouve que c'est plus facile que d'assumer la responsabilité de notre vie. Le jour où la personne de qui on dépend nous quitte ou nous menace de le faire, ces avantages cessent ou du moins sont menacés. On peut alors garder la même attitude: on supplie cette personne de rester ou on cherche quelqu'un d'autre de qui dépendre. Ou encore, on peut choisir de changer d'attitude et commencer à prendre nous-même la responsabilité de répondre à nos besoins. On voit bien quelle option est la plus saine. C'est aussi celle qui est la plus difficile à assumer à court terme.

On commence aussi à avoir besoin de changer quand on constate la fausseté relative des idées qui nous avaient guidé-e jusque-là (ex.: on constate que nos bonnes actions ne sont pas toujours récompensées). Le même besoin se développe quand on prend conscience d'émotions difficiles (ex.: on est frustré-e de s'être toujours laissé-e exploiter) ou d'élans intérieurs jusque-là non reconnus (ex.: c'est notre conjoint-e qui est casanier-e, pas nous; on souffre de voir si peu nos parents et ami-es) ou quand on s'aperçoit de l'inefficacité de nos façons de répondre (ça fait cent fois qu'on demande quelque chose sans que ça ne donne de résultat).

On est motivé-e à changer quand on souffre ou quand on veut se développer. Ainsi, on peut changer notre attitude par rapport au travail parce qu'on se sent exploité-e ou parce qu'on arrive à la conclusion qu'on n'a plus rien à y apprendre. Souffrir (ressentir des symptômes de stress) et avoir besoin de se développer sont les principaux moteurs qui nous amènent à changer. Comme la plupart du temps on souffre parce qu'on ne s'est pas encore suffisamment développé-e pour faire face avec sérénité à ce qui nous arrive, les deux moteurs sont reliés.

Mariette: changer de scénario

À trente-six ans, Mariette se sent perdue. Elle dit ne plus savoir qui elle est. Elle a des angoisses, souffre d'insomnie et a perdu beaucoup de sa confiance en elle. Elle est constamment fatiguée. Occasionnellement, elle a des crises d'hyperventilation. Depuis deux ans, elle souffre d'un vide amoureux et d'une grande détérioration de sa relation avec son fils de quinze ans. À la bibliothèque où elle travaille, elle ne remarque que ses erreurs.

Depuis toujours, Mariette prend une large part de la responsabilité de la vie familiale: les soins et l'éducation des deux enfants, les tâches ménagères, le budget. Elle se donne aussi la mission de remonter le moral de son mari. Elle a l'attitude de celle à qui il revient de s'occuper de tout et elle s'attend à être aimée en retour.

À toutes les fois qu'elle aborde le sujet du dépérissement de sa vie amoureuse avec son mari, il répond que tout va bien et que ça irait encore mieux si elle ne posait plus de questions. À plusieurs reprises, elle l'interroge pour savoir ce qui se passe, où il en est, ce qu'il ressent pour elle. Il ne répond pas, il trouve le moyen d'esquiver. Plusieurs fois, elle lui dit son besoin qu'il la prenne dans ses bras ou qu'ils fassent l'amour ensemble: il la ridiculise. Pour lui, ce temps-là est fini. La vie conjugale de Mariette n'est plus un contexte où elle peut aimer et être aimée comme elle en ressent le besoin. Il y a du ressentiment, de la pitié, des mesquineries, des humiliations. Son mari ne manifeste ni volonté ni gestes concrets pour que ça change.

Pour Mariette, cette vie-là devient intolérable. Malgré ce qu'elle fait et ce qu'elle pense, elle ne ressent pas ce qu'elle voudrait. Elle se dépense, c'est son «devoir», mais elle n'est pas aimée en retour. Elle commence alors à repenser sa place dans la vie, elle commence à penser qu'elle pourrait agir autrement. Elle change son attitude.

Deux semaines d'observation lui permettent de découvrir que son mari ne lui adresse la parole que pour demander quelque chose, de constater que son fils aîné la contredit systématiquement, son mari se rangeant la plupart du temps du côté de l'adolescent. Pendant ces deux semaines, elle cesse de leur demander quoi que ce soit et ne leur parle que par stricte nécessité. Elle cesse de leur raconter ses journées, elle ne s'informe pas de ce qui leur arrive, elle insiste peu pour que le fils aille à l'école, etc. Ça n'est pas facile. Mariette a tellement besoin de parler!

Le détachement de Mariette, loin de susciter un rapprochement de son mari ou de son fils, semble plutôt les soulager. Cela lui fait reconnaître son sentiment d'être profondément seule. Elle réalise aussi à quel point elle demande à sa fille de combler sa solitude. Elle comprend que c'est étouffant pour l'enfant.

Alors, elle va chercher du support ailleurs. Elle prend le temps d'aller voir ses sœurs et des amies, à qui elle peut parler et qui l'écoutent. Elles lui confirment que son mari ne s'intéresse plus du tout à elle, sauf pour qu'elle assume toutes les corvées. Mariette observe donc aussi par les yeux des autres. Partir sans mari ni enfants pour parler avec ses amies lui fait découvrir à quel point ce peut être bon. Elle commence à redécouvrir en elle une partie de ce qu'elle avait éteint en se restreignant exclusivement à des rôles traditionnels de mère et d'épouse.

Elle se donne alors comme but de renoncer à faire de son mari un homme amoureux d'elle et cesse de contraindre son fils à être un étudiant appliqué et un fils reconnaissant. Ce faisant, elle réalise aussi vivement qu'il serait beaucoup mieux pour elle de vivre sans son mari. Elle en parle avec son mari, avec son fils, avec sa fille. De nouvelles possibilités d'action lui apparaissent. Lorsqu'elle en parle à son mari, il réagit de sa façon habituelle: il fait des colères et il culpabilise sa femme. En observant la réaction de son mari plutôt qu'en y réagissant et en se centrant sur ses émotions réelles plutôt que sur celles qu'elle aurait aimé ressentir, Mariette découvre qu'elle éprouve surtout de la pitié pour lui et elle ressent aussi beaucoup de colère. Elle sait mieux qu'elle se sent facilement coupable et que ce sera un obstacle important à sa volonté de changement. Elle sent aussi combien elle a peur des colères de son mari.

Son fils se montre d'abord indifférent à un éventuel départ de sa mère et dit qu'il restera avec son père. Lentement, cependant, la relation évoluera. Sa fille veut la suivre à tout prix. Mariette ne se sent plus perdue. Elle n'est pas encore bien dans sa peau, mais elle n'a plus de désespoir sourd, de fatigue constante, elle dort mieux et reprend confiance. Elle sait mieux qui elle est et ce qu'elle veut. Elle a retrouvé une partie de ses ressources personnelles et les utilise pour se créer une vie plus heureuse, même si elle n'arrive pas à mettre immédiatement sa décision de rompre à exécution. Elle se sentirait encore trop coupable de laisser son mari «démuni» faire sa vie seul et ressent beaucoup de tristesse devant ce qu'elle considère comme deux échecs: sa relation de couple et sa relation avec son fils. Elle pense encore qu'elle n'a pas le droit de les quitter, «qu'une femme doit être au service de sa famille».

Exprimer ses émotions lui est parfois douloureux. Toute la souffrance vécue avec son père remonte lentement: la même indifférence, la même froideur, la même incapacité à manifester un peu d'amour. Exprimer la tristesse et le ressentiment la mène à la prise de conscience de sa colère, qui jusque-là avait été refoulée.

Exprimer la colère amorce son affranchissement de la culpabilité. La tristesse dissimule ainsi souvent la colère. Exprimer sa colère l'amène à réaliser qu'elle n'a pas de contrôle sur les autres; Mariette réalise profondément qu'elle ne peut forcer son mari à devenir autonome. Après son départ, son mari fera comme bon lui semblera: elle réalise qu'elle n'a aucun pouvoir sur ses décisions à lui. Pas de pouvoir, pas de responsabilité, et donc moins de culpabilité face aux choix de vie de son mari. Elle comprend bien cela, mais elle ressent encore trop de culpabilité pour «l'abandonner».

Elle commence à confronter son mari lorsqu'il tente de la culpabiliser. Voici quelques-unes de ces confrontations.

«Tu veux briser vingt ans de notre vie!

— Je ne peux pas briser les bonnes années que nous avons passées ensemble; je ne peux qu'empêcher que les prochaines années soient des années malheureuses. J'ai brisé les deux dernières années de ma vie, je ne veux pas continuer ainsi.

— Tu agis sur un coup de tête!

— Ça fait au moins deux ans que je te dis que je n'en peux plus et que tu me répètes que ça va aller mieux si je me tais. Je t'ai même donné deux lettres auxquelles tu n'as jamais daigné répondre.

— Tu vas nous mettre dans la misère!

— Je gagne suffisamment d'argent pour m'assurer une vie décente et en assurer une à Josée ainsi qu'à Gabriel s'il vient un jour avec nous; je gagne plus d'argent que toi parce que j'ai étudié le soir pendant que tu regardais la télé. Je ne t'empêche pas d'améliorer ton sort si tu le veux.

— Tu abandonnes ton fils!

193

— Gabriel pourra venir me voir quand il en aura envie et je suis certaine qu'il viendra un jour ou l'autre habiter avec nous; cependant, il devra montrer de la bonne volonté. Ici, il ne fait que s'opposer et tu l'encourages.

— Que vont dire la famille, les ami-es!

— Ils vont continuer à dire ce qu'ils pensent déjà. J'ai vérifié.

— Je ne peux pas vivre sans toi!

— Tu ne peux pas vivre sans quelqu'un qui fasse tout pour toi; tu as besoin de moi parce que j'assume toutes les responsabilités. Moi, je vivrai beaucoup mieux sans toi. À la longue, tu verras aussi que tu seras mieux sans moi, puisque, quoi que tu en dises, je te connais assez bien pour savoir que tu n'es pas heureux.»

Mariette s'entraîne ainsi à penser plus sainement et à agir en conséquence. Elle renonce progressivement à contrôler les autres. Cela lui permet d'établir une relation différente avec Gabriel. Il répondait à son contrôle par la désobéissance, il répond à son respect par quelque chose qui commence à ressembler à du respect. Ici encore l'attitude change. Il se crée un dialogue autour de ce qui est permis et de ce qui ne l'est pas. Mariette apprend à voir que Gabriel ne fait pas que des mauvais coups. Elle le lui dit. Gabriel sent mieux que sa mère l'aime. Mariette apprend à lui parler pour qu'il écoute et à écouter pour qu'il lui parle. Elle est plus patiente. On sait que ça prend du temps et des soins pour que guérisse une relation meurtrie.

Au travail, sa période d'observation lui permet de constater que sa patronne et ses collègues l'apprécient. Elle prend conscience de sa tendance à amplifier l'importance de ses erreurs et à ne voir qu'elles. Sa confiance en elle lui revient rapidement. Elle s'engage avec plaisir dans l'implantation d'un système informatique.

Mariette savait confusément qu'il devait y avoir un changement dans sa vie. Elle l'attendait de son mari et de son fils. Elle a appris que ce changement pouvait venir d'elle, si elle acceptait de changer plutôt que de s'acharner à changer les autres, avec le succès que l'on sait. En observant, elle a mieux compris ce qui se passait, mieux cerné ses émotions et cessé de se raconter des histoires. Son observation de sa propre attitude lui a permis de réaliser sa tendance à vouloir contrôler les autres et de l'abandonner progressivement au profit de relations plus riches, plus souples. L'expression de ses émotions l'a menée à prendre conscience d'émotions plus dissimulées et lui a donné l'énergie nécessaire pour agir (on agit plus quand on ressent de la colère que quand on se sent coupable!). Son départ de la maison a nécessité six mois supplémentaires, pendant lesquels, selon Mariette, son mari n'a rien fait de concret pour changer.

Depuis le départ de Mariette, sa relation avec son fils s'est encore grandement améliorée. Gabriel est lui aussi en train de se libérer de sa léthargie. On comprend que la vie, seul avec son père qui semble vouloir jouer à la victime malheureuse de son ex-épouse et qui laisse sa vie se détériorer pour qu'elle s'en sente coupable, n'est guère rose. Gabriel, après une période d'intense agressivité envers sa mère qu'il rendait responsable du malheur et des déboires de son père, a pu entendre le point de vue de sa mère. Il apprend à nuancer ses jugements. Il visite plus souvent sa mère; elle dit qu'il parle davantage et qu'il est beaucoup plus respectueux.

Pendant plusieurs années, Mariette a joué à l'autruche, a esquivé les colères de son mari et a un peu désiré et reçu l'apitoiement des autres sur son sort. Mais ce n'était pas vraiment ce qu'elle voulait. Aujourd'hui, elle va bien. Elle a confiance en elle et en la vie.

Changer ses attitudes demande souvent du temps et du courage; mais cela porte fruit. Nous changer dans le bon sens, c'est toujours revenir à ce qu'on est, c'est respecter notre nature profonde et la faire vivre au grand jour.

Les attitudes de base pour garder son équilibre

Le cycliste ne peut décider ni des accidents du terrain, ni de la hauteur des pentes, ni de la distance qu'il y a entre deux villes; mais il peut décider de son parcours, il peut faire des pauses aux moments opportuns et il peut adapter sa vitesse et son équilibre selon les circonstances. Il peut être flexible. La flexibilité est une attitude de base pour mener notre vie; si on ne sait pas s'adapter à ce qu'on ne peut pas contrôler, on est constamment déséquilibré-e.

Pour rester en équilibre, il faut aussi en faire une priorité. Il faut se vouloir du bien, il faut apprendre à s'aimer. C'est le premier pôle d'une attitude saine face à soi. Le second, c'est de se responsabiliser, c'est-à-dire de prendre en charge la responsabilité de notre équilibre personnel.

Finalement, la responsabilité nous amène à rompre nos dépendances et à devenir plus autonome. Dès qu'on répond mieux à nos besoins, il nous vient le désir d'entretenir avec les autres des relations synergiques, où on partage avec joie.

Ce sont les attitudes de base à développer pour mieux répondre à toutes nos occasions de stress: être flexible, s'aimer et se responsabiliser, puis rompre les dépendances en devenant autonome et, finalement, chercher la synergie avec les autres.

Être flexible pour augmenter sa marge de manœuvre

On est stressé-e parce qu'on est trop à l'étroit pour pouvoir faire face avec sérénité à ce qui nous arrive. Notre champ psychologique étant plutôt fermé, on manque d'espace pour accueillir les événements. On ne se donne pas suffisamment de latitude pour agir. On manœuvre sous l'emprise d'interdits et d'obligations qu'on impose aussi aux autres, sans se donner le recul qui nous permettrait de les remettre en question pour nous en libérer. En fait, on a appris à se glorifier de nos limites. «Moi, je pense ceci ou cela, et personne ne me fera changer d'idée.» Être ainsi intérieurement coincé-e est-il source de joie de vivre et de santé? Si, au contraire, on apprend à reconsidérer nos «certitudes», on peut se dégager de tous ces pièges si communs dans lesquels on risque beaucoup de tomber et de rester pris-e. En voici quelques illustrations.

Lise: une belle image

Lise présente toujours une image soignée; jamais une cheveu de travers, jamais un pli sur ses vêtements. Jamais non plus la moindre imperfection au travail, parce que ça l'empêcherait de dormir. On peut toujours compter sur elle, «le travail est sacré». Elle prend peu de pauses, elle écourte souvent ses repas du midi, elle retarde ses départs le soir: tout le travail *doit* sortir et il *doit* être parfait.

Le même scénario reprend à la maison. Tout *doit* être en ordre et elle a d'interminables discussions avec sa fille de dix ans qui préfère jouer plutôt que de ranger sa chambre et qui sort même quelquefois de la maison sans «passer par l'inspection»! Le mari de Lise abdique lentement toute prétention à avoir du plaisir à la maison et il se contente de se tenir loin, pour ne rien salir. Pour éviter les querelles liées au bran de scie, il a cessé de travailler le bois.

Lise se sent incomprise des siens qu'elle accuse de ne pas coopérer. Cependant, elle limite elle-même ses options: elle tient absolument à ce que tout soit «parfait» et à ce que ses proches se plient à ses exigences. Elle s'oublie au profit des tâches auxquelles elle se croit condamnée et n'a par conséquent presque jamais le temps de vivre plus légèrement.

Comme elle s'efforce d'imposer ses normes, ses relations sont tendues et il y a peu de place pour que s'expriment la tendresse et l'amour. Or Lise est tendue et elle se sent accablée. Est-ce vraiment en contraignant ceux qu'elle aime à adopter une façon de vivre qui la rend elle-même malheureuse qu'elle va trouver de la joie de vivre? Ou n'est-ce pas plutôt en acceptant d'ouvrir ses attitudes, en laissant plus de place à la spontanéité et à l'imprévu, sans toutefois se renier elle-même? On peut relâcher nos exigences sans tout laisser aller! La question n'est pas de choisir le perfectionnisme *ou* la médiocrité, mais de choisir la joie de vivre plutôt que la tension continuelle qui résulte du besoin que tout soit toujours irréprochable.

Paul: le plan de carrière

Paul ne supporte pas l'inaction: chaque moment de sa vie est planifié et doit faire progresser son plan de carrière. On peut le joindre à toute heure du jour et même la nuit, si le dossier est urgent. Il a acheté une maison qui lui coûte une fortune, il roule dans une auto qui donne une image de réussite; c'est pourquoi son banquier l'encourage à travailler fort à l'avancement de son plan de carrière.

La politique «porte ouverte» qu'il a instaurée au bureau permet à chacun de ses clients de recevoir une réponse immédiate à toute demande. «Un client, c'est sacré et une demande d'un client, c'est urgent. On ne peut pas perdre un seul client, parce qu'un client, c'est de l'argent.» Et de l'argent, il en manque, même s'il en gagne beaucoup. Sa secrétaire est sur le point d'éclater. Plutôt que de l'aider, il préfère croire qu'elle va réussir à tenir le coup. Il pense n'avoir ni le temps ni les moyens financiers de l'écouter: il préfère ne pas savoir à quels problèmes elle fait face.

Comme les affaires vont plus ou moins bien, cette façon de voir la vie fait qu'il a mal à l'estomac et qu'il dort mal. Il a de fréquentes querelles avec sa femme «qui ne veut pas comprendre que c'est pour elle et leur fils qu'il travaille autant». Ces querelles l'amènent d'ailleurs à fuir la maison et à investir davantage de temps au travail.

Il se sent seul. Il trouve que les fins de mois reviennent vite. Pourtant, il se limite lui-même de plusieurs façons. Il investit toute son énergie dans son travail. Il planifie de façon à être financièrement serré alors qu'il gagne beaucoup d'argent. Il s'oblige à sacrifier les choses plus importantes à ce qui se présente (porte ouverte). Il néglige les gens qu'il aime. Il brûle ceux qui l'aident. La solution à son mal de vivre est-elle vraiment de gagner plus d'argent, comme il le pense et comme il s'y emploie depuis douze ans? La joie de vivre est-elle sa priorité?

Rita: le devoir avant tout

Rita ne reviendra jamais sur une décision, quitte à y laisser sa peau. Ce qui est décidé est décidé, ce qui a été accepté a été accepté. «Dans quel monde vivrions-nous si on ne pouvait plus se fier à personne?» Mariée pour le meilleur ou pour le pire, elle endure plutôt le pire depuis trois ans. Son mari aussi. Au moins, là-dessus, ils s'entendent bien!

Elle est orgueilleuse. Elle prend ses «responsabilités» et les assume jusqu'au bout. Pour elle, la clé du succès consiste à faire des efforts. Elle affirme qu'il faut être paresseux ou égoïste pour quémander de l'aide. Personne ne veut s'occuper du repas de Noël dans la famille? Elle le fera, parce qu'une famille *doit* fêter Noël ensemble. Ses frères et sœurs étaient trop lâches pour s'occuper de leur vieille mère? Elle l'a prise chez elle, non vraiment par amour, mais parce qu'*il le fallait*. Son mari *doit* le comprendre. La vie est une lutte. Elle vit les dents serrées et rêve du jour où les autres seront comme elle, feront comme elle. Il ne sera pas dit qu'elle n'aura pas fait son devoir.

Impossibilité de renégocier, morale étroite du devoir, culpabilisation des autres, prétention à la vérité, voilà d'autres façons de se voler soi-même de la marge de manœuvre, de s'emprisonner, de souffrir et de rendre la vie plus difficile à nos proches.

Éric: trop grand pour rester petit

Éric a vingt-quatre ans. Il étouffe dans la maison de ses parents. Trois fois il a abandonné les cours qui lui auraient permis de terminer son baccalauréat. «Les cours sont mal conçus.» Ses parents lui poussent dans le dos et ils sont las de le voir perdre son temps à la journée longue, à rêver plutôt qu'à agir. Éric souffre de voir ses amis travailler ou poursuivre leurs études. Il se sent inférieur, il a honte, il se réfugie de plus en plus chez lui, où il reçoit les remontrances de ses parents, comme s'il était encore un petit garçon.

Comme ses parents acceptent de le nourrir, de le vêtir, de lui payer des sorties, il n'a pas besoin de gagner sa vie. Il considère ce qu'il reçoit comme un dû et «menace» d'aller vagabonder au bout du monde quand les parents se montrent plus exigeants. Les parents cèdent et rien ne change.

Éric n'a pas confiance en lui parce qu'il recule dès que les choses deviennent un peu difficiles. Il fuit dans ses rêves plutôt que de se discipliner et d'apprendre à se tirer d'affaire concrètement. Ce n'est pas le talent qui manque: c'est la persévérance. Tant qu'il expliquera ses malheurs par l'incompétence de ses professeurs, l'incohérence du système ou par l'incompréhension de ses parents, tant qu'il pensera qu'il revient à d'autres de prendre la responsabilité de sa vie, il souffrira. C'est en renonçant à son «confort» actuel, dans lequel il est malheureux, qu'il pourra développer son autonomie. Ce n'est qu'en laissant aller une partie de ce dont il dispose qu'il pourra aller chercher ce dont il a véritablement besoin.

Jeanne: les yeux plus grands que... le porte-monnaie

Jeanne a trente-cinq ans. Elle travaille dans un grand magasin du centre-ville. Elle effectue un trajet en métro et autobus qui lui bouffe matin et soir une heure de son temps. Ses deux jeunes adolescents étudient dans un collège privé et lui demandent en plus beaucoup d'argent pour pouvoir faire comme les autres, plus fortunés. Son mari est soudeur; il a régulièrement des périodes de chômage. Ils ont acheté à crédit un petit chalet à la campagne et habitent un logement exigu pour arriver à joindre les deux bouts d'un budget très serré. Si la vieille auto nécessitait de coûteuses réparations, «ce serait la catastrophe».

Jeanne se coince dans le temps, dans l'argent et dans le rôle qu'elle croit avoir. Ses aspirations ne sont pas condamnables, mais ses ressources financières ne lui permettent pas de les réaliser sans tension excessive. On ne peut pas toujours gagner plus d'argent, mais on peut très souvent réduire nos dépenses: on expérimente ainsi que vivre avec «moins», c'est vivre mieux.

Jacques: le pompier

Jacques travaille dans un centre de réhabilitation pour toxicomanes. Il y a deux ans, il a accepté les fonctions de responsable des animateurs. Tout allait bien jusqu'à ce que les ressources financières du centre ne soient réduites de beaucoup. Quelques animateurs ayant été remerciés de leurs services, ses heures de travail ont considérablement augmenté.

Il y a trois mois, la directrice du centre, épuisée, a dû prendre un congé de maladie et Jacques s'est retrouvé directeur par intérim. Depuis, sa vie, c'est le centre. Il cherche du financement, prépare les rapports financiers, continue son travail d'animation et de supervision, répare les robinets qui fuient, bref, il supplée à tout. Comme il y arrive de moins en moins, il se trouve incompétent et travaille d'autant plus pour se convaincre qu'il peut être la hauteur.

Comme la directrice, Jacques s'en va vers l'épuisement, la «chute». Et quand il sera rendu là, sa capacité d'améliorer le fonctionnement du centre sera réduite à zéro. C'est le centre où il travaille qui est «malade» et tant qu'il «n'ira pas mieux», ce centre ne pourra pas remplir adéquatement ses fonctions d'antan. Quelque chose doit changer. Aussi longtemps que Jacques s'acharnera à sauver la chèvre et le chou, il restera en déséquilibre. Pour rester en équilibre, il nous faut être capable de changer nos priorités quand le contexte change, plutôt que de rester à tout prix accroché-e à ce qui était «normal» avant le changement de contexte.

Marie: les autres avant tout

Marie a trente ans. Elle vit seule avec son enfant de vingt mois qu'elle adore. Elle occupe un emploi qui lui permettrait de vivre décemment si son frère ne venait constamment lui demander et parfois même lui voler l'argent nécessaire pour payer sa cocaïne. Elle ne peut pas supporter qu'il puisse aller en prison, conséquence des vols qu'il serait *obligé* de faire si elle ne lui donnait pas d'argent. Alors, elle paie!

Il y a trois mois, elle a recueilli le père de son enfant qui l'avait quittée un an plus tôt pour une autre femme. Mis à la porte par sa nouvelle conjointe, il est immédiatement revenu se consoler chez Marie. Il est sans le sou. Marie se sent encombrée et vit aussi du ressentiment; mais, «on ne met pas un chien dehors». Elle espère qu'il s'amourachera rapidement de quelqu'un d'autre.

Marie laisse sa vie dépendre des autres. Elle cède au chantage et place une partie de son argent dans un panier percé. Elle laisse des gens qu'elle ne veut pas voir envahir son espace. Elle consacre beaucoup de temps aux crises que les autres vivent, sans que cela ne donne vraiment de sens à sa vie. Elle noue des relations avec des personnes qui l'exploitent. Tout cela ne peut changer que si *elle* change, que si elle accepte de penser et de ressentir son rôle autrement.

Toutes ces personnes souffrent de ce que le monde est différent de ce à quoi elles s'attendent. Elles pensent avoir besoin que les autres finissent par se conformer à leur idée ou que les choses rentrent finalement dans l'ordre (*leur* ordre) pour retrouver leur équilibre. Elles n'ont donc pas fini de souffrir. Cela n'a rien à voir avec l'énergie et le temps qu'elles consacrent à bien faire les choses. Cela résulte de ce qu'elles ne font pas *les bonnes choses*. Tant qu'elles ne se donneront pas de nouvelles options, tant qu'elles ne renonceront pas à contraindre ou à «sauver» les autres, elles risquent de se confronter encore et toujours aux mêmes obstacles. Pour développer ces nouvelles options, elles devront *penser* autrement et *ressentir* que leur nouvelle réponse est au moins tout aussi fondée que celle qu'elle vient remplacer. Sinon, leur nouvelle résolution s'éteindra rapidement, ne leur laissant qu'un sentiment d'incompétence ou d'impuissance.

On ne peut pas changer notre façon d'agir de façon durable si on ne change pas *aussi* notre façon limitée de penser et si on ne ressent pas qu'elle nous restreint à des réponses stéréotypées et insuffisantes. Il ne suffit pas de répéter des formules «positives» ou d'essayer de se convaincre par une manœuvre intellectuelle: il nous faut transformer notre regard si on veut apporter de véritables changements dans notre vie. C'est à l'intérieur de nous que les changements doivent d'abord s'opérer pour qu'ils puissent persister à l'extérieur.

Chacun des pièges décrits plus haut emprisonne des personnes qui souhaitent aimer, être aimées et faire leur part pour un monde meilleur. Cependant, elles se restreignent à des actions qui contribuent à perpétuer le problème qu'elles vivent plutôt qu'à le régler. Lise, Paul, Rita et les autres croient en toute bonne foi avoir raison de penser comme ils pensent. Lise ne met pas en doute *qu'il faut* que tout soit parfait, Paul est certain *qu'il lui faut* beaucoup d'argent, Rita est absolument convaincue d'être dans le vrai quand elle pense qu'on *ne doit jamais* revenir sur une décision. Ce n'est qu'en raison de leur conception étroite de la vérité que les situations qu'ils vivent leur apparaissent incontournables et qu'ils pensent que leurs difficultés n'admettent que leurs solutions actuelles.

Par exemple, Jacques a raison de penser que s'il arrivait à faire tout ce qu'il pense devoir faire pour le centre, on pourrait y garder les quinze résidants. Le problème, c'est qu'il n'y arrive pas! S'il n'y avait que six ou huit résidants au centre, Jacques disposerait de plus de temps pour trouver de l'argent et il le ferait plus efficacement: il ne serait pas épuisé, il ne serait pas constamment interrompu dans son travail administratif, ses facultés de concentration ne seraient pas affaiblies par sa fatigue, etc. Son intention est bonne, mais les contraintes qu'il s'impose pour la concrétiser, compte tenu d'un contexte social difficile, contribuent à rendre les choses encore plus insurmontables. C'est déjà assez de devoir fonctionner à l'intérieur d'un cadre extérieur serré, pourquoi en plus s'imposer des restrictions supplémentaires en s'obligeant à tout sauver en même temps? Quand il y a trop de choses urgentes, on n'est pas nécessairement condamné-e à se tuer à la tâche: on peut aussi choisir de revenir aux choses *importantes*. Quand il y a trop de feux à éteindre, on peut investir notre énergie à neutraliser le pyromane plutôt qu'à se condamner à jouer au pompier. On peut aussi s'interroger sur la portée réelle de ces feux qui nous apparaissent à première vue si terribles.

On gagne beaucoup à réaliser que nos attitudes rigides, basées sur nos «certitudes», nous limitent à des actions qui entretiennent nos problèmes. Si on accepte de changer notre façon de voir les choses, de l'adapter parce que le contexte dans lequel on évolue n'admet plus les solutions qui ont pu par ailleurs s'avérer efficaces dans d'autres circonstances, on court moins de risques d'être menotté-e. Cela suppose de l'humilité et de la curiosité. L'humilité nous aide à reconnaître que notre point de vue du moment, comme tout point de vue, est forcément partiel et la curiosité nous amène à nous intéresser à d'autres façons de voir et d'agir.

Nos idées sur la vie sont le résultat de nos apprentissages. Si on est convaincu-e hors de tout doute de leur justesse, on ne peut plus rien apprendre. Plutôt que d'apprendre, on résiste, on s'obstine à «prouver» qu'on a raison. Einstein savait qu'il n'avait pas la vérité; c'est ce qui lui permettait de chercher. Pour enrichir, nuancer ou changer nos idées, il nous faut d'abord créer une brèche dans nos «certitudes», ce qui suppose qu'on soit assez modeste pour les remettre en question. On ne peut pas se développer si on ne reconnaît pas qu'on a des choses à apprendre. On ne peut pas apprendre du nouveau si notre orgueil ne souffre pas que nos idées évoluent.

Plus on apprend, plus on arrive à l'évidence qu'on ne peut pas avoir de certitude absolue en ce qui concerne la conduite de notre vie quotidienne: on est toujours face à des choix, il y a toujours des alternatives. Certaines de ces nouvelles possibilités nous aident plus que d'autres à garder l'équilibre.

Notre *marge de manœuvre*, c'est le répertoire des réponses qu'on peut utiliser pour vivre notre vie. Plus on dispose d'options qu'on peut adapter selon les circonstances, moins on risque d'être coincé-e et de vivre en déséquilibre. Pour augmenter notre marge de manœuvre, on doit surtout revoir nos attitudes. C'est pourquoi la flexibilité est une attitude de toute première importance.

«Il suit son idée; mais comme son idée est fixe, il n'avance pas!» Nos attitudes rigides nous bloquent. On se limite avec des *je dois*, des *il faut*, des *toujours*, des *jamais*, des *il faut que les autres*... et on ne laisse pas beaucoup de place à la nuance et au changement. Nos attitudes rigides tuent notre créativité et nous engagent dans des luttes à finir avec les tenants d'autres façons de vivre et de penser. On vit sur la défensive dès qu'on est en présence de gens qui pensent autrement. On vit la différence avec les autres comme une menace plutôt que comme une occasion d'apprendre du nouveau. On se limite à vivre comme un robot, qui ne peut réagir que d'une seule façon à une situation donnée. Et on exige que les autres réagissent de cette même façon à cette même situation, «parce qu'on a raison et qu'ils ont tort».

La flexibilité, c'est l'aptitude à réagir en souplesse au changement et à créer nous-même du nouveau. Flexible, on profite de l'imprévu, on fait flèche de tout bois, on peut considérer les choses selon différents points de vue et choisir celui qui convient le mieux à chaque situation. On peut par exemple penser que nos enfants peuvent contribuer à la propreté de la maison, tout en respectant qu'ils aient d'autres priorités. On peut apprendre d'eux que notre compulsion à l'ordre nous empêche de profiter de la vie. Ils peuvent apprendre de nous que leur désordre peut leur causer des ennuis. On peut s'enrichir mutuellement plutôt que d'essayer de prouver qu'il faut de l'ordre (*notre* ordre) ou que l'ordre est une invention des adultes qui ne sert qu'à embêter les enfants. Alors on peut chercher à s'entendre, à trouver le juste équilibre entre l'ordre et le désordre. Il ne s'agit ni de se laisser exploiter ni de contraindre: quand on cherche à s'entendre, on cherche à expérimenter des solutions satisfaisantes pour tout le monde. Plutôt que d'imposer nos limitations ou de se soumettre à celles des autres, on se développe.

Apprendre à tenir compte du contexte dans lequel on se trouve pour choisir l'une ou l'autre des multiples réponses dont on peut disposer nous aidera à vivre mieux. Ainsi, exprimer ses émotions n'est en soi ni bon ni mauvais, pas plus que les garder pour soi n'est toujours sain ou malsain. Mais il y a des *contextes* où exprimer ce qu'on ressent nous soulage et nous ouvre de nouvelles avenues, particulièrement quand on est avec quelqu'un qui nous écoute sans nous juger. Et il y a des situations où il vaut mieux éviter de se livrer, notamment quand on sait que les personnes qui nous écoutent vont se servir de nos confidences pour nous juger, nous blâmer, nous manipuler ou nous contrôler. C'est pourquoi il est utile de savoir exprimer nos émotions et de créer des situations qui s'y prêtent, tout en sachant *aussi* ne pas livrer ce qu'on ressent quand cela risque fort d'être nuisible.

Il en va ainsi de toute solution et de tout point de vue. Aucun n'est jamais à tout coup «vrai ou faux», «bon ou mauvais», mais chacun se révèle parfois utile et parfois nuisible. Si on est rigide, on adopte une idée et une façon de faire *ou* on la rejette, indépendamment des circonstances; notre marge de manœuvre en souffre. Si on est flexible, on peut adapter idées et façons de faire selon les situations. Par exemple, on peut être souple avec certaines personnes et fermes avec d'autres. Ou souple à certains moments et plus ferme à d'autres. On dispose alors d'une vraie marge de manœuvre. Ayant en réserve plusieurs moyens de répondre à chacun de nos besoins, on accède à une plus grande autonomie.

Être flexible, ce n'est pas être instable. L'instabilité suppose la rigidité, qui s'accroche tantôt à un point de vue, tantôt au point de vue contraire. Instable, on considère un jour que tel événement est totalement blanc et le lendemain qu'il est au contraire complètement noir. Puis, encore une fois, la couleur change du tout au tout. Flexible, on considère que, *selon le point de vue où on se place*, ça peut être tout aussi bien blanc que noir. La courbe concave est tout autant convexe. Alors on s'efforce de comprendre les différents points de vue plutôt que de juger avec le seul dont on dispose.

Être flexible, ce n'est pas non plus faire preuve de mollesse. Flexible, on sait ce qu'on veut, mais on voit de très nombreuses façons d'y parvenir; on sait attendre le moment favorable tout comme on sait lâcher prise. On peut s'adapter à un nombre croissant de circonstances sans rester désespérément accroché-e à ce qui nous empêche d'avancer.

Se concevoir de façon ouverte

Une certaine flexibilité est nécessaire parce qu'on n'est pas immuable comme des machines. On évolue et, avec les étapes de notre croissance, nos besoins et nos intérêts changent. Notre environnement extérieur, économique et social change lui aussi. À quarante ans, on a habituellement des besoins différents de ceux qu'on ressentait à vingt ans et ce sera encore autrement à soixante ans. Ce qui nous comblait hier peut aujourd'hui nous laisser indifférent-e et ce qui nous satisfait maintenant pourra demain s'avérer sans grand intérêt à nos yeux.

Si on choisit de se développer, on aura périodiquement besoin d'ajuster nos relations. Tout changement amène nécessairement une réaction différente de la part de chacune des parties impliquées. Toute relation saine évolue ainsi. Aucune n'est fixée à jamais. Il en va de même de la relation à soi-même.

On va souvent en psychothérapie parce qu'on ne se comprend plus. On a changé sans trop s'en rendre compte. L'image qu'on a de nous-même n'est pas à jour: on se croyait docile mais, dans les faits, on se rebelle de plus en plus. Ou bien on se pensait invincible et voilà qu'on craque de partout. L'image de soi qu'on entretenait et qu'on croyait vraie à tout jamais s'effondre: on ne se reconnaît plus.

On peut perdre plus ou moins intensément le sens de qui on est quand on se retrouve dans une situation de vie extrême, quand on perd un repère important qu'on avait intégré comme faisant partie de nous. Après la fermeture de l'usine où il avait travaillé pendant trente-deux ans, Jérôme, à cinquante-deux ans, était complètement déboussolé; il disait qu'il n'était plus rien, que sa vie était finie. Il n'arrivait pas à penser qu'il pouvait vivre autrement. Il a été en dépression pendant deux ans, tant qu'il n'a pas accepté de se redéfinir. Aujourd'hui, il fait du taxi. Il va mieux.

On peut aussi perdre le sens de qui on est en négligeant des parties de nous pour en privilégier d'autres: on se jette à fond de train dans un rôle de parent et on oublie qu'on est un homme ou une femme; ou on travaille des heures et des heures et on met de côté notre vie familiale. On devient sérieux-se et on oublie totalement qu'on aime jouer.

On peut aussi se fixer dans une image de nous immuable. «On est marié-e pour la vie.» «On est né-e pour un petit pain.» «On doit tout faire pour être accepté-e des autres.» «On est fait-e pour servir ou pour être servi-e.» On a ainsi tendance à s'identifier à des étiquettes, à se percevoir comme *un-e* dépressif-ve, *un-e* pacifiste, *un* bourreau de travail, ce qui nous laisse beaucoup moins de possibilités que si on considère qu'on fait présentement une dépression ou qu'on préfère actuellement la paix à la guerre ou qu'on vit une période de notre vie où le travail prédomine. On n'est pas à l'abri d'une dépression, mais on n'y est pas condamné-e. On ne cherche pas la bataille, mais on peut défendre notre territoire. On a une grande capacité de travail, mais on peut aussi jouir du «farniente.»

Personne n'est ni constamment ni définitivement calme, colérique, candide, ou quoi que ce soit d'autre. Pourquoi se considérer comme doux-ce ou agressif-ve, alors que les deux forces vivent en nous et peuvent se révéler bénéfiques selon les contextes? Une partie de «qui on est» change avec les années, avec les événements, avec les apprentissages. Vivre en équilibre suppose qu'on ait une conception ouverte et flexible de soi-même, qu'on pense à soi et aux autres en termes d'individus qui évoluent et qui ont par conséquent à ajuster périodiquement leurs relations et leur place dans le monde.

Savoir renoncer

Le besoin de se développer engendre certaines crises et nous conduit à des moments où notre vie ne peut plus continuer comme avant. On se retrouve donc périodiquement devant la nécessité de renoncer à certains engagements ou à certaines choses si on veut résoudre ces crises de façon constructive. Si certains engagements cessent d'eux-mêmes (on ne peut pas demeurer scout toute sa vie), d'autres ne peuvent cesser que si *on* le décide.

Le jeune adulte vit mieux quand il renonce à ses désirs adolescents consistant à sauver le monde entier et s'il s'investit dans des projets plus réalistes et plus concrets. Si on est en train de se tuer dans notre travail auprès des déshérité-es, on vivra en meilleure santé si on laisse au moins temporairement notre vocation de côté et si on accepte de prendre un peu mieux soin de nous. Si on se sait bloqué-e dans une relation de couple devenue irrémédiablement insignifiante, on aura avantage à en sortir si on veut retrouver la joie de vivre; cela nécessite le plus souvent l'abandon de biens matériels et d'une forme malsaine de sécurité émotive.

Quand on choisit de retourner aux études, on doit souvent diminuer notre train de vie et accepter de voir fondre une partie de notre temps libre. Quand on perd notre emploi, on doit accepter de diminuer notre train de vie. Si on devient handicapé-e, on perd certaines de nos capacités. Si on sait qu'on va mourir bientôt, il vaut mieux abandonner nos projets à long terme et si c'est pour très bientôt, on vivra mieux nos derniers jours si on consent à dire adieu à tout ce qui est bon ici-bas. On ne peut pas se développer si on reste accroché-e à ce qui nous bloque, si on n'a pas la flexibilité nécessaire pour consentir à passer à autre chose.

Non seulement a-t-on avantage à apprendre à renoncer à ce qu'on a déjà eu ou à ce qu'on a déjà été, mais il vaut mieux aussi faire notre deuil de ce qu'on n'a jamais eu ou de certains rêves qu'on ne réalisera jamais. Irène, huit ans après le départ de son mari, vit encore comme s'il allait lui revenir. Il y a ainsi des choses auxquelles il vaut mieux renoncer parce qu'il est trop tard. Tant qu'on s'accroche, on ne peut pas passer à autre chose. On reste en déséquilibre.

Parfois, on peut réévaluer notre engagement et y apporter des modifications plutôt que de renoncer à l'ensemble de la situation problématique. On peut s'entendre sur des changements dans notre vie familiale plutôt que de divorcer, on peut poursuivre des études à temps partiel plutôt que de tout abandonner si on manque d'argent pour continuer à temps complet. Entre le «tout ou rien» il peut y avoir toute une série de choix intermédiaires très satisfaisants.

On s'épargne aussi beaucoup de tension si on apprend à lâcher prise *au bon moment*. Plus on investit dans un engagement, plus il devient difficile de s'en défaire. Si on a récemment déboursé beaucoup d'argent pour faire réparer notre vieille automobile, on a plus de mal à admettre qu'il vaille finalement mieux s'en débarrasser. La difficulté vient justement de ce qu'on a beaucoup dépensé pour la garder et qu'on ne veut pas laisser aller notre investissement. Il en va de même de certaines relations amoureuses, de certains objectifs de travail, de certains projets de vie. À l'inverse, laisser aller trop tôt, fuir systématiquement ce qui nous semble difficile, c'est se condamner à vivre avec une petite vitesse de croisière.

Si persévérer est un signe de santé, s'acharner conduit à la maladie. Lorsqu'un engagement devient destructeur et qu'on y a déjà investi sans succès beaucoup d'énergie, il vaut mieux accepter la réalité de notre impuissance à changer le cours des choses et passer à autre chose. Renoncer, avec éventuellement un lot de nouvelles difficultés à court terme, reste souvent le meilleur chemin vers la santé. Investir de plus en plus pour de moins en moins de résultat mène à la «chute».

Laisser aller ce qui nous fait du mal permet de nous ouvrir à ce qui pourra nous apporter de la joie. Renoncer à quelque chose, c'est consentir à autre chose. Laisser mourir quelque chose, c'est faire naître autre chose.

Prendre du recul

On gagne à développer un certain détachement émotif par rapport à des situations particulières, à prendre du recul, à développer de la sagesse. On ne parle pas ici de refouler nos émotions ou de feindre l'indifférence quand on est touché-e, puisque ces attitudes retardent l'application de solutions, prolongent et intensifient notre état de stress; on parle plutôt d'éviter de nous faire des montagnes avec ce qui pourrait ne pas en être. On voit une tache de tomate sur notre vêtement au début d'un repas au restaurant: la soirée est-elle vraiment fichue? Les enfants n'ont mangé que des sandwichs aujourd'hui: vont-ils vraiment tomber malades? Le rapport financier qu'on devait préparer aura deux jours de retard: la compagnie fera-t-elle faillite à cause de cela, sera-t-on vraiment congédié-e, est-ce la confirmation qu'on ne vaut rien?

L'idée n'est pas de devenir médiocre, mais plutôt de replacer les choses dans leur contexte ou dans une perspective plus large et de remplacer le perfectionnisme et les autres formes de fanatisme envers soi ou les autres par des modes de pensée plus flexibles qui tiennent mieux compte des conséquences réelles de nos gestes et de ceux des autres. Prendre du recul permet d'agir de façon plus appropriée.

Recadrer: voir autrement

Une autre compétence qui soutient la flexibilité est la faculté de recadrer, c'est-à-dire de donner un sens nouveau à un événement. En voici quelques exemples.

- Un divorce qui était perçu comme un échec devient une occasion d'apprendre des choses sur soi, de liquider des idées tenaces (ex.: quand on veut, on peut), de faire le point, de se faire une vie plus heureuse.
- Une crise est l'occasion rêvée de transformer et de changer nos modes de pensée et nos idées.
- Des symptômes de stress désagréables deviennent des signaux pour améliorer notre vie, pour passer à l'action.
- Une perte financière importante devient l'occasion d'apprendre à vivre plus simplement, à se rapprocher de nos vraies valeurs.
- Le bris d'un objet qu'on appréciait nous permet de comprendre que rien n'est acquis à tout jamais et constitue une occasion de réaliser que rien n'est éternel.
- Une erreur autrefois source de condamnation de soi est considérée sous l'angle d'une occasion d'apprendre à faire mieux.
- Une critique, source de repli défensif et de justifications, devient une

incitation à regarder de plus près une de nos façons de faire.

• Un rendez-vous manqué, source de frustration, devient une soirée libre.

• Une panne d'électricité fâcheuse devient une belle occasion de veiller à la chandelle.

Apprendre à recadrer, c'est arriver à voir un ou plusieurs bons côtés aux choses qui nous apparaissent à première vue néfastes et à déceler les inconvénients de ce qui nous semble tout d'abord absolument parfait. C'est arriver à comprendre que rien ne porte en soi de signification, qu'aucune situation ne nous oblige en elle-même à un comportement précis: le sens qu'on accorde aux choses et aux événements est tributaire de nos perceptions et nous appartient. Et ce sens que l'on donne modifie nos humeurs mieux que n'importe quel antidépresseur. Recadrer, c'est un moyen de changer nos perceptions, nos sensations, nos humeurs, nos actions.

Recadrer offre de nouvelles possibilités. Par exemple, certaines entreprises considèrent les politiques pro-environnement comme des embûches à leurs profits, donc comme une mauvaise chose. D'autres y voient une occasion inespérée de développer de nouvelles technologies et de conquérir des marchés. L'un et l'autre points de vue peuvent être défendus preuves à l'appui; aucun des deux n'est en lui-même plus vrai que l'autre. Mais le second offre plus de possibilités, suscite plus d'enthousiasme, alors que le premier confine à la peur. Voir une occasion de faire mieux permet de s'adapter et de se développer, voir des embêtements confine à une position de victime et oblige à la résistance. Dans les entreprises où on choisit d'être opprimé par les nouvelles lois, on parle de problèmes; dans celles qui adoptent les attitudes plus ouvertes, on parle de défis à relever.

C'est à chaque entreprise de décider si l'entrée en vigueur des nouvelles lois qui favorisent le maintien d'un environnement plus sain sera une source de défi et de développement ou une source de malheur et de résistance. C'est aussi à chacun-e de nous de décider si ce qui nous arrive est bon ou mauvais pour nous. Ce qui revient à dire que c'est à chacun-e de nous de trouver dans ce qui nous semble mauvais une source de développement qui nous mènera à des changements et à la joie de vivre. Toute situation, une fois recadrée de cette façon, offre de multiples possibilités. Toute occasion de stress devient une occasion de croissance.

Tolérer sans inhiber

Il y a des situations qu'on ne peut pas éviter. Par ailleurs, même les bonnes choses de la vie ont certains «effets secondaires»: il n'y a pas de vie familiale ni d'emploi sans inconvénients. On va vieillir, on va souffrir à l'occasion ou chroniquement, on va mourir. Des personnes chères vont aussi souffrir ou mourir. D'autres vont nous trahir. On va nous aussi faire de la peine aux autres. À l'occasion, on va perdre de l'argent, notre emploi, des biens précieux. Ce qu'on considère comme acquis n'est véritablement jamais à l'abri de rien. Il y a des choses qu'on ne peut pas changer, il y a des situations sur lesquelles on ne peut pas agir.

On peut cependant toujours reconnaître et exprimer nos émotions, ce qui nous permet de nous apaiser, et finalement de pardonner à la vie d'être parfois ce qu'elle est. Tolérer, c'est accepter que la vie puisse être différente de ce qu'on en attend; c'est accepter l'ambigu, l'imprévisible. Tolérer, ce n'est pas inhiber.

- Inhiber, c'est s'empêcher d'exprimer ou d'agir. Tolérer, c'est accepter qu'il n'y ait pas de solution facile ou pas de solution à court terme ou pas de solution complète ou complètement satisfaisante à certains problèmes.
- Inhiber, c'est garder de la rancune. Tolérer c'est arriver à vraiment pardonner.
- Inhiber nous frustre. Tolérer nous apaise.
- Inhiber nous amène à justifier. Tolérer nous aide à ressentir.
- Inhiber nous bloque. Tolérer nous permet de passer à autre chose.
- Inhiber rend l'action et le changement impossibles. Tolérer nous amène à une nouvelle forme d'action.

Jean: tolérer le favoritisme

Jean, qui a maintenant trente ans, souffrait beaucoup de ce que sa mère ait eu une préférence pour son frère André pendant toute son enfance (punitions injustes, comparaisons désavantageuses, efforts rarement récompensés, etc.). Exprimer ses émotions lui a permis de ressentir cette préférence plus sereinement.

Jean inhibait de différentes façons.

- Il gardait du ressentiment envers sa mère et son frère; il leur en voulait de leur injustice, il y pensait souvent, se sentait impuissant, s'enrageait.

- Il tentait toutes sortes de choses pour être enfin le préféré: il invitait souvent sa mère, il lui faisait des cadeaux dispendieux, l'informait de tout ce qu'il réussissait en exagérant un peu; il vivait selon les valeurs de sa mère pour lui plaire. Il était envieux de son frère.
- Il se dévalorisait: Jean se disait parfois que, dans le fond, sa mère avait bien raison, qu'il ne méritait pas d'être aimé; il se considérait comme une mauvaise personne et trouvait alors normal de payer pour ses fautes.
- Il culpabilisait sa mère ou son frère: il leur faisait sentir de façon plus ou moins ambiguë que c'était de leur faute s'il était malheureux.
- Jean était à l'affût de toute occasion de cracher son venin, il surveillait comment la préférence se poursuivait et en dénonçait chaque nouvelle manifestation: il voulait prouver l'injustice, montrer qu'il avait raison.
- Il refoulait ses émotions, dont il se sentait coupable. «Vaut mieux oublier ça» ou «le passé, c'est le passé.»
- Il justifiait hâtivement: «Au fond, ma mère a fait ce qu'elle pouvait.»
- Il souhaitait du mal à son frère: «Un jour, André, tu vas être mal pris, et ce n'est sûrement pas moi qui vais t'aider.»
- Il «punissait» sa mère. Régulièrement, il rompait le contact avec ses parents, non parce qu'il était bien ainsi mais pour les priver de la présence de leurs petits-enfants, pour leur faire du mal.

Tout cela faisait en sorte que Jean restait dépendant de ce qu'il avait vécu, qu'il ne pouvait pas passer à autre chose. Il avait encore besoin de quelque chose dans cette situation qui s'éternisait. Il avait besoin d'être aimé et reconnu par sa mère. Il continuait donc de s'accrocher malgré l'injustice, avec laquelle il s'empoisonnait l'existence et rendait la vie plus difficile à sa femme et à ses enfants.

Pour arriver à tolérer plutôt que de continuer à inhiber, il s'est engagé à:

- Prendre conscience du rejet vécu. Il a reconnu qu'il y avait eu et qu'il y avait encore une préférence de sa mère pour son frère.
- Exprimer les émotions associées. Jean exprima notamment sa tristesse, son désespoir, sa colère, son besoin d'amour, sa honte de n'être pas un fils toujours «correct».
- Renoncer. Exprimer longuement ce qu'il avait refoulé lui a permis de cesser d'attendre ce qui lui avait manqué.
- Lâcher prise. Laisser aller ses attentes et libérer le présent de frustrations passées lui a permis de décrocher de la situation passée.

- Devenir plus autonome. Il a comblé autrement son besoin d'être aimé, valorisé et reconnu. En fait, il était déjà aimé et reconnu. Cependant, il avait tendance à dévaloriser ces sources d'amour et de gratification; il pensait qu'une personne qui l'aimait ne pouvait pas avoir un bon jugement. Au fond, c'est son propre jugement sur lui-même qu'il devait changer.

- Pouvoir pardonner à sa mère d'avoir été et d'être ce qu'elle est. Mais avant de pardonner véritablement, il lui a fallu passer par toutes les étapes préliminaires. Le pardon ne peut être «forcé»; il découle d'une compréhension profonde de sa propre position et de celle de l'autre, ainsi que d'une acceptation de sa souffrance comme de celle de l'autre. D'une certaine façon, il a laissé le pardon arriver... après avoir pu s'exprimer librement, comme cela venait, sans censure et sans jugement.

- Vivre à une meilleure distance de sa mère. Tout en reconnaissant que sa mère a des qualités, Jean a changé sa relation avec elle; il lui parle moins de ce qui le touche, il la voit beaucoup moins souvent, il ne réclame plus d'être valorisé et ne recherche plus désespérément son approbation et son amour. Il ne compétitionne plus pour son amour.

Jean est plus libéré de sa relation malsaine avec sa mère, à qui il n'a plus rien à prouver. Il peut vivre sa vie et laisser sa mère vivre la sienne. Il comprend dans son cœur que l'amour ne se commande pas et cesse d'exiger des «preuves d'amour» de sa conjointe pour compenser ce dont il a manqué. Il a pu nouer de meilleures relations avec son frère. Il est plus libre, parce qu'il peut tolérer que sa vie ait été autrement que ce qu'il aurait souhaité. Il a renoncé, il peut passer à autre chose. Ses enfants et sa conjointe en profitent eux aussi. Tolérer permet de faire des deuils et d'en récolter une forme de vie plus pleine.

Tolérer ne consiste donc pas à inhiber.

Devenir plus flexible permet d'augmenter notre marge de manœuvre. Se voir comme un être en évolution, apprendre à renoncer, développer le sens du relatif, pouvoir recadrer les situations pour apprendre à en profiter et, finalement, arriver sereinement à tolérer ce qu'on ne peut pas changer sont des compétences qui vont nous aider à quitter nos attitudes rigides pour aller vers plus de flexibilité et moins de stress.

Deux attitudes de base à développer face à soi-même: s'aimer et se responsabiliser

Certaines attitudes concernent directement nos relations avec les autres. Elles se fondent sur d'autres qui appartiennent davantage à notre propre monde intérieur. Une saine relation à soi prépare le chemin à de saines relatôns avec les autres.

S'aimer et se responsabiliser sont deux attitudes qui nous permettent de mieux vivre. La première fait qu'on se veut du bien et la seconde nous permet de prendre soi-même en main les actions que l'on voit comme conduisant à un mieux-être.

S'aimer

Notre éducation morale nous a imprégné-es du sentiment d'être fondamentalement des êtres vils qui ont besoin d'être encadrés; il n'y a que la crainte des punitions pour nous faire respecter les lois. On est irrémédiablement pécheurs et pécheresses, et le seul moyen de limiter les dégâts, c'est la répression et le châtiment. Avec ces idées, on est aux aguets, on surveille la moindre incartade et bang!, on se punit ou on punit les autres. Pas facile d'aimer des «méchant-es», sinon quand leur conduite est correcte. On apprend ainsi à s'aimer de façon condition-nelle: on ne s'aime que quand on le mérite. Et on ne le mérite que quand on se plie aux lois des autres.

Quand on ne le mérite pas, on ne s'aime pas et on se le fait payer. Pour éviter d'être privé-e de l'amour des autres, on cache nos défauts, on dissimule nos erreurs: on vit dans la peur d'être découvert-e. Cela fait en sorte qu'on est stressé-e tant et aussi longtemps qu'on n'est pas parfait-e, et par conséquent qu'on est stressé-e toute notre vie. Tant qu'on n'a pas appris à dissocier estime de soi et perfection, chaque «faute» et chaque possibilité d'erreur représente un enjeu dramatique.

S'aimer, c'est au contraire se traiter en ami-e. C'est avoir un parti pris pour soi et tenir compte de nos besoins, malgré nos défauts. C'est accepter que les autres puissent à l'occasion être dérangés-es par notre présence sur la planète. Ce n'est pas faire preuve d'égoïsme étroit, cette attitude infantile qui nous fait croire que tout nous est dû; c'est prendre soin de nous-même, même si on commet des bévues. Et on en com-mettra, c'est certain...

Quand on s'aime, on choisit dans le quotidien les activités familiales en pensant régulièrement à concilier nos propres goûts et ceux des autres, plutôt qu'en pensant uniquement et toujours aux désirs des autres. On se réserve du temps libre, on achète des choses pour nous, même si les enfants n'ont pas encore tout ce qu'ils désirent. On adopte des comportements sains en ce qui concerne l'alimentation, l'activité physique, le repos, etc.

Dans les moments de tension, on demande des réajustements de la vie de couple ou de famille pour mieux tenir compte de nos besoins; on fait de même au travail. On refuse de demeurer dans des situations humiliantes. On choisit de vivre avec des gens qui nous aiment et qui veulent collaborer avec nous à des projets de vie épanouissants. On se permet de vivre de façon à se développer plutôt que de rester bloqué-e. On s'accepte comme on est maintenant, on s'aide et on sait qu'on peut faire mieux. On sait qu'on va naturellement avoir le goût de partager ce qu'on a et ce qu'on est si on vit en équilibre.

S'accepter

Tant qu'on s'aime de façon conditionnelle, on a beaucoup de mal à accepter d'être ce qu'on est, là où on est, maintenant, c'est-à-dire à accepter qu'on ne réponde pas parfaitement à toutes les normes en vigueur. À l'école de la vie, à chaque moment de notre existence, on est plus ou moins doué-e, on a des limites. On excelle dans certaines matières, on obtient moins de succès dans d'autres. Connaître nos limites du moment et les accepter nous permet de délimiter les responsabilités qu'on peut prendre.

Si on en demande trop à un enfant, il finit par se dévaloriser de ses insuccès et il se décourage. Si on n'exige rien de lui, les risques sont grands qu'il ne se développe pas beaucoup. Si on ajuste nos demandes à ce qu'il peut faire, alors il apprend et il se développe. S'accepter, c'est ajuster nos exigences envers nous-même à nos capacités actuelles, de façon à soutenir notre développement.

Quand on s'accepte, on arrête aussi de vouloir devenir quelqu'un d'autre et on peut alors utiliser notre énergie pour mieux vivre *notre* vie. Un-e homosexuel-le se fait mal à vouloir être «hétéro», une personne ronde se rend malade à s'acharner à être ultramince, une âme d'artiste s'éteint à se contraindre dans des rôles administratifs. Pour trouver notre juste place sur la planète, il faut d'abord accepter d'être ce qu'on est maintenant, ce qui demande une certaine humilité.

Accepter notre condition humaine, se voir comme faillible et perfectible, s'aimer maintenant comme on est, c'est se donner un contexte psychologique favorable pour poursuivre le chemin. Ce n'est pas croire qu'on est parfait-e ou que tout ce qu'on fait est moralement irréprochable. C'est développer une estime de soi suffisante pour arriver à faire progressivement toujours un peu mieux, selon notre rythme et nos possibilités. C'est être patient-e et rester bienveillant-e envers nous-même quand, notre bonne volonté vacillant, on retombe dans nos anciens pièges. On peut trouver dans nos erreurs prétexte à se condamner ou on peut s'en servir pour apprendre. Selon notre choix, on sera mal ou bien dans notre peau. On acceptera l'erreur ou on aura toujours peur d'en commettre. Et, ce qui est tout aussi important, on restera dans nos erreurs ou on en sortira.

S'accepter permet d'être davantage authentique et transparent-e, d'avoir moins besoin de se cacher, moins peur que nos penchants vers la petitesse ne soient découverts. Il y a beaucoup de stress à jouer des rôles, à vouloir être irréprochable, c'est-à-dire conforme aux normes sociales en vigueur. On réussit souvent à cacher aux autres ce qu'on juge comme inacceptable, mais on n'est nous-même pas dupe de notre imposture. Notre jeu nous coupe de nous-même et nous éloigne des autres. Or, n'est-ce pas justement pour être mieux aimé-e qu'on se cache? En bout de ligne, c'est tellement plus sain d'être vrai-e.

S'accepter maintenant comme on est va aussi nous aider à mieux accueillir les maladresses des autres dans leur recherche de mieux-être. Quand on accepte nos propres erreurs, quand on constate dans notre propre vie les difficultés qu'on a à changer, quand on a traversé certaines crises, on peut plus facilement donner un autre sens aux tâtonnements par lesquels passe le développement des personnes qui vivent près de nous. On peut mieux comprendre qu'un-e conjoint-e qui commence à s'affirmer va parfois y aller un peu trop fort, qu'un-e adolescent-e qui commence à se séparer de ses parents va parfois manquer de respect. Plutôt que de faire des drames et de condamner, ou plutôt que d'endurer et de pleurer dans notre coin, on pourra alors souligner ce qui nous apparaît inapproprié et tenter de trouver ensemble une façon de faire ou d'exprimer qui serait plus acceptable. On encouragera ainsi nos proches à être davantage eux-mêmes, sans les laisser développer d'attitudes malsaines à notre égard.

S'accepter n'est pas une attitude de suffisance et de stagnation. C'est une condition de base pour vivre une vie riche, une vie qui permet la croissance de ce qu'on est, de ce qu'on connaît et de ce qu'on sait faire.

Si une partie de notre mal de vivre est liée à un manque d'habiletés relationnelles, d'aptitude au travail, ou à d'autres points faibles, on aura avantage à développer les compétences nécessaires qui nous font encore défaut. On pourra apprendre à remplir une tâche, à régler des conflits, à exprimer nos émotions, à écouter les autres, à utiliser notre temps de façon constructive, à être plus flexible dans notre façon de voir la vie, etc.

Une fois qu'on reconnaît nos erreurs et qu'on accepte nos limites du moment, on trouvera les moyens de ne pas répéter continuellement les mêmes erreurs ou de ne pas dépasser constamment nos limites. Éviter de répéter encore et toujours les mêmes erreurs peut nous mener à commettre d'autres erreurs et à nous buter à d'autres limites. Sur le chemin de la maturité, on cesse de répéter les mêmes erreurs et... on en fait d'autres, parce qu'on a constamment de nouvelles choses à apprendre, et qu'on ne peut pas apprendre à marcher sans tomber.

Développer nos compétences permet de solutionner nos problèmes et donc de vivre avec une charge de stress plus adéquate. On *repousse* nos limites, mais on ne les *dépasse* pas.

Agir avec compétence donne du sens à ce qu'on fait; ignorance et médiocrité nous laissent avec un sentiment de vide.

Se responsabiliser

Se responsabiliser consiste à faire honnêtement tout son possible pour remplir ses engagements. La première étape consiste alors à ne prendre que des engagements sains, qu'on peut tenir. Une fois qu'on les a pris, on s'en fait une priorité.

Les engagements sains concernent notre développement. Se responsabiliser, c'est faire de son mieux, maintenant, pour être physiquement bien, pour apprendre, pour aimer et pour faire sa part pour un monde meilleur. C'est pour arriver à le faire qu'on s'efforce de garder l'équilibre. Notre ultime responsabilité consiste à prendre ou reprendre notre propre vie en main, à respecter nos engagements envers nous-même, à développer notre potentiel.

Toute responsabilité suppose un pouvoir. On vit de la tension quand on prend la responsabilité d'atteindre des objectifs qui demandent plus que les ressources dont on dispose. Il est stressant de prendre la responsabilité d'augmenter la productivité de notre service quand on nous coupe en même temps une partie de notre personnel. Il est malsain de prendre la responsabilité de changer tel ou tel comportement d'une autre personne (son alimentation, sa consommation de drogue, etc.).

Quand on n'assume pas nos limites ou qu'on refuse notre impuissance à changer certaines choses immuables, on se rend responsable de situations qui nous échappent. Si on avait connu les techniques de sauvetage, on aurait pu sauver la vie du noyé. Si on n'avait pas demandé à notre enfant de faire cette course, il n'aurait pas eu cet accident. Si on n'était pas en congé de maladie, les autres travailleraient moins fort. Si on avait pu tout deviner, certains de nos gestes n'auraient pas engendré de conséquences douloureuses. La vie se déroulerait sans doute autrement si on prévoyait l'imprévisible ou si on pouvait faire l'impossible! S'il est important d'utiliser nos ressources pour agir avec compétence quand on le peut, il est tout aussi essentiel de renoncer à la toute-puissance. Dans certaines situations, on ne peut rien faire d'autre qu'exprimer notre souffrance et qu'accepter l'évidence qu'on n'y peut rien. Se condamner ou se punir ne fera qu'empirer notre mal.

Être responsable, c'est prendre les décisions qui s'imposent dans notre vie et développer nos compétences à mieux la mener. C'est aussi le faire en s'inspirant toujours davantage des valeurs profondes qui sont en nous plutôt qu'en cédant continuellement à nos caprices ou en se soumettant à contrecœur à des normes extérieures.

Se discipliner sans s'enrégimenter

On peut difficilement se responsabiliser sans faire preuve de discipline. Le mot discipline faisant souvent référence à la rigidité, source de tension, voici quelques nuances.

La discipline rigide nous prive de la jouissance de la vie: c'est celle qui prévaut par exemple dans le stéréotype de l'armée, où tous marchent au même pas, sans poser de questions en ce qui concerne la destination. Quand on se soumet à cette discipline, on fait taire nos émotions, notre sens du relatif, on cultive la rigidité, le conformisme et l'obéissance aveugle. On se force à faire nos exercices de piano, qu'on finit par détester ou on s'oblige à faire nos exercices de relaxation quotidiens... en ayant hâte que ça finisse!

Se soumettre constamment et toujours rester petit-e ne peut mener ailleurs qu'à se mépriser et détester la vie.

D'un autre côté, l'antidiscipline fait que rien n'avance parce qu'on privilégie toujours la facilité plutôt que ce qu'on a à faire pour faire avancer nos projets. Ainsi, les choses s'accumulent et on n'en voit plus la fin. Les échéances se rapprochent et on devient anxieux-se. On sait que notre laisser-aller nous a mis-e dans une situation telle qu'on va encore une fois échouer. C'est une autre source de déséquilibre.

Se discipliner, c'est se donner un moyen d'atteindre un but. C'est garder vivant le souvenir d'un engagement même si on est sollicité-e par autre chose, ou même si nos humeurs du moment ne s'y prêtent pas. C'est se rappeler qu'on a dit oui à quelque chose en quoi on croit et le manifester concrètement dans le quotidien. Tout apprentissage, tout engagement demande ce genre de discipline.

On peut se discipliner tout en restant flexible. On peut persévérer dans un engagement tout en tenant compte du contexte quotidien dans lequel il se déploie. On peut être fidèle à un projet tout en prenant congé à l'occasion. Et on peut aussi renoncer à un engagement quand on se rend compte qu'il devient malsain. Avec cette discipline souple et une ouverture au changement, on évite cependant de s'engager un jour, de se désengager le lendemain, de reprendre une semaine plus tard et d'abandonner de nouveau après quelques jours et ainsi de suite.

Se faire confiance

Les mollusques ont leur protection tout autour de leur chair molle. Sans leur carapace, ils vivent perpétuellement sous menace. Les animaux qui ont un squelette peuvent se permettre de vivre sans carapace. Ils portent leur sécurité au plus profond d'eux-mêmes.

Et nous?

Notre société nous enseigne de plus en plus à trouver notre sécurité à l'extérieur de nous-même, dans des emplois permanents, dans les contrats de mariage, d'assurance, de vente, etc. On ne se sent plus en sécurité que dans la rigidité, le connu, la continuité et on risque peu pour ne pas perdre. Pour parer à toute menace, on traîne une carapace de plus en plus lourde et encombrante, si bien qu'on a de plus en plus de mal à vivre légèrement et joyeusement. On se replie sur soi, on sauve sa peau.

Avoir un squelette, c'est vivre avec la certitude de pouvoir se débrouiller dans les situations difficiles, même si on n'est pas bardé-e de protection fixée dans les contrats ou des comptes en banque. Alors, on peut prendre le risque de se développer. On peut prendre un congé sans solde pour aller voir ailleurs si le travail ne serait pas plus stimulant. On peut aller en camping même si on n'a pas la télévision pour passer le temps. Ronald savait, à trente-six ans, qu'il ne pourrait continuer à occuper son poste de gérant de banque sans que sa vie familiale en souffre; il en a parlé avec sa femme. Elle lui a confirmé qu'elle le voulait présent et heureux plutôt qu'absent et malheureux. Il a quitté son poste de gérant. Il enseigne maintenant en techniques d'administration à l'éducation aux adultes. Il sait qu'il peut partir si son travail nuit à des engagements plus prioritaires.

Le sentiment de sécurité commence avec la confiance en soi, pas avec un contrat. La véritable sécurité repose sur le sentiment serein qu'on pourrait retrouver notre équilibre même si, soudainement, toute notre vie basculait. On ne peut contrôler ni le monde, ni l'avenir, ni les autres, ni le marché boursier. La vie nous apporte notre lot de blessures: on n'arrive pas à soixante ans sans cicatrices ni sans avoir perdu certaines de nos illusions. Il nous reste la capacité d'exprimer les émotions qui nous traversent le corps quand la vie ne se conforme pas à nos prévisions et celle d'agir courageusement par la suite avec la confiance acquise dans nos épreuves antérieures.

Développer une plus grande sécurité intérieure ne nous empêche pas de négocier des contrats ou de mettre de l'argent de côté. Cela nous évite cependant d'en dépendre et nous permet de rompre des contrats et d'utiliser l'argent épargné si on en a besoin pour rétablir notre équilibre. Il nous reste la conviction profonde qu'on a en nous les ressources pour répondre à toute occasion de stress. Elles ne demandent qu'à être développées.

Tout se tient: si on s'aime, on se veut du bien; si on se veut du bien, on prend notre vie en main, on se responsabilise; si on se responsabilise, on se discipline pour développer les compétences nécessaires à répondre adéquatement à nos besoins. Plus on apprend à répondre adéquatement à nos besoins, plus on se fait confiance, et plus on avance. On sait qu'on ne saura jamais qu'une infime partie de ce qui est et que notre savoir ne sera dans le meilleur des cas que partiel. Quand on se trompe, on l'accepte et on corrige, sans se condamner; nos erreurs ne sont pas la preuve de notre peu de valeur, mais des renseignements qui nous servent à ajuster le tir.

Cela ne nous isole pas des autres, parce que, répondre à nos besoins, c'est notamment aimer et être aimé-e, c'est faire notre part pour un monde meilleur. Cela nous mène à des attitudes saines dans nos relations avec les autres.

Les attitudes de base à développer avec les autres

Une grande partie de notre mal de vivre trouve sa source dans nos relations insatisfaisantes, voire douloureuses avec les autres. Il va donc de soi que notre façon de concevoir nos relations va avoir une influence cruciale sur notre niveau de stress, sur notre joie de vivre et sur notre santé. Selon qu'on pense et qu'on ressent que la responsabilité de notre bien-être nous appartient et que conséquemment on l'accepte, ou selon au contraire qu'on croit qu'elle revient à d'autres et qu'on la leur laisse, notre capacité de répondre à nos occasions de stress est bien différente. Encore une fois, notre attitude est primordiale.

Quand on pense que c'est à ceux qui ont créé nos difficultés qu'il revient de les solutionner, que ce sont les coupables qui doivent se repentir, payer, venir s'excuser, cesser de nous faire souffrir et changer dans le sens qu'on veut, on laisse notre sort entre leurs mains. Quand on croit qu'il échoit aux autres de nous assurer d'un beau quotidien, de se conformer aux normes en vigueur, de deviner ce qu'on veut ou de nous donner ce qu'on mérite, on risque d'attendre longtemps avant d'avoir ce qu'on veut. Si on laisse les choses importantes de notre vie entre les mains des autres, on *dépend* d'eux.

Si, au contraire, on pense et qu'on ressent qu'il nous revient de trouver des réponses adéquates à nos besoins et à nos difficultés person-nelles, de prendre notre place, d'exprimer nos désirs et d'agir, alors on est *autonome*. Et finalement, si on est déjà autonome, on peut recon-naître que nos ressources sont limitées et que notre développement et notre bien-être passent par une collaboration avec les autres; on peut penser et sentir que c'est ensemble qu'il convient de créer une vie heureuse et de résoudre les problèmes qui nous confrontent. Alors, on recherche et on crée un climat propice à la *synergie* avec les autres.

On peut donc adopter trois attitudes fondamentales dans nos relations avec les autres: on peut dépendre des autres, on peut être autonome ou on peut vivre en synergie. Les attitudes saines dans les relations avec les autres sont de s'affranchir de ses dépendances, de développer son autonomie et de chercher la synergie.

S'affranchir de ses dépendances

Dépendre, c'est considérer et ressentir qu'une bonne partie de notre sort doit être entre des mains extérieures, souvent bien identifiées, et c'est agir de façon à la leur laisser. C'est la position naturelle de l'enfant qu'on connaît bien pour l'avoir tous-tes vécue. Dépendre, c'est considérer que l'essentiel ne nous est accessible que par l'intervention d'une personne précise.

Fœtus, on dépend totalement de notre mère. On ne peut pas agir, on ne peut pas fuir. On subit. On subit le bien-être ou le mal-être. Après la naissance, on peut au moins respirer par nous-même. On peut aussi exprimer qu'on a faim. On est bien sûr encore extrêmement dépendant-e mais, déjà, on apprend. Puis, on se retrouve devant les premiers obstacles presque insurmontables: aller chercher le jouet, alors qu'on a du mal à se traîner; puis se verser du lait, alors que les contenants sont si lourds, le lait si imprévisible et les parents si choqués quand on en renverse. Puis apprendre à lire, alors qu'on ne connaît même pas les lettres qui forment les mots. Chaque pas nous coûte certains efforts, mais chaque pas nous affranchit de notre dépendance. Telle est la vie.

Ça serait tellement plus simple si les parents étaient toujours disponibles ou si les jouets venaient d'eux-mêmes vers nous quand on les désire, tellement moins compliqué si le lait était plus stable, tellement plus facile si on savait lire en venant au monde! Mais voilà: les parents sont occupés, les jouets ne répondent pas à la pensée magique, le lait est désespérément liquide et il y a vingt-six lettres dont on ignore tout. Que la vie est exigeante!

À la naissance, on est vulnérable et totalement dépendant-e. Ce n'est pas une attitude, c'est un fait. Notre sentiment oscille entre la toute-puissance (quand l'univers répond à nos besoins) et l'impuissance (quand il tarde à le faire). On a besoin d'être pris-e en charge, sans quoi on meurt. Faible et démuni-e, on est à la merci des adultes. Notre vie, notre confort, notre bonheur dépendent de la générosité de nos parents et de leur disponibilité. Ce sont ces «autres» qui nous rendent heureux-se ou malheureux-se tout au long de nos premières années de vie.

On a peur de leur force et on craint leur absence; c'est en eux que se trouve alors notre sécurité. En ce sens, on ne sort jamais absolument indemne de notre enfance et, de fait, on se sent tous et toutes plus ou moins victimes de notre éducation et de nos parents. Davantage si on a eu des parents négligents, abusifs, incestueux, moins s'ils ont été aimants et «corrects». Plus ou moins victimes, certes, mais chacun-e de nous a senti plus ou moins longtemps que son sort dépendait en grande partie de ceux et celles qui avaient le pouvoir d'aimer ou de châtier, de prendre soin ou de négliger. Chacun-e s'est senti-e petit-e et faible devant la toute-puissance des adultes.

Chaque obstacle est une occasion d'apprendre. Une fois qu'on sait lire, on sait lire pour toujours. On peut lire n'importe quoi. On n'a plus besoin de nos parents pour pouvoir rejoindre nos idoles dans nos livres préférés et on peut même lire des histoires à d'autres. Nos relations deviennent plus riches, parce qu'on peut faire notre part. En grandissant, on développe plus ou moins d'autonomie, on apprend plus ou moins à répondre nous-même à nos besoins intérieurs et à nos occasions de stress.

On ne peut pas changer le fait que les enfants dépendent de leurs parents, mais on peut cesser progressivement de dépendre des autres. Une fois adulte, dépendre devient non une nécessité, mais une attitude, celle de continuer de penser que notre sort est entre les mains des autres et doit y rester, de ressentir que c'est normal de penser ainsi et d'agir de façon dépendante. On pense et on ressent que nos difficultés sont créées par les autres et on attend qu'ils réparent leurs torts ou qu'ils cessent d'abuser de nous.

On est financièrement dépendant-e si on compte nécessairement sur le revenu de quelqu'un d'autre ou sur un emploi particulier. On est «dépendant affectif» si on pense qu'on ne peut pas vivre sans la présence ou l'amour d'une personne en particulier, ou si on est prêt-e à tout faire pour plaire. On est moralement dépendant-e si on se plie inconditionnellement aux normes de nos parents, de nos ami-es, de notre religion, etc.

On dépend de tout ce dont on pense ne pas pouvoir se passer, de tout ce dont on se rend esclave, de tout ce à quoi on sacrifie notre liberté. On dépend dès qu'on dit «il faut»,«je dois», «il n'y a rien à faire», «ça ne se fait pas», «je ne mérite pas de», «je n'ai pas le droit de». On dépend de tous nos jugements définitifs, de toutes nos idées fixes.

On dépend de nos attentes envers les autres, de ce qu'on considère comme nos droits acquis, de tout ce à quoi on ne veut pas renoncer. On dépend de notre besoin d'avoir raison. On est aussi dépendant-e quand on vit en tyran envers nous-même, quand on s'inflige d'obéir aveuglément à nos propres lois, quand on a besoin de mettre la vie dans des petites cases sécurisantes et incontournables, quand on s'impose de tenir inconditionnellement et sans égard à notre réalité du moment, toutes nos promesses ou d'être coûte que coûte à la hauteur de ce qu'on a dit.

On apprend aussi à laisser notre bonheur dépendre d'un revenu élevé, de l'approbation des autres, de ce que les choses soient rangées à leur place, de ce que la maison reluise de propreté, de ce que notre équipe sportive locale remporte la victoire, de ce qu'il fasse soleil, de ce que les autres obéissent à nos lois, de notre train de vie, de la stabilité d'un emploi qu'on a choisi il y a longtemps, du maintien d'un certain poids corporel, etc. On dépend quand on pense que le problème, c'est le patron, l'employé-e, le conjoint, l'égoïste, le système, l'enfant, l'auto en réparation, le chat, la tache sur le tapis, l'hiver, alouette. *On dépend chaque fois qu'on croit que notre bonheur tient à une situation particulière bien précise.*

En situation de conflit, la dépendance est une fort mauvaise position pour exercer une véritable influence. Si on a absolument besoin de notre emploi, il nous est plus difficile de négocier des conditions de travail satisfaisantes. S'il nous faut absolument continuer de vivre avec Alfred ou Loulou, on est prêt-e à faire tous les compromis. Si on a besoin de la présence de nos enfants pour donner du sens à notre vie, on aura beaucoup de mal à les laisser partir de la maison. Si on laisse ce dont on a besoin entre les mains de quelqu'un d'autre, même quelqu'un de gentil, on risque fort un jour ou l'autre d'être mal pris-e.

Non seulement est-on en mauvaise position pour négocier les conflits, mais la dépendance multiplie les situations de conflit. Si, par exemple, on n'arrive pas à se déplacer sans notre conjoint-e, on risque d'être plus souvent en conflit que si on peut aller où on veut par nos propres moyens. Nos proches n'ont pas toujours le goût de prendre soin de nous ou de céder à nos caprices, et c'est encore plus vrai quand ils se sentent exploités.

Quand on est dépendant-e, c'est toujours «tu» ou «il» qui doit agir pour qu'on soit bien. Quelles sont alors nos possibilités de répondre quand la vie ne se conforme pas à nos attentes? Si ça va mal, on accuse l'autre, le «responsable» de notre souffrance. On manipule, on réclame le respect de nos «droits acquis». On accuse ou on se soumet. On attend le bon vouloir des autres, on joue à la victime, on tente de manipuler ou on lèche les bottes des personnes dans le dos de qui on parle. Ou bien, on s'accuse soi-même, on se condamne, on se juge comme irrémédiablement inadéquat-e. On s'accuse et on se condamne, mais on se garde bien de changer. On est une victime et on y tient. D'ailleurs, des preuves, on en a: on accumule, voire on «comptabilise» nos malchances, nos déboires, nos compromis insatisfaisants.

Dépendre fait que toute situation n'est jamais résolue qu'à court terme: on a peur que ça recommence, que l'autre change d'avis,

223

découvre notre jeu ou nous laisse tomber. Quand on entretient une attitude de dépendance, *on vit dans la peur*. On peut même dire qu'une peur masque généralement une dépendance. La peur nous révèle ainsi nos dépendances: on a peur de perdre (on dépend de nos biens) ou on craint les changements (on dépend de la «stabilité») ou on redoute les conflits (on dépend de l'amour des autres) ou on fait tout ce qu'on peut pour éviter le jugement des autres (on dépend de l'approbation). On garde en nous ce qu'on ressent ou ce qu'on pense parce qu'on a la frousse de perdre l'autre, qu'on voudrait «posséder» à tout jamais. Ou on renie nos désirs et on dissimule nos émotions parce qu'on a peur de faire de la peine aux autres (dont on dépend).

La profondeur de nos relations intimes en souffre forcément: on a peur de communiquer l'essentiel, on évite les sujets délicats, on cache nos erreurs. On vit sous tension, sous menace; on se sent inapte, amoindri-e, et on investit une grande quantité de notre énergie à essayer de contrôler ce dont on dépend. Notamment, on essaie de contrôler les autres, parfois par la contrainte, parfois en leur cachant ce qui est important pour nous pour éviter qu'ils ne réagissent d'une façon qui nous ferait mal.

Dépendre est une attitude malsaine, qui nous porte à ne pas prendre de responsabilité parce qu'on ne se donne pas de pouvoir réel. Ça peut nous mener à l'inhibition (on endure) ou à une série de prétendues actions sans effet durable (on se plaint, on critique, on engueule, on manipule, on contraint, on boude, etc.).

Le contraire de la dépendance, l'indépendance, se fait souvent *contre* ce dont on dépend. Elle est une opposition, avec un objectif de résistance, de fermeture et de rigidité. Le désir d'indépendance se base sur la conviction que tous nos problèmes nous venant d'un-e autre ou des autres, il faut s'en détacher. Or nos difficultés ne nous viennent pas des autres eux-mêmes, mais de notre incapacité à trouver dans nos relations ce qui nous convient. Devenir indépendant-e ne solutionne en rien ce handicap majeur. Ce n'est pas en devenant indifférent-e et en s'isolant qu'on vit pleinement! Pour sortir de la dépendance, on cherchera à devenir non pas indépendant-e, mais *autonome*.

L'autonomie se fait pour soi. Le désir d'autonomie nous ouvre de nouvelles portes. On n'est ni contre quelqu'un, ni inconditionnellement attaché-e à personne non plus. Et ce, non parce qu'on s'est accroché-e à quelqu'un d'autre ni parce qu'on est fermé-e à tout le monde, mais parce qu'on sait qu'on est capable de répondre à la plupart de nos besoins, ce qui nous permet de rester ouvert-e à vivre des relations riches.

Développer son autonomie

Être autonome, c'est penser et ressentir qu'il nous revient de répondre nous-même à la plupart de nos besoins, et c'est agir en conséquence. C'est être en contact avec notre force et la développer. C'est ne pas avoir absolument besoin de rien qui soit entre les mains d'une personne en particulier. Ni de l'argent, ni de l'idée, ni de la permission, ni de l'acceptation, ni de l'amour de qui que ce soit. On est autonome si on peut agir sur les situations dont on souffre, si on est capable d'y voir des occasions de croissance, ou si on peut s'en passer. On pourra notamment se passer de ce qui nous fait du bien maintenant, si jamais cela devient irrémédiablement malsain plus tard. On peut demander de l'aide, mais on sait que l'aide dont on a besoin peut venir de plusieurs sources.

Notre emploi est source de tension? Alors on négocie pour mieux, on raffine nos stratégies de travail, on augmente notre compétence, on délègue, on refuse de faire du temps supplémentaire, on gère mieux notre temps, on demande une nouvelle répartition des tâches, on exprime clairement qu'on a besoin d'aide, on demande une mutation, on change nos perceptions de façon à trouver de nouveaux défis là où on voyait de l'exploitation ou de la routine, etc. et, si rien ne donne les résultats escomptés dans des délais raisonnables, on a aussi le choix de partir, maintenant ou plus tard. Voilà pour la flexibilité: on ne se limite pas à une seule solution. On vit et on laisse vivre, on n'est pas là pour répondre systématiquement aux attentes des autres et on n'attend pas que certaines personnes précises répondent à tous nos besoins. On n'est soumis-e à personne et on ne contraint pas les autres, mais on agit honnêtement et avec compétence de toutes sortes de façons pour dégager des solutions concrètes.

Autonome, on considère nos problèmes comme *notre* affaire, même si d'autres y sont impliqué-es. Par exemple, on ne pense pas que c'est parce que les autres nous sollicitent trop qu'on n'a pas le temps de faire de l'activité physique: c'est plutôt parce qu'*on* acquiesce constamment aux demandes qui nous sont faites. La solution, si on veut faire de l'exercice, c'est d'y consacrer du temps, ce n'est pas de se plaindre de ce que les autres ne nous en laissent jamais l'occasion. On sait ce qui est important et on vit selon nos choix.

On ne pense pas que ce sont nos élèves qui n'écoutent jamais et qui sont turbulents; on pense que c'est *nous* qui ne parvenons pas à intéresser des élèves qui sont peut-être différents de ceux qu'on avait il y a quelques années. Alors *on* peut changer notre façon d'enseigner.

Il ne nous vient pas à l'idée que notre employeur pourrait nous imposer trop de travail; si, de fait, le travail s'accumule, on pense plutôt que c'est *nous* qui ne parvenons pas à en venir à bout, à négocier une tâche plus légère, à déléguer davantage ou à quitter un poste trop exigeant. Une partie de la solution peut donc nous revenir.

On ne pense pas que notre conjoint-e est trop comme ceci ou comme cela; on sait que c'est *nous* qui vivons de la frustration quand notre partenaire se comporte de telle ou telle façon. Encore là, on peut donc prendre des initiatives de changement; autonome, on n'a pas besoin de la bénédiction de qui que ce soit.

Les actions des autres ont de l'influence sur notre vie. Mais, autonome, on sait que, quoi qu'il arrive, *on* peut faire quelque chose. Même si c'est la parole ou l'action de l'autre qui a déclenché notre souffrance, on peut répondre de façon plus libre. On se donne la capacité et le droit de répondre, tout en tenant compte des autres et du contexte. Sachant qu'on peut compter sur nos propres moyens, on peut coopérer sans craindre que nos collaborateurs n'abusent de nous et sans être terrorisé-e à l'idée qu'ils pourraient nous laisser tomber.

On ne s'isole pas, mais on n'attend pas non plus que les changements nécessaires à notre bonheur viennent des autres. On est actif-ve, on propose des solutions, on négocie, on consulte, on délègue, on peut expérimenter de nouveaux points de vue et on sait qu'on peut quitter quand on n'a plus d'espoir que la situation évolue de façon satisfaisante.

Autonome, on pense le moins possible qu'on doit vivre sous le joug de lois extérieures et le plus possible qu'on peut faire des choix. Là où d'autres voient des nécessités et des obligations, on perçoit des possibilités et des priorités. «Il ne faut» rien, mais «il nous est possible de»: par exemple, il ne faut pas absolument qu'on fasse plaisir aux autres, mais on peut le faire; on peut avoir d'autres priorités que de faire plaisir à telle ou telle personne, ce qui ne signifie pas qu'on lui veut du mal. Cependant, on ne pense pas que faire plaisir à tout le monde soit un devoir impérieux et incontournable. Ça peut cependant être une bonne façon d'entretenir des relations saines.

On devient responsable de nos priorités. Quand on choisit de continuer dans des situations difficiles, on n'en rend pas les autres responsables: on peut assumer d'exprimer nos émotions, nos opinions, nos besoins, on peut changer notre façon de voir, on peut agir pour rectifier, ou finalement fuir pour en finir. Si la vie nous apporte des épreuves, on se confie, on relève nos manches, on peut demander de l'aide ponctuellement. On peut consulter, mais on prend la responsabilité de nos actions. Les choix, en définitive, nous appartiennent toujours.

On ne peut pas empêcher une entreprise de manquer de reconnaissance envers nous, mais on peut prendre notre sort en main quand, malgré notre grand dévouement, on est congédié-e au profit d'un-e novice qui coûte moins cher.

Autonome, on ne reste pas accroché-e trop longtemps à espérer que les autres changent d'idée ni à croire qu'on ne pourra jamais plus profiter de la vie à cause d'un événement à première vue malheureux. On ne cherche pas quelqu'un à blâmer, on cherche les meilleures solutions pour sortir grandi-e des crises que l'on vit.

Notre sérénité a préséance sur ce à quoi la justice des hommes nous donne droit. On connaît et on défend nos droits sociaux; mais on sait aussi y renoncer quand il devient plus onéreux pour notre joie de vivre de les défendre que de passer à autre chose. On peut créer des liens, on peut s'attacher à des personnes, mais on ne s'agrippe pas désespérément à des relations humiliantes qui ne nous laissent que des miettes. Plutôt que de rester crispé-e, on apprend et on se développe, en prenant le temps nécessaire. On sait que le développement prend du temps; on est patient-e.

Vouloir être autonome nous amène à développer des foules de compétences, à apprendre continuellement comment mieux vivre. L'enfant qui a appris à marcher peut aller chercher ses jouets; il n'a plus besoin de ses parents pour cela. Il est alors confronté à beaucoup moins d'occasions de frustration. Il a vaincu un obstacle, il est capable tout seul et il peut compter davantage sur ses propres moyens, ce qui ne l'empêche pas de pouvoir encore demander d'être aidé à l'occasion. Toutes nos occasions de stress sont des situations qui nous invitent à apprendre à marcher, qui nous offrent des chances de développement. Et ce, à tout âge.

Enfant, on apprend à se faire des amis, à lire, à compter; adolescent-e, on apprend peu à peu à se séparer de nos parents, à étudier ou

227

à travailler, à prendre des responsabilités, à nouer des relations amoureuses et à vivre des chagrins d'amour.

Jeune adulte, on apprend à vivre sans nos parents, à bâtir notre propre foyer, à prévoir un peu pour l'avenir. Puis, on apprend que les relations amoureuses sont parfois très difficiles, que les emplois sont précaires et les enfants exigeants. On peut devoir apprendre aussi à divorcer, à être chômeur-se, à partager la garde de nos enfants. Éventuellement, on apprend les trahisons.

Vers la quarantaine, parfois même avant (ou après), on apprend qu'on vieillit, que notre corps est moins attrayant, moins endurant. Puis, plus tard, tout cela s'accentue. On apprend à vivre sans les enfants, puis on apprend la retraite, on apprend à mourir.

Il y a encore l'informatique, les téléphones programmés, les guichets automatiques et toutes ces autres technologies qui vont venir nous simplifier (!) la vie et dont on n'a pas encore la moindre idée maintenant.

Être autonome, c'est apprendre sans cesse à répondre à toutes sortes d'occasions de stress tout au long de notre vie. C'est un périple qui nous offre des occasions d'apprendre à chacun de ses nombreux détours, quelques-uns prévisibles, d'autres pas.

Une fois relativement autonome, on est fort-e; on n'a plus besoin à tout prix des autres pour satisfaire notre besoin de sécurité; on est alors prêt-e pour autre chose. On peut désormais aspirer à des relations de qualité. Ou on peut choisir de vivre seul-e. De ne pas risquer l'ouverture à l'autre. On peut avoir peur de retomber dans nos anciens schémas de dépendance. On peut croire que notre choix est simple: engagé-e et sans liberté ou libre et sans engagement! Mais on peut aussi s'ouvrir à des relations plus riches parce que plus libres, s'engager dans des projets communs, élaborés et menés conjointement; alors on va plus loin... avec d'autres. Les relations engagées avec les autres sont les seules garanties d'un développement humain optimal. On a besoin des autres pour se développer!

Chercher la synergie

La synergie, c'est l'énergie de plusieurs personnes qui est multipliée parce qu'elle est coordonnée; les forces ne sont plus fragmentées ou conflictuelles, mais utilisées ensemble par les parties collaboratrices en vue d'un même but. C'est 1+1=3. Vivre en synergie, c'est partager une partie de notre temps, de notre argent, de notre travail, de notre vie. On n'a pas un besoin vital de l'autre, mais on peut s'y fier tant que la relation est constructive ou qu'il y a des échanges honnêtes pour qu'elle le soit. Vivre en synergie, c'est penser en termes de «nous» et agir en fonction de la santé de ce «nous», sans pour autant s'oublier ou devenir dépendant-e.

Notre employeur pourrait se passer de nous et on n'a pas besoin de lui non plus. Mais nous travaillons bien ensemble, nous sommes satis-fait-es des services que nous nous rendons mutuellement et, quand un problème se pose, nous sommes capables de penser ensemble à une résolution heureuse pour l'équipe que nous formons. Le travail est un projet commun et ni l'un ni l'autre ne ressent le besoin de tirer la couverture de son côté. L'entente est librement consentie parce qu'enrichissante et bénéfique pour les deux membres de l'association. Alors nous nous trouvons en synergie. Nous faisons plus et mieux ensemble que nous ne le ferions chacun-e de notre côté. Nous ne cher-chons pas à exploiter l'autre; nous mettons en commun et nous nous enrichissons mutuellement.

Notre conjoint-e pourrait vivre sans nous et vice versa. Nous nous aimons et partageons temps, espace, argent et responsabilités familiales selon un mode dont nous avons convenu ensemble. Nous en reparlons périodiquement et nous nous faisons une priorité de le réajuster quand le besoin s'en fait sentir. Nous prenons ensemble les décisions qui concernent ce que nous partageons, pour la santé et l'équilibre du couple et de la famille. Quand il y a conflit entre nos besoins ou nos goûts respectifs, nous cherchons ensemble ce qui est le mieux pour le couple que nous formons, plus que pour l'un ou pour l'autre. Nous sommes tous les deux capables d'écouter l'autre, nous sommes capables d'exposer notre point de vue de façon respectueuse. Notre relation est un projet, pas une prison. Ce «nous» nous aide à vivre pleinement, avec un maximum de créativité et un minimum de peur. Nous créons un contexte de confiance réciproque qui favorise l'ouverture et l'intimité. Nous sommes honnêtes et dignes de confiance.

Ce minimum de peur qui caractérise la vie en synergie nous amène à être bienveillant-e avec les autres, à donner sans trop calculer, à faire confiance, à parler ouvertement. Prendre soin des autres n'est plus perçu comme le devoir de se sacrifier mais comme une façon de vivre qui s'impose de l'intérieur. Prendre soin de soi n'est plus perçu comme de l'égoïsme, mais comme une condition de base pour prendre naturel-lement soin des autres. On est bien, et on veut que les autres le soient aussi.

Quand on aborde le sujet de la synergie avec des personnes ayant encore de fortes tendances à la dépendance, leur première réaction est de dire «qu'on ne peut pas toujours» négocier d'une façon satisfaisante pour les deux parties, «qu'il faut toujours» faire des compromis, que «tout le monde» n'a pas de la bonne volonté, etc. Dépendant-e, on arrive même à croire que c'est à cause des autres qu'on est dépendant-e et alors la boucle est bouclée: «Mon mari, ma femme, mes parents, etc. ne veulent pas que je sois autonome.» La dépendance est une attitude qui s'entretient elle-même.

Évidemment, tout le monde n'a pas de la bonne volonté et on risque de se faire exploiter par certaines personnes, là n'est pas la question. Mais, pourquoi conserver des liens avec nos tortionnaires? Pourquoi poursuivre une relation qui apporte maintenant beaucoup de déception et qui apportera vraisemblablement encore plus de souffrance plus tard? Pourquoi travailler pour un employeur qui nous accable depuis long-temps, endurer des employé-es qui bousillent le travail, pourquoi pro-longer encore et encore une relation de couple où il n'y a plus d'espoir de bonheur depuis si longtemps? Pourquoi créer, garder et entretenir des relations plus frustrantes qu'enrichissantes? *C'est parce qu'on en dépend.* On continue parce que, dans cette relation, on a besoin de quelque chose, on espère un cadeau.

Aller vers l'autonomie ou la synergie, c'est apprendre à ne plus avoir besoin de ce genre de cadeau. La synergie n'est possible qu'entre des personnes autonomes, responsables et qui décident de s'engager ensemble. Autonome, on s'efforce de changer ce qui est malsain dans nos relations et on limite au minimum ou on rompt les relations globa-lement malsaines. En synergie, on ne pense pas en termes de droits acquis immuables. Pas d'obligations arrêtées ni de contrats fermés et définitifs. On retrouve ici encore la notion de flexibilité. On est adulte, libre de notre vie et responsable, on révise nos engagements périodique-ment, on aime par amour, pas pour respecter un contrat, on n'est jamais définitivement assuré-e de rien et on vit d'autant mieux.

Quand on souffre d'une situation, on peut se demander si on en a encore besoin. Est-ce qu'on a encore besoin de garder le contact avec des parents ou des beaux-parents qui nous harcèlent ou nous dévalori-sent, de se tuer au travail, de conserver notre maison quand il faut passer notre vie au travail pour en payer l'hypothèque, de sortir victo-rieux-se d'un conflit qui n'en finit plus justement parce qu'on s'acharne à vouloir gagner? Si on apprend de plus en plus à développer les moyens qui vont nous permettre de répondre «non», on peut accéder à davantage de synergie.

Quand on découvre qu'on ne peut pas encore se passer de ce qui nous fait du mal, il est temps d'explorer pourquoi on en a encore besoin, de façon à pouvoir enfin commencer à changer des choses. Garder l'équilibre, c'est en arriver à ne plus avoir besoin de ce qu'on considère comme les sources de notre mal de vivre. On se donne la permission de négocier des conditions de vie qui nous conviennent et on s'affranchit de ce qui est devenu irrémédiablement insatisfaisant. Ou on devient de plus en plus capable d'être heureux-se malgré des situations apparemment sources de malheur. Heureux-se avec la venue au monde d'un enfant handicapé, avec un revers de fortune, avec la fin d'une relation amoureuse, ou avec toute autre situation prétendument source de malheur.

Développer autonomie et synergie, cela ne se fait pas sans peine, sans hésitations, sans renoncements, sans pertes, sans ruptures et sans douleurs. Autant le savoir, devenir plus libre, ce n'est pas toujours commode dans cette société qui valorise et récompense la soumission et dont les règles rendent la vie plus difficile à ceux et celles qui veulent changer ce qui ne va pas dans leur vie.

Cesser de dépendre financièrement et commencer à gagner nous-même notre vie, c'est souvent perdre un certain confort, à court terme. Redonner un sens à notre vie conjugale ou professionnelle, c'est parfois repartir presque à zéro et ça oblige à laisser aller des privilèges. Se donner un code moral qui corresponde à plus de liberté intérieure, ça implique souvent de renoncer à certaines de nos relations ou à certaines de nos stratégies de manipulation. Pouvoir assumer nous-même le ménage, la paperasse, l'alimentation, les loisirs, le transport, les soins à apporter aux enfants et tout autre aspect du quotidien, c'est plus difficile que d'imposer à d'autres de le faire totalement ou en partie à notre place.

Quand on dépend, on est engagé-e jusqu'au cou, mais on n'est pas libre; quand on s'arrête à une certaine autonomie, on est libre, mais pas engagé-e. Quand on est en synergie, on est engagé-e *et* libre. Notre engagement est librement consenti et reste ouvert pour l'un-e comme pour l'autre.

Il n'y a pas de croissance vers l'autonomie sans certaines pertes, pas de passage à la synergie sans risque et sans peur. Pour arriver à grandir, on quitte: le berceau, les parents, parfois un certain confort, des habitudes et, éventuellement, de prétendues certitudes. On apprend à renoncer à ce qui nous retient dans l'esclavage. Défier les attitudes qui nous gardent dans la petitesse et quitter nos diverses dépendances pour accéder à notre pouvoir nous fait cependant vivre pleinement et le plus souvent en équilibre. Désobéir à la rigidité par laquelle on se donne une illusion de sécurité pour s'ouvrir à nos forces intérieures nous permet enfin de donner notre mesure. Cela vaut bien quelques pertes et quelques peurs.

Pouvoir s'affirmer avec courage, savoir écouter avec considération pour résoudre ensemble les conflits de façon créative sont les habilités essentielles qui vont nous permettre de vivre en synergie.

S'affirmer et écouter

S'affirmer, c'est reconnaître nos besoins, nos opinions, nos goûts, nos désirs et c'est les exprimer le plus clairement possible. C'est être capable de dire non quand on pense et qu'on ressent non et de dire oui quand on pense et qu'on ressent oui. C'est aussi exprimer qu'on pense parfois oui et parfois non, ou qu'on pense parfois oui alors qu'on ressent non. C'est être capable de choisir en harmonie avec ce qui vit au fond de nous. C'est aussi communiquer nos ambivalences quand nos attitudes ne sont pas cohérentes.

S'affirmer, c'est obéir à ce qu'on est, et cela s'exprime dans les choix qu'on a à faire à tous les jours. Il ne faut pas confondre l'affirmation de soi avec l'intolérance et l'arrogance, qui sont des formes de révolte, voire de mépris envers tout ce qui ne nous obéit pas. S'affirmer, c'est exposer notre point de vue, ce n'est pas l'imposer

On transmet mieux nos messages si on les communique clairement que si on le fait de façon ambiguë, et si on s'adresse à la bonne personne plutôt qu'à une autre. Madeleine est malheureuse du comportement sexuel de Fernand à son égard. Elle le communiquera plus efficacement si elle lui explique exactement ce qu'elle déteste et ce qu'elle préférerait (c'est clair) que si elle répond à ses avances sexuelles en prétendant avoir mal à la tête (c'est ambigu) ou si elle se plaint encore et encore des maladresses de son partenaire à sa sœur (ce n'est pas la bonne personne). On s'affirme quand on communique le plus clairement possible ce qu'on a à dire à la personne concernée. Elle a alors une base claire pour réagir et nous livrer son point de vue ou son émotion.

Quand on est autonome et qu'on cherche la synergie, on s'affirme en utilisant «je». Voici comment les positions de dépendance, d'autonomie ou de synergie influencent la communication, dans le cas stéréotypé où le mari aime bien écouter un match sportif télévisé le samedi soir alors que l'épouse souhaiterait qu'ils fassent autre chose ensemble.

La dépendance: «Toi et ton maudit sport! T'es donc bien borné! Tu m'enterres vivante! Si tu m'aimais vraiment, tu ne ferais pas ça; tu me rends malheureuse, c'est de ta faute si on ne voit jamais mes parents, etc.» (Message «tu»)

L'autonomie: «Je sais que tu aimes bien regarder les matchs du samedi soir et, comme ça ne m'intéresse pas le moins du monde, je vais en profiter pour faire certaines des choses que j'aime et qui ne t'attirent habituellement pas.» (Message «je»)

La synergie: «Je comprends que tu aimes les émissions sportives, mais je sais que tu aimes aussi, comme moi, qu'on profite ensemble de nos moments libres; depuis quelque temps, on a moins pris de temps pour se parler et il me semble que ça nous ferait du bien de faire des choses ensemble; le samedi soir serait un bon moment. Qu'est-ce que tu en penses?» (Message «nous»)

En utilisant le message «tu», on désigne un coupable et on l'attaque: on le dévalorise, on l'accable, on le traite de tous les noms, on le critique, on le punit. Dans le duel «trouvez qui est le méchant», le pointage est maintenant 1 à 1. Pour montrer qui a raison, le conjoint ci-haut ne manquera plus un match, ce sera 2 à 1; mais elle le lui fera sentir dans sa disposition aux relations sexuelles: 2 à 2. Chacun-e sait très bien qui doit porter la faute de l'escalade: c'est l'autre.

On ne réalise pas que plus on punit l'autre, plus on se prive nous-même, plus on réduit nos possibilités d'être bien ensemble. Tout conflit, quand on est dépendant-e, devient ainsi un rapport de force: qui aura raison, qui gagnera, qui dominera l'autre? Est-ce une bonne base pour la joie de vivre?

Dans le scénario d'autonomie, il n'y a pas vraiment de «nous»; il y a deux «je» qui s'expriment librement sans être vraiment engagé-es et qui font donc ce qui leur plaît. Chacun-e s'occupe de ses propres affaires. Il est content qu'elle le laisse faire ce qu'il aime et qu'elle s'occupe comme bon lui semble. C'est pareil pour elle.

Dans le scénario de synergie, une occasion est offerte de mieux vivre ensemble. Compte tenu de la diminution du temps libre, le sport télévisé est devenu un obstacle au désir exprimé par les deux d'être ensemble. Que peut faire chacun-e pour réaliser l'objectif commun? Quand on cherche ensemble des solutions stimulantes et respectueuses des besoins de chacun-e, on en trouve.

Communiquer notre désaccord devant le comportement d'une autre personne permet de garder l'échange ouvert si on prend la responsabilité de notre réaction plutôt que de condamner l'autre. Comparer:
- «J'ai honte quand tu racontes tes histoires grivoises.» et «C'est dégoûtant d'être vulgaire comme ça!»
- «J'ai peur quand tu dépasses les 110 km/heure.» et «Tu conduis en irresponsable!»
- «Je suis mal à l'aise avec l'amour oral.» et «Tu m'imposes de vraies cochonneries!»
- «Ce que tu demandes est trop pour moi.» et «C'est monstrueux de nous faire travailler comme ça!»

À chaque fois qu'on prend la responsabilité de notre propre émotion, on peut prendre celle d'agir. Quand on laisse la responsabilité de notre réaction à un code moral («C'est honteux»), à un code de comportement («Il faut», «Je dois», «Tu devrais») ou à quelqu'un d'autre («Cesse d'être aussi borné-e»), alors notre capacité de répondre risque de dépendre elle aussi du code ou de l'autre personne. Si c'est honteux, on ne peut pas s'amuser, si le patron est monstrueux, on doit continuer la soumission. Mais si «j'ai» honte, «je» peux chercher à savoir pourquoi «je» regarde par terre pendant que d'autres s'amusent, et si «j'ai» besoin de repos, «je» peux peut-être chercher pourquoi «j'ai» accepté de tant travailler. «Je» peux alors prendre des initiatives pour changer.

Quand on communique un jugement négatif, on met l'autre sur la défensive. Quand on communique une émotion ou une opinion, la discussion peut rester ouverte et on peut chercher ensemble une solution qui convienne, quitte à ce que ça prenne du temps. Si, malgré notre bonne volonté, on arrive à la conclusion qu'on n'en trouvera pas, on peut agir en conséquence, chacun-e faisant un compromis, ou chacun-e de son côté.

S'affirmer permet aussi d'éviter de laisser durer les problèmes. «Ça fait deux ou trois fois que tu fais ceci ou cela; ça me déplaît. Je préférerais que tu fasses plutôt ceci ou cela; si on cherchait ensemble une solution qui soit satisfaisante pour nous deux?» Voilà qui est plus sain que d'endurer encore et encore des situations qu'on trouve difficiles à vivre tout en se disant intérieurement: «Ça fait cent fois que tu me fais ce coup-là; un jour, tu vas me le payer... » Le ressentiment empoisonne la vie, parce qu'il fait en sorte qu'on se prive soi-même de joie de vivre pour punir l'autre. Quand on se coupe les ailes, il ne faut pas être surpris-e que ça vole bas. On joue perdant-e à coup sûr.

Communiquer, ça va dans les deux sens. Quand on sait exprimer nos opinions et nos émotions, on a aussi avantage à apprendre à écouter sans juger, à créer un contexte favorable à ce que l'autre exprime ses émotions ou parle de son point de vue. Plus on écoute l'autre, mieux on est en mesure de le connaître et de l'aimer. Plus la relation s'approfondit, plus on peut s'enrichir mutuellement de nos différences. Quand on n'écoute pas, quand on veut toujours avoir raison ou obtenir ce qu'on veut, quand on considère les autres comme des accessoires, on reste profondément seul-e. Les autres aussi. Pour se rejoindre, il faut se parler. Exprimer clairement opinions et émotions et écouter l'autre en s'efforçant de le comprendre pour contrer nos tendances à juger sont des habilités qui vont beaucoup nous aider à vivre en synergie.

Andrée et Sylvain: plus ça change...

Andrée et Sylvain (vingt-cinq et vingt-six ans) vivent ensemble depuis un an et ils projettent de se marier dans six mois. Sylvain reproche sans cesse à Andrée de ne pas lui faire ses repas quand il revient du bureau à dix heures le soir, de ne pas garder la maison assez propre, de ne pas toujours dire comme lui devant les autres, etc. Andrée a elle aussi un emploi et elle ne veut absolument pas passer sa vie soumise comme l'a fait sa future belle-mère. Elle veut que Sylvain collabore à la préparation des repas et à l'entretien de la maison. Elle tient à ses opinions et ne voit absolument pas pourquoi elle devrait toujours dire comme Sylvain. Elle tient le coup, mais elle trouve Sylvain très ancienne mode, bien qu'elle soit contente quand ses idées «arriérées» de pourvoyeur leur permettent de faire les voyages qu'elle ne pourrait pas se payer avec son seul salaire. Leurs querelles sont fréquentes et de plus en plus acerbes. Ils s'affirment, mais ils jugent plutôt que d'écouter.

Chacun veut «casser» l'autre, le soumettre, le contraindre, lui faire changer d'idée, lui faire entendre raison, le forcer à se conformer à son opinion. Peuvent-ils vraiment espérer un mariage heureux? Avoir raison est-il plus important que d'être heureux-se? Ne vaudrait-il pas mieux qu'ils reconnaissent que leur façon d'aborder leurs différents contribue à entretenir leur problème et qu'il est temps de la changer?

Le projet de mariage est malsain aussi longtemps que chacun des partenaires pense avoir besoin de changer l'autre. S'il se concrétise, on peut prévoir à coup sûr du ressentiment, des coups bas, de la manipulation et une augmentation du découragement qui est déjà ressenti. Une autre solution consiste à ce qu'ils renoncent à vouloir soumettre l'autre à leurs exigences, à poser le problème de façon respectueuse, à écouter l'autre exprimer le besoin plus profond qui se cache derrière son point de vue rigide et finalement à se servir du conflit non pas pour déterminer qui a raison mais pour expérimenter des modes de collaboration différents. Ils sauront alors si une relation saine est possible. Ils peuvent faire de leur conflit une occasion de changer, de grandir, d'explorer leurs conditionnements familiaux d'origine. Un conflit n'est pas une compétition. On peut accepter que l'autre puisse nous influencer sans se sentir contrôlé-e, manipulé-e ou dominé-e.

L'autonomie et la synergie, ça s'apprend; ils ont l'âge de commencer et une belle occasion de le faire. Comment joindre l'homme et la femme qu'ils sont dans une relation synergique plutôt que de se mettre des bâtons dans les roues? Comment joindre les deux personnes que *nous* sommes?

On peut transformer nos conflits quotidiens en autant d'occasions de croissance. On peut explorer et confier honnêtement notre émotion et notre point de vue, écouter l'autre, essayer de comprendre sans se laisser manipuler. On peut développer souplesse et créativité, démasquer les peurs qui nous rendent conformiste et borné-e, prendre conscience de nos jugements «prêts-à-porter» et revoir les normes auxquelles on se soumet, partager plutôt que de vouloir gagner. On peut faire grandir notre autonomie et développer des relations synergiques où tout le monde gagne.

Il faut cependant que les deux parties conviennent d'expérimenter cette nouvelle façon de voir les conflits pour qu'elle donne des résultats. On ne peut pas vivre de synergie avec quelqu'un qui a le dessein de profiter de nous.

Notre niveau de stress dépendant de notre capacité à résoudre ce à quoi on est confronté-e et à vivre pleinement, toutes ces attitudes s'avèrent ainsi directement reliées à notre santé. Assouplir ses attitudes pour pouvoir enfin exprimer et agir avec compétence dénoue les estomacs, permet de dormir mieux, fait disparaître la plupart des angoisses, renforce notre système immunitaire. S'aimer soi-même et se responsabiliser pour acquérir l'autonomie nécessaire à vivre en synergie nous aide à développer patiemment les compétences nécessaires pour solutionner sereinement la très grande majorité des problèmes auxquels on peut être confronté-e.

Se guider sur des valeurs profondes

Il n'y a pas de joie de vivre sans partage. Pas plus qu'il n'y a d'équilibre sans partage. Répondre à nos besoins, c'est aussi répondre à notre besoin de donner. Pour vivre en équilibre, il faut faire nos priorités de ce qui est vraiment important, de ce qui donne du sens à notre vie. Alors, un peu plus à chaque jour, à chaque année, on répond à nos véritables besoins en nous basant sur des valeurs profondes.

Donner du sens à sa vie

Nos véritables besoins sont peu nombreux et y répondre adéquatement ne coûte pas cher; les caprices, les à-côtés et les désirs accessoires, que les publicitaires nous présentent comme étant les sources du bonheur, sont cependant en nombre infini. Il est donc utile d'apprendre à distinguer besoins et chimères.

Chercher à être physiquement bien, aimer et être aimé-e, apprendre, puis faire quelque chose de notre amour et de ce qu'on a appris pour apporter notre contribution au monde, voilà qui s'avère être l'essentiel pour que notre vie ait du sens. Si on oriente nos activités quotidiennes d'abord vers la satisfaction de ces besoins, on investit notre énergie à la bonne place et il devient possible de vivre en équilibre.

Il faudra cependant faire attention à ne pas s'attacher plus à une façon particulière de satisfaire un besoin qu'à répondre au besoin lui-même. Par exemple, le mariage est une institution par laquelle les partenaires veulent répondre mutuellement à leur besoin d'aimer et d'être aimé-e. Or, que se passe-t-il quand le mariage en tant que structure prend le pas sur le besoin auquel il veut répondre, quand il devient plus important de se marier (ou de le rester) que d'aimer et d'être aimé-e, quand on reste marié-e à un-e conjoint-e qu'on déteste? Dans ce genre de confusion, on n'en est pas à un paradoxe près. On tient plus à ne rien laisser dans notre assiette qu'à manger sainement ou on se rend malade à faire de l'exercice. On tient plus à obtenir un diplôme qu'à apprendre quelque chose. Les enfants étudient leurs leçons et font leurs devoirs le soir alors que leurs parents et leurs professeurs suivent des cours pour retrouver «leur enfant intérieur». On travaille à la production d'objets plus nuisibles qu'utiles.

Savoir et sentir qu'on agit en fonction de buts sains nous permet de prendre les bons chemins et nous aide à persévérer quand les routes deviennent un peu plus tortueuses, quand par exemple notre volonté de poursuivre nos études fléchit un peu devant la somme de travail à accomplir, ou quand la vie familiale devient plus exigeante. Un but est sain quand il nous aide à répondre à nos besoins d'être physiquement bien, d'aimer, d'apprendre ou de contribuer. Il nous donne du stress positif, malgré les inévitables embûches qu'on rencontre, malgré les «occasions de stress».

Pour réaliser des buts qui répondent à nos besoins profonds, sources de joie de vivre, il faut leur réserver du temps. Si on n'y prend garde, on finit par investir tout notre temps à effectuer des tâches routinières plus ou moins accessoires, à répondre à une longue suite d'urgences plus ou moins futiles (quand on les considère avec un peu de recul) ou à chercher le bonheur dans des sources illusoires qui nous procurent à l'occasion de l'excitation mais qui nous laissent toujours seul-e et déçu-e. Il est important d'investir notre temps dans ce qui compte vraiment.

Développer son sens moral

Notre sens moral est à la base d'une bonne partie de ce qu'on pense devoir faire et de comment on pense devoir être. On a appris à répondre à nos besoins à travers le filtre d'une morale religieuse pleine d'interdits. On nous a montré que pour être moralement correct-e, il fallait réprimer nos émotions, renoncer à satisfaire nos besoins et faire passer ceux des autres avant. L'Église nous imposait plus de suivre sa doctrine aveuglément qu'elle ne nous suggérait de prendre le temps de réfléchir à des façons morales de vivre notre vie.

Or, renoncer à satisfaire nos besoins et faire passer ceux des autres avant les nôtres, tant qu'on n'a pas encore atteint un haut degré de développement, suppose qu'on vive presque toujours en inhibition et qu'on développe un sens aigu de la culpabilité. On inhibe parce qu'on pense devoir se soumettre (oui papa, oui maman, oui monsieur le curé, oui patron, etc.) et on développe de la culpabilité parce qu'un jour ou l'autre, on pense un peu à soi et on passe alors pour des méchant-es ou des égoïstes. Ceux et celles qui profitent de notre docilité ne manquent jamais l'occasion de nous rappeler à l'ordre (à *leur* ordre) dès qu'on désobéit aux normes ou aux principes par lesquels ils nous gardent sous leur emprise. On sait qu'inhibition et culpabilité sont de bonnes bases pour un niveau de stress élevé.

Quand l'oppression sévit longtemps, elle prépare un retour du balancier. C'est pourquoi on assiste depuis quelques années à une forme de libération qui nie tout fondement aux normes strictes qui avaient prévalu depuis des décennies. Maintenant, cette soi-disant libération nous dicte qu'il faut gagner beaucoup d'argent, qu'il faut être jeune et avoir fière allure, qu'il ne faut pas s'encombrer des personnes qui vivent des périodes difficiles, etc. Cette morale du «moi, moi, moi» nous mène tout droit à une vie vide et dénuée de sens, à une vie où le stress prend la forme d'une angoisse sourde liée au non-sens. Entre les deux systèmes de normes, il reste une place pour une vie plus riche, où la quête de sens n'est plus emprisonnée par des obligations décidées par d'autres, mais canalisée par le développement physique, intellectuel, affectif et moral de chacun-e. Le développement moral mène à la joie de vivre non par une soumission à des normes, mais par la reconnaissance du bien-fondé de relations humaines aimantes et respectueuses.

On vit beaucoup de stress à cause de notre morale normative étroite. On donne, mais ça nous enrage quand on ne reçoit rien en retour. On dit oui, mais on en fait des ulcères et on en garde du ressentiment à jamais. Donner est une façon d'aimer. Quand donner mène à détester ou à avoir du ressentiment, quelque chose n'a pas de sens. Donner avec joie, ça s'apprend. Il est bien sûr possible de donner sainement sa vie pour les autres. Les personnes qui se donnent à une cause avec une conviction profonde y trouvent une source inépuisable de joie de vivre. Elles ne le font pas par inhibition. Elles ont appris.

Le cheminement vers une intégration de plus en plus grande des valeurs humaines fondamentales comme le respect de la vie, l'amour, la paix, la justice, soutenu ou non par des croyances religieuses, constitue un excellent moyen d'accéder à un ensemble d'attitudes saines.

Tout comme on peut développer notre intelligence ou notre affectivité, on peut faire grandir notre sens moral. Développer notre sens moral et être capable de vivre en accord avec des valeurs profondes constituent des atouts majeurs pour une vie saine. Comme dans tout processus de croissance, il y a ici des étapes, qu'il est inutile de brûler. Apprendre à les franchir est cependant un choix judicieux.

On se donne ainsi un ensemble de critères sûrs sur lesquels baser notre vie. On peut mieux faire des choix qui, quoique parfois difficiles,

nous assurent d'une certaine sérénité. Quand l'honnêteté, le respect de
la vie, la paix, l'amour et la justice guident notre vie, il y a moins de
stress inutile que quand on est guidé-e par l'appât du gain, la drogue,
le sexe, la vengeance, ou d'autres formes de compulsion.

Pour conclure

Des symptômes de stress indésirables apparaissent quand on répond
de façon inappropriée à nos occasions de stress et quand on laisse nos
besoins profonds insatisfaits. On n'est jamais à l'abri d'éventuels événements malheureux, mais on peut développer des attitudes qui nous
aident à trouver des solutions saines aux problèmes que la vie nous
pose. En assouplissant nos attitudes, ou en les changeant, on augmente
notre marge de manœuvre et nos chances de vivre en équilibre.

«Aussi longtemps qu'on persiste à utiliser les solutions qu'on utilise,
on continue à obtenir les résultats qu'on obtient.» Pour arriver à utiliser
d'autres moyens, il faut souvent changer quelque chose en nous-même.
Développer des attitudes saines permet d'augmenter le nombre et la
qualité des choix qui s'offrent à nous pour solutionner les problèmes
qui sont à l'origine d'un niveau de stress indésirable, et pour consentir
à vivre en accord avec notre nature profonde. Au nombre de ces attitudes de base, on retient la flexibilité, l'amour et l'acceptation de soi,
l'autonomie et la synergie.

La santé est un processus évolutif et dynamique qui dégénère quand
il est arrêté. On le soutient en apportant les changements qui s'imposent, des changements par lesquels on se développe sur les plans physique, intellectuel, affectif et moral.

2. Observer ses attitudes

Voici un questionnaire pour observer nos attitudes. On remplit le
questionnaire en s'appuyant sur le travail qu'on a effectué dans les
chapitres précédents. Par exemple, la notion de marge de manœuvre ne
sera pas reprise par des interrogations sur où on est coincé-e, puisque
le questionnaire sur les occasions de stress (voir deuxième chapitre)
nous a déjà permis d'en prendre davantage conscience.

Il s'agit surtout de compléter des phrases; la réflexion qui s'ensuit
peut être très avantageusement poursuivie dans un journal personnel.

Questionnaire: Identifier ses attitudes

La flexibilité

Choisir 4 occasions de stress et les reporter dans la première partie des phrases à compléter qui suivent. Puis identifier les solutions expérimentées jusqu'à maintenant pour chacune.

1. Jusqu'ici, j'ai tenté de résoudre ceci _____,
en appliquant la/les solution/s suivante/s: _____

_____

2. Jusqu'ici, j'ai tenté de résoudre ceci _____,
en appliquant la/les solution/s suivante/s:_____

_____

3. Jusqu'ici, j'ai tenté de résoudre ceci _____,
en appliquant la/les solution/s suivante/s: _____

_____

4. Jusqu'ici, j'ai tenté de résoudre ceci _____,
en appliquant la/les solution/s suivante/s: _____

_____

Mes conclusions: je suis flexible et j'expérimente beaucoup de types de solutions ou je m'en tiens aux mêmes solutions.

Flexibilité: Pas du tout ___ Un peu ____ Moyennement ___ Beaucoup ___

J'ai intérêt à apprendre: _____

_____

_____

Pour la première occasion de stress, je pourrais expérimenter de

_____

_____

Pour la seconde occasion de stress, je pourrais expérimenter de

_____

_____

Pour la troisième occasion de stress, je pourrais expérimenter de

_____

_____

Pour la quatrième occasion de stress, je pourrais expérimenter de

_____

_____

Se concevoir de façon ouverte
Compléter les phrases qui suivent.

1. Ce qui me limitera toujours, c'est:
1.1_____
1.2_____
1.3_____
1.4_____

2. Jamais je ne réussirai à:
2.1_____
2.2 _____
2.3 _____

Mes conclusions: Je me conçois de façon ouverte, je pense que presque tout m'est possible ou je me conçois de façon fermée, je me considère limité-e par ma nature ou mes faibles capacités.

Conception ouverte: Pas du tout ____ Un peu ____ Moyennement ____ Beaucoup ____

Pour aider l'ouverture, je complète les phrases qui suivent en y écrivant les choses à première vue surprenantes que j'ai réalisées.

3. Jamais je n'aurais cru que je pourrais un jour être capable de

_____

ou de_____
ou de_____

4. Pour ouvrir ma conception de moi, je reprends ce que je prends actuellement pour mes limites (voir 1.1, 1.2, 1.3, et 1.4). Je complète les phrases qui suivent.

1.1_____ne me limitera plus si j'apprends à

_____

ou à _____
ou à _____

1.2_____ne me limitera plus si j'apprends à

_____

ou à _____

ou à _____

1.3_____ne me limitera plus si j'apprends à

_____

ou à _____

ou à _____

1.4_____ne me limitera plus si j'apprends à

_____

ou à _____

ou à _____

5. Reprendre mes réponses à 2.1, 2.2 et 2.3, ci haut. J'écris ce que je pourrais changer pour arriver à relever chacun de ces défis.

Pour arriver à réussir 2.1 _____, je pourrais_____

_____

Pour arriver à réussir 2.2 _____, je pourrais _____

_____

Pour arriver à réussir 2.3 _____, je pourrais _____

_____

Savoir renoncer

Compléter les phrases qui suivent.

Dans ma vie, j'ai été capable de vraiment renoncer à _____

_____

Dans ma vie, je ne suis pas encore capable de vraiment renoncer à

_____

Mes conclusions: Je suis capable de renoncer à ce qui me fait plus de mal que de bien ou je m'accroche à ce qui me fait du mal.

Je sais lâcher prise: Jamais ___ Difficilement ____ Facilement si c'est nécessaire ___

Pour arriver à mieux renoncer à ce qui me fait du mal, j'aurais besoin d'apprendre à _____

_____

S'aimer et s'accepter

Cocher ( ) la réponse appropriée.

1.1 Je cherche à me donner ce qui est bon pour moi:
Pas du tout ___ Un peu ___ Moyennement ___ Beaucoup ___

1.2 N'importe quoi est toujours assez bon pour moi.
Pas du tout ___ Un peu ___ Moyennement ___ Beaucoup ___

2.1. Je me fais payer mes erreurs.
Pas du tout ___ Un peu ___ Moyennement ___ Beaucoup ___

2.2. Je regarde honnêtement mes erreurs sans me condamner et je cherche à apprendre à mieux faire.
Pas du tout ___ Un peu ___ Moyennement ___ Beaucoup ___

3.1. Je suis heureux-se d'être la personne que je suis.
Pas du tout ___ Un peu ___ Moyennement ___ Beaucoup ___

3.2. Je m'aimerais davantage si j'étais autrement.
Pas du tout ___ Un peu ___ Moyennement ___ Beaucoup ___

4.1. Je suis bienveillant-e envers moi.
Pas du tout ___ Un peu ___ Moyennement ___ Beaucoup ___

4.2 Je suis dur-e avec moi.
Pas du tout ___ Un peu ___ Moyennement ___ Beaucoup ___

Mes conclusions: je m'aime et je m'accepte
Pas du tout ___ Un peu ___ Moyennement ___ Beaucoup ___
Pour m'aimer et m'accepter davantage, j'aurais besoin d'apprendre à

_____

_____

_____

Dépendance et autonomie

Compléter les phrases suivantes pour trois occasions de stress différentes.

1. Écrire une première occasion de stress: _____
Pour que cette occasion de stress se règle, il faudrait que

_____ ,

ou que_____ ,

ou que_____ ,

ou que_____ ,

ou que_____ .

2. Écrire une seconde occasion de stress_____

Pour que cette occasion de stress se règle, il faudrait que

_____,

ou que_____,

ou que_____,

ou que_____,

ou que_____.

3. Écrire une troisième occasion de stress_____

Pour que cette occasion de stress se règle, il faudrait que

_____,

ou que_____,

ou que_____,

ou que_____,

ou que_____.

Toutes les fois où je pense que la solution à mes occasions de stress est que *d'autres* changent ou que *des choses* se produisent, je fais preuve de dépendance envers ces autres ou ces choses. Je réduis par conséquent ma capacité de répondre: le changement incombe aux autres, ce qui diminue considérablement les probabilités que les choses s'arrangent. Toutes les fois où je trouve que *je* peux changer pour régler l'occasion de stress, je développe mon autonomie et je me donne du pouvoir sur la situation.

Mes conclusions: Est-ce que je réponds:

«Il faudrait que je change ma réponse.»

«Il faudrait que d'autres changent leur réponse»,

ou «Il faudrait que certaines situations changent?»

Je suis autonome: Pas du tout ___ Un peu ____ Moyennement ___ Beaucoup ___

Reprendre l'exercice avec la formulation suivante:

• Pour que cette occasion de stress (voir n° 1 ci-haut) se règle,

je pourrais _____,

et je pourrais _____,

et je pourrais _____ ,

et je pourrais _____ ,

Pour y arriver, j'aurais besoin d'apprendre à _____

_____

_____

_____

• Pour que cette occasion de stress (voir n° 2 ci-haut) se règle,
je pourrais _____,
et je pourrais _____,
et je pourrais _____,
et je pourrais _____,

Pour y arriver, j'aurais besoin d'apprendre à_____
_____
_____
_____

• Pour que cette occasion de stress (voir n° 3 ci-haut) se règle,
je pourrais _____,
et je pourrais _____,
et je pourrais _____,
et je pourrais _____,

Pour y arriver, j'aurais besoin d'apprendre _____
_____
_____
_____

S'affirmer
1. Écrire trois frustrations que le comportement d'un-e autre me fait
vivre et cocher ( ) la réponse appropriée.
1.1. Voici une première source de frustration pour moi: _____
_____

J'ai communiqué clairement ce qui me dérange. Oui ___ Non ___
J'ai communiqué clairement ce que je voudrais. Oui ___ Non ___
Je l'ai communiqué à la bonne personne ___, à une autre personne
___.

J'ai écouté l'autre attentivement. Oui ___ Non ___

1.2. Voici une seconde source de frustration pour moi: _____
_____

J'ai communiqué clairement ce qui me dérange. Oui ___ Non ___
J'ai communiqué clairement ce que je voudrais. Oui ___ Non ___
Je l'ai communiqué à la bonne personne ___, à une autre personne
___.

J'ai écouté l'autre attentivement. Oui ___ Non ___

1.3. Voici une troisième source de frustration pour moi: _____
_____

J'ai communiqué clairement ce qui me dérange. Oui ___ Non ___

J'ai communiqué clairement ce que je voudrais. Oui ___ Non ___
Je l'ai communiqué à la bonne personne ___, à une autre personne
___.

J'ai écouté l'autre attentivement. Oui ___ Non ___
Mes conclusions: Je suis capable de communiquer clairement à la
bonne personne ce qui me dérange.
Pas du tout ___ Un peu ___ Moyennement ___ Beaucoup ___
Je suis capable d'écouter les personnes avec qui je vis de la frustration.
Pas du tout ___ Un peu ___ Moyennement ___ Beaucoup ___
J'aurais avantage à apprendre _____
_____
_____

2. Reprendre l'une ou l'autre des sources de frustrations mentionnées
en 1.1, 1.2 ou 1.3 ci-haut où je voudrais m'affirmer davantage:_____

Première étape. Créer un contexte pour parler du problème: ex.: «Il
y a quelque chose qui me crée problème, dont je voudrais te parler.»
Choisir un bon moment.
2.1.1. Un bon moment pour en parler: _____
2.1.2. Un bon endroit pour en parler: _____

Seconde étape. Exposer les faits. Ex.: «Ça fait quatre fois que tu
viens manger chez moi et jamais tu n'as contribué financièrement ou
autrement au repas.»

2.2. J'expose les faits: _____
_____

Troisième étape. Exprimer mes émotions avec des messages «Je».
Ex.: «Je trouve ça difficile, j'ai l'impression de me faire exploiter, je
t'en veux, j'ai beaucoup moins le goût de t'inviter, de te voir. Ça ternit
notre relation à mes yeux et j'aimerais qu'on règle ça.»

2.3. J'exprime mes émotions: _____
_____
_____

Quatrième étape. Écouter. Ex.: «Comment réagis-tu à ce que je te dis?»

2.4. Je récolte sa réaction (je ne me contente pas de la deviner): ____
_____
_____

Cinquième étape. Proposer des solutions concrètes. Ex.: «J'aimerais que, une fois sur deux, on mange chez toi ou au restaurant à tes frais, ou j'aimerais que tu apportes du vin et j'en apporterai aussi quand on mangera chez toi.»

2.5. Je propose des solutions concrètes: _____
_____
_____

Sixième étape. S'entendre sur des solutions concrètes. satisfaisantes pour les deux: si on discute de la proposition faite en 2.5, on peut arriver à une autre entente satisfaisante. Ex.: «On sépare les factures de restaurant moitié-moitié, et on apporte du vin quand on mange chez l'autre.»

2.6. Voici les solutions concrètes sur lesquelles nous nous sommes entendu-es: _____
_____
_____
_____

Septième étape: Évaluer. On se souvient de ce dont on a convenu, on vérifie si on a tenu nos engagements de façon satisfaisante et on réajuste périodiquement si besoin est.

2.6. Nous évaluons et, si besoin est, nous réajustons: _____
_____
_____
_____

Exposer des faits et exprimer nos émotions sans juger l'autre, écouter l'autre point de vue, proposer des solutions concrètes satisfaisantes et les ajuster conjointement ou en trouver d'autres ensemble, vérifier qu'on les a vraiment mises en place, et les réajuster périodiquement si le besoin s'en fait sentir, voilà une bonne façon de s'affirmer de façon constructive tout en rendant nos relations plus synergiques.

Si l'autre partie refuse sa collaboration, nous culpabilise, nous juge, etc., on pourra toujours avoir recours à d'autres solutions: par exemple on cesse de l'inviter à manger ou on fixe nos conditions, ce qui est plus du ressort de l'autonomie que de la synergie.

Chercher la synergie

1. Reporter le nom des personnes avec qui on est en relation dans les espaces prévus.

1.1 Relations surtout avantageuses pour moi:

_____

_____

1.2. Relations surtout avantageuses pour l'autre:

_____

_____

1.3. Relations également avantageuses pour nous deux:

_____

_____

2. Compléter les phrases qui suivent.

2.1. Personnes avec lesquelles je n'ai pas conclu d'entente ou avec lesquelles j'ai rompu mon engagement parce que je me serais retrouvé-e perdant-e: _____

_____

2.2. Personnes avec lesquelles je n'ai pas conclu d'entente ou avec lesquelles j'ai rompu mon engagement parce qu'elles se seraient retrouvées perdantes: _____

_____

Mes conclusions: Je m'efforce de conclure avec les autres des ententes qui sont satisfaisantes autant pour moi que pour eux et, sinon, j'évite d'en conclure.

Pas du tout ____ Un peu ____ Moyennement ___ Beaucoup ___
J'aurais avantage à apprendre _____

_____

Régler dans des délais raisonnables

1. Choisir 4 occasions de stress et compléter les phrases suivantes.

1.1. Mon problème de _____ avec _____ dure depuis _____

1.2. Mon problème de _____ avec _____ dure depuis _____

1.3. Mon problème de _____ avec _____ dure depuis _____

1.4. Mon problème de _____ avec _____ dure depuis _____

2. Compléter.

Je règle rapidement les occasions de stress

2.1 telles que _____

2.2. et telles que _____

2.3. et telles que _____

(Telles que les factures, les tâches domestiques, les relations avec les enfants, etc.)

3. Compléter

Je laisse traîner les occasions de stress

3.1. telles que _____

3.2. et telles que _____

3.3. et telles que _____

Mes conclusions: Je suis capable de ne pas laisser durer les problèmes; dans la mesure du possible, je me fais une priorité de régler ce qui ne va pas.

Pas du tout ____ Un peu _____ Moyennement ____ Beaucoup ___

J'aurais avantage à apprendre _____
_____

Répondre à ses besoins

Compléter les phrases suivantes.

1. Dans la vie, ce qui m'importe le plus, c'est de _____

et de _____

et de _____

et de _____

et de _____

2. Je passe mes journées à _____

et à _____

et à _____

et à _____

et à _____

Mes conclusions:

Je réponds à mon besoin d'être physiquement bien.

Pas du tout ___ Un peu ___ Moyennement ___ Beaucoup ___

Je réponds à mon besoin d'aimer et d'être aimé-e.

Pas du tout ___ Un peu ___ Moyennement ___ Beaucoup ___

Je réponds à mon besoin d'apprendre.

Pas du tout ___ Un peu ___ Moyennement ___ Beaucoup ___

Je réponds à mon besoin de contribuer au monde.

Pas du tout ___ Un peu ___ Moyennement ___ Beaucoup ___

Je passe mes journées à ce qui m'importe le plus.

Pas du tout ___ Un peu ___ Moyennement ___ Beaucoup ___

J'ai intérêt à changer: _____

_____

_____

3. Agir sur ses attitudes

Assouplir ou changer ses attitudes ne se fait pas du jour au lendemain. On réussit en combinant de l'ouverture, des moyens efficaces et de la discipline. Et comme on va commettre un certain nombre d'erreurs dans le changement, on aura aussi besoin de patience et d'indulgence.

Si on accepte d'être aidé-e dans ce processus de changement, la psychothérapie reste un moyen de choix. Le fonction première du psychologue est précisément d'aider les gens à changer. Le psychologue écoute, aide à mieux ressentir les émotions, offre de nouveaux points de vue, propose de nouvelles façons de faire.

On peut aussi changer sans avoir recours à une relation thérapeutique; toutes les parties «agir» des chapitres de ce livre proposent des façons de le faire et ce ne sont que quelques exemples de tous les changements qu'il est possible d'entreprendre. Voici quelques autres moyens d'action.

Agir sur chacune des composantes de ses attitudes

Quand ce qu'on pense, ce qu'on ressent et ce qu'on fait va dans le même sens, il n'y a pas de place pour le changement. La première étape pour changer, c'est de créer une brèche, c'est-à-dire de s'ouvrir à de nouvelles façons de penser, de mieux ressentir nos émotions ou de faire des gestes concrets qui rompent avec nos habitudes.

Changer ses façons de penser

On peut changer nos attitudes en changeant notre façon de penser. Un des moyens d'y arriver consiste à évaluer rationnellement les conséquences réelles d'une idée. Par exemple, si on pense qu'on a besoin de plaire pour que tout le monde nous aime, on se posera des questions comme: pourquoi tout le monde doit-il m'aimer, que se passerait-il réellement si quelqu'un ne m'aimait pas? Est-ce qu'il y a des personnes à qui je m'efforce de plaire et qui ne m'en aiment pas plus? Il s'agit ici de vérifier jusqu'à quel point l'idée est fondée et de la remplacer par une idée qui soit plus juste et qui donne plus de possibilités. Dès qu'on ne pense plus qu'on est absolument obligé-e de plaire ni que tout le monde doit nous aimer, on peut cesser de faire tout ce qui nous est demandé, d'être le petit chien de tout le monde, ce qui nous permet de mieux choisir nos relations.

Choisir une occasion de stress: _____

Ce qui m'empêche de solutionner cette occasion de stress, c'est que je pense que _____ .

Jusqu'à quel point cette idée, qui m'empêche de solutionner mon problème, est-elle vraie? _____
_____

Je trouve des exemples où elle s'est révélée fausse.
_____

Je pense à des personnes qui réussissent très bien à régler le même problème; quelles sont leurs idées sur le sujet?
_____
_____

Voici quelques autres moyens pour changer des façons de penser limitatives:
- Lire des ouvrages où il y a des idées (psychologie, philosophie, spiritualité, biographies de personnes qui ont beaucoup réfléchi, etc.). Choisir des journaux, des livres ou des revues, des émissions de radio ou de télévision qui nous proposent des façons de penser stimulantes, qui nous confrontent ou bousculent nos idées précon-

çues et qui nous en proposent d'autres. Il est difficile de développer notre pensée si on n'est en communication qu'avec des gens qui rejettent systématiquement toute nouvelle idée ou si on ne lit que ce qu'on sait déjà ou si on ne garde jamais de temps pour réfléchir. Développer sa pensée demande certains efforts. Si on ne lit que les quotidiens, le monde finit par ressembler à un endroit dangereux où tout n'est que combat entre pays, équipes sportives, policiers et bandits, patronat et syndicat, hommes et femmes, etc. Si on ne lit que les journaux d'affaires, on craint les récessions et on se convainc qu'il faut beaucoup d'argent pour vivre. Si on ne lit que les journaux envoyés gracieusement par les compagnies pharmaceutiques, on finit par croire qu'il n'y a que les médicaments qui peuvent avoir un effet sur la santé. C'est par l'ouverture à ce qui est différent qu'on arrive à changer.

- Fréquenter des personnes différentes de nous qui nous semblent avoir un bon jugement.
- Participer à des ateliers de développement personnel animés par des personnes qualifiées.
- Faire une psychothérapie avec une personne qualifiée.
- Changer nos comportements stéréotypés (un homme qui apprend à faire la cuisine ou une femme qui apprend la menuiserie vont probablement penser de façon moins sexiste et devenir plus autonomes).
- Mieux prendre conscience de nos émotions et les exprimer davantage. On va alors nécessairement penser autrement nos relations avec les autres.
- Réserver des moments à la réflexion (écrire un journal personnel, par exemple). Pour penser clairement, du calme et du temps demeurent des alliés précieux.
- Prendre conscience de nos pensées automatiques. Notre cerveau traite continuellement les informations avec les outils qu'on a intégrés, si bien que, même si on pense beaucoup à ce qui nous arrive, on ne réfléchit pas beaucoup à *comment* on y pense. Il est très utile de prendre conscience de nos tendances:
    — À se sentir obligé-e. «Il faut...» «Je dois...»
    — À s'interdire. «Je n'ai pas le droit de...» «Sous aucun prétexte il n'est permis de...»)
    — À s'autocritiquer de façon destructrice «Je ne vaux rien.», parfois défensive «Je suis parfait-e.»

— À penser en absolu. «Toujours» «Jamais» «Tout le monde» «Personne»

— À dramatiser. «C'est la fin du monde.» «C'est super magnifique.»

— À lire dans les pensées. «Les autres doivent penser que...» «Il/elle fait exprès de...»

— À dépendre. «J'ai absolument besoin de...»

— À se sentir coupable. «C'est de ma faute si...» Et à la culpabilisation. «C'est de ta faute si...»

— À idéaliser. «Tout serait parfait si...» «Je n'aurais plus jamais de problème si...»

— À refouler ses émotions. «Ça ne me fait rien.» «Je suis au-dessus de ça.» «C'est pas grave.»

— À généraliser. «J'ai toujours été comme ça» «Ils sont tous pareils.»

— Et à bien d'autres pensées automatiques par lesquelles on restreint nos options.

Bien que ces pensées puissent se présenter en images, c'est le plus souvent en étant attentif-ve à notre langage intérieur qu'on les démasque.

Mieux ressentir

On peut aussi changer nos attitudes en prenant davantage conscience de nos émotions. Nos émotions nous guident dans le choix de ce qui est important pour nous.

Voici quelques moyens de mieux ressentir.

• Prendre conscience des émotions que l'on ressent, cesser de se les cacher.

• Accepter nos émotions, même quand on aimerait mieux ne pas les ressentir: accepter la colère, la tristesse, la peur, l'amour, la haine, etc. Ne pas prendre une émotion pour une autre (cesser de prendre la pitié pour de l'amour).

• Exprimer nos émotions, directement aux personnes concernées, ou à une personne de confiance, ou dans un journal; avec des mots ou avec des gestes ou des créations artistiques.

• Éviter de prendre des décisions sous le coup d'une émotion qui varie du tout au tout d'un jour à l'autre; un jour, on aime notre partenaire de vie à la folie et, le lendemain, on le-la déteste; puis, ça recommence ainsi perpétuellement. Quand des émotions importantes sont ainsi très variables, il vaut mieux demander une aide professionnelle pour s'aider à y voir plus clair.

- On peut aussi agir sur nos émotions en changeant nos comportements: ainsi on peut diminuer une peur en nous exposant progressivement à ce qui nous fait peur, plutôt que de toujours l'éviter. L'évitement perpétue notre peur.

- On peut agir sur nos émotions en changeant notre façon de penser: quand on voit vraiment nos erreurs comme des occasions d'apprendre, on se sent beaucoup moins coupable et beaucoup plus responsable. Quand on peut voir quelqu'un maugréer sans penser que c'est nécessairement à cause de nous, on est moins anxieux-se.

Changer ses façons d'agir

Une troisième façon d'assouplir ou de changer nos attitudes consiste à agir différemment. Voici quelques méthodes pour y arriver.

- Monter une marche à la fois, c'est-à-dire, après avoir établi clairement ce qu'on veut réussir, commencer à s'exercer sur des choses faciles. Quand on réussit bien, on passe à l'étape suivante avec plus de confiance en soi.

Par exemple, commencer à s'affirmer avec notre chien (ne pas lui céder notre fauteuil), puis avec les marchands qui utilisent le téléphone (refuser catégoriquement d'acheter ce qui ne convient pas), puis face à face avec des marchands (retourner des produits insatisfaisants), puis avec nos connaissances, nos ami-es, notre employeur ou nos employé-es, des membres de notre famille, etc.

On peut apprendre à peu près tout, si on précède par étapes.

- Se récompenser à chaque fois qu'on fait des gestes concrets pour développer ce qu'on veut: se féliciter quand on s'affirme, se payer un peu de plaisir, en parler à des gens en qui on a confiance, etc.

- Tenir un journal, un registre dans lequel on écrit ce qu'on fait pour nous améliorer: noter chaque demi-heure d'exercice physique, chaque période de relaxation, chaque effort que l'on fait pour vaincre nos peurs, etc.

- Écrire ce qu'on veut changer et garder cette référence écrite sous la main, pour ne pas l'oublier: écrire près du récepteur téléphonique qu'on refuse désormais d'acheter quoi que ce soit par téléphone, ou laisser une note sur notre lit pour nous faire penser à faire nos exercices de relaxation, etc.

• Changer certaines de nos façons de penser pourra nous aider à changer nos comportements. Par exemple, si on réfléchit attentivement au bien-fondé de notre perfectionnisme, on pourra peut-être agir avec moins de compulsivité. Qu'est-ce qu'on cherche dans le perfectionnisme? De quoi a-t-on vraiment peur quand on se trompe? Quels sont les inconvénients pour nous ou pour les autres à ce qu'on désire toujours la perfection?

Agir pour cesser de broyer du noir

On souffre souvent d'avance pour des choses qui n'auront jamais lieu. Il ne sert à rien de se tourmenter: il sera toujours temps de réagir positivement aux inévitables coups durs de la vie, quand, et seulement quand, ils se produiront. À cinquante-huit ans, Joseph nous disait avoir finalement appris à «attendre d'être rendu à la rivière avant de s'inquiéter de l'état du pont» et il en éprouvait un grand soulagement. Il se concentre maintenant sur les faits réels plutôt que sur les millions de choses qui pourraient peut-être arriver. Cela s'apprend.

Voici quelques autres façons de faire qui peuvent aider à mieux nous servir de nos idées noires:

• Nous confier, parler de nos peurs, exprimer ce qu'on ressent, écrire les catastrophes qu'on appréhende: exprimer soulage, rassure et permet de trouver des solutions.

• Vérifier concrètement, quand c'est possible, si ce qui nous envahit a sa raison d'être. Avant de penser que Jean-Louis a eu un accident, on pourrait au moins téléphoner pour savoir s'il est parti de chez lui...

• Vivre le plus possible dans le moment présent, ou à tout le moins vivre un jour à la fois. Nos idées noires concernent le passé et le futur, rarement le présent. Ici, maintenant, la vie est toujours différente de ce qu'on imagine là-bas, plus tard. Nos appréhensions nous font plus de mal que la réalité. Les choses ne se passeront pas comme on le pense. Pourquoi souffrir à l'avance pour des choses qui n'auront peut-être pas lieu? Revenir ici, maintenant, s'occuper plutôt que de se préoccuper, voilà qui reste la meilleure façon de rééduquer notre cerveau.

• Apprendre des moyens concrets pour arrêter le flot des idées noires; quand on prend conscience que «la folle du logis» est en action, on peut l'arrêter en imaginant un immense panneau de circulation rouge avec le mot «stop», en disant «stop» mentalement et en se donnant en même temps un signal physique comme un très léger coup sur la main; au début, il faut répéter plusieurs fois, mais à la longue, notre cerveau apprend.

- Donner un nom et un visage à notre broyeur de noir intérieur et négocier avec lui. «Tiens voilà Concasseur! Viens-tu pour longtemps? Concasse pendant encore deux minutes et fous-moi la paix ensuite; j'ai autre chose à faire qu'à t'écouter.» À chacun-e de créer ses propres dialogues intérieurs.

- Faire quelque chose de captivant, briser l'état d'impuissance dans lequel nous met notre rumination: aller dehors, bricoler, nager, faire autre chose que de rester assis-e à regarder par terre.

- Créer littéralement des scénarios pires que ceux que notre cerveau imagine quand il est laissé à lui-même: imaginer volontairement que la personne qu'on aime et qui n'est pas rentrée non seulement a eu un accident mais encore que c'est une soucoupe volante qui lui est tombée sur la tête...

- Confronter la logique des idées qui nous passent par la tête: si la personne qu'on aime n'est pas encore rentrée, c'est qu'elle a eu un accident... est-ce bien vrai? Et si on l'imaginait prise dans un bouchon de circulation, un peu préoccupée parce qu'elle ne peut pas nous rassurer? Ça ne serait peut-être pas plus «vrai», mais ça nous ferait plus de bien... Au fond, on ne sait pas ce qui se passe vraiment; pourquoi toujours croire au pire comme si c'était vrai? On peut rééduquer notre cerveau.

- Se concentrer sur les sources émotives de notre idée noire: si on a peur, si on est si mal dans notre peau à attendre cette personne qui n'est pas encore rentrée, c'est parce qu'on l'aime, non? Et si on pense qu'on l'aime, on peut se souvenir des bons moments passés ensemble, non? Et on peut penser qu'on en passera d'autres, notamment celui où elle arrivera enfin? Et dans quel état d'esprit souhaiterait-elle qu'on la reçoive? Comment pourrait-on transformer ce moment en source de joie? Comment notre cœur sera-t-il habillé à son arrivée?

- De façon plus préventive, on peut aussi se servir des moments où on est en paix pour faire venir volontairement nos idées noires; il se produit alors un effet bizarre où une idée habituellement effrayante est revécue dans un corps et un esprit détendus et paisibles, c'est-à-dire avec un certain recul, avec une possibilité d'apprendre plutôt que de plonger tête baissée dans la soupe chaude. Ce phénomène se produit souvent involontairement lors de la pratique d'exercices de relaxation: le corps et l'esprit sont plus détendus et le spectacle des idées noires qui se présentent spontanément a beaucoup moins d'emprise sur nous parce qu'on en est comme détaché-e, on n'y est pas identifié-e. On peut alors apprendre comment notre imagination s'y prend pour nous rendre la vie impossible.

Si jouer à l'autruche n'est guère utile, broyer du noir en s'inventant de très hypothétiques problèmes l'est encore moins.

Observer pour mieux agir sur soi

Observer consiste à cesser temporairement de répondre selon notre habitude à une occasion de stress tout en regardant et en écoutant attentivement ce qui se passe. C'est donc déjà un changement d'attitude.

Par exemple, si on se retrouve fréquemment avec une imposante somme de travail, on cesse temporairement nos comportements habituels (travailler le soir, nous plaindre, etc.) et on s'intéresse à comment tout ce travail nous tombe entre les mains. Notre tâche ne consiste plus exclusivement à faire tout notre travail mais plutôt à observer *comment* tant de travail nous arrive.

Cela pourra nous amener à prendre conscience de notre propension à dire oui à tout le monde. On remarquera peut-être que bien des collègues nous refilent un peu de leur travail. On verra notre besoin de tout faire sans rien déléguer. On sentira notre peur de demander de l'aide ou de déranger. On se rendra compte de notre besoin d'être indispensable ou de bien paraître. On examinera de près tout le temps qu'on perd à attendre ou à corriger les erreurs des autres. On constatera les points de l'organisation du travail qui font que tout nous passe inutilement par les mains. On pourra alors choisir d'apporter des correctifs à toutes les sources du problème qu'on aura observées.

Conclusion

DU STRESS À LA JOIE DE VIVRE

Lorsqu'on veut conserver nos plantes vertes en bonne santé, on s'organise pour en prendre soin. On apprend à les connaître et on s'efforce de fournir à chacune le terreau, la lumière, l'eau, la nourriture, la température et l'humidité qui leur conviennent le mieux. Si on leur procure de bonnes conditions, nos plantes croissent et restent belles. Si nos soins sont inappropriés ou insuffisants, elles se flétrissent. Dans ce cas, on peut encore leur redonner la santé par des soins correctifs ponctuels, mais on devra forcément réviser les conditions de vie et les soins qu'on donne à chacune au jour le jour. La preuve qu'elles ont besoin de conditions différentes, c'est justement que la façon dont on les a traitées les a rendues malades.

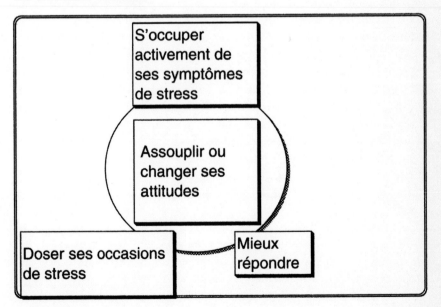

On doit de plus offrir à chacune les conditions qui répondent à ses besoins spécifiques. Ils varient selon la nature de chacune (un cactus et une violette ont besoin de conditions différentes pour s'épanouir), selon les saisons, selon le stade de maturité qu'elles ont atteint, selon la présence ou l'absence de parasites, etc. Une fois qu'on connaît les besoins de chacune, il s'agit d'y répondre avec compétence. Ce n'est pas en arrosant nos plantes avec du champagne, même de bonne qualité, qu'on obtient de meilleurs résultats....

La santé de tout être vivant dépend ainsi de conditions de vie qui lui sont propres; chacun a des besoins spécifiques, qui varient périodiquement. Lorsqu'il y a équilibre entre ses besoins et ses conditions de vie, l'être vivant s'épanouit. Lorsqu'il y a déséquilibre, il montre des signes de défaillance. L'être humain ne fait pas exception à la règle. Cependant, plus que tout autre être vivant, il peut agir pour établir et maintenir lui-même cet équilibre.

Les signes de défaillance (les symptômes de stress) indiquent que l'équilibre d'une personne est rompu: les conditions de vie insatisfaisantes (les occasions de stress) perdurent et l'individu ne peut donner toute sa mesure.

Chacun-e est à la fois le botaniste (on a une façon de penser), la plante (on ressent) et le jardinier (on peut agir). On profite ou on écope de notre façon de penser, de l'attention qu'on porte à nos émotions et des soins qu'on s'accorde. Nos attitudes nous gardent ou non en santé. On manœuvre cependant à l'intérieur de conditions extérieures plus ou moins contraignantes et on ne peut, par conséquent, tout contrôler.

On peut faire beaucoup pour conserver ou pour retrouver notre équilibre personnel et notre joie de vivre. On y arrive si on s'en fait une priorité, si on apprend plusieurs moyens de le faire et si on accepte d'en changer selon les circonstances. On s'occupe de nos symptômes de stress. On dose mieux nos occasions de stress en fonction de notre capacité à répondre. On est plus ouvert-e à nos émotions et à nos élans intérieurs et, partant de là, on exprime, on agit et on inhibe de moins en moins. On évolue et on ajuste ce qu'on pense de nous-même et du monde.

Au fond, on a mal parce qu'on reste trop petit-e. Comme les enfants, on délègue à d'autres une plus ou moins grande partie de la tâche de subvenir à certains de nos besoins quotidiens. On leur demande de nous aimer, de tenir leurs promesses, de ne pas nous laisser tomber, on voudrait qu'ils n'abusent pas de nous, qu'ils nous comprennent, que, par leurs actions, ils suppléent à nos manques. On espère aussi qu'ils se prendront davantage en main et qu'ils sortiront de leurs «mauvais penchants». On réclame la justice, on veut beaucoup d'argent, on veut que la vie soit moins changeante, parce que c'est dans la stabilité qu'on place notre sécurité.

Et comme les autres sont souvent petit-es, eux aussi, ils sont parfois incapables de nous aimer, ils ne tiennent pas toujours leurs promesses, ils nous laissent tomber en partant avec d'autres ou en mourant, ils abusent de nous, ils ne nous comprennent pas et font des gestes qui ne suppléent que très imparfaitement à nos manques. Le plus souvent, malgré nos avertissements et nos prières, ils continuent dans leurs mauvaises habitudes. Le monde est souvent injuste à nos yeux, l'argent est rare ou volatile et, périodiquement, la vie nous éprouve. Alors on souffre, des symptômes physiques et psychologiques de stress apparaissent.

On assume tout de même une certaine responsabilité en vue de notre bien-être. Pour gagner de l'argent, on travaille. Pour être aimé-e, on est gentil-le, on inhibe ce qui pourrait être jugé comme détestable. Bref, on fait des efforts.

Là où on reste petit-e, c'est quand on exige que les autres ou que le monde répondent comme on s'y attend à nos stratégies. «On a mangé tout ce qu'il y avait dans notre assiette, alors on a droit à du dessert.» «On a fait notre lit, conséquemment on a droit à ce que nos parents soient de bonne humeur.» On pense que si on est «correct-e», on «mérite» que la vie nous le rende.

Ainsi, si on a un emploi, on s'attend à ce que notre employeur se comporte avec justice et à ce qu'il ne fasse pas faillite. Si on paie des employé-es, on s'attend à de la reconnaissance. Si on fait des sacrifices pour notre vie de couple, on pense avoir droit à ce que notre partenaire en fasse autant. C'est dans cette façon de penser que se situe notre dépendance. Si la vie ne nous donne pas ce qu'on en attend, si elle nous refuse ce à quoi on pense avoir droit, alors on s'enlise dans notre problème en réclamant que la situation change, en revendiquant que les autres se plient à nos droits ou en attendant qu'ils finissent par comprendre leurs erreurs.

On reste esclave de cette façon de penser. On justifie notre souffrance par tout ce qui ne nous est pas donné: amour, argent, talent, beauté, emploi, opportunités de se faire valoir, compréhension, gratitude, temps libre, etc., ainsi que par la souffrance des autres. Une fois qu'on sait qu'«on a raison» de souffrir, on se croit condamné-e, on cherche quel mal on a bien pu faire pour être ainsi puni-e ou on attend avec anxiété que ça cesse. On reste inhibé-e, on exprime peu ou mal, on ne se permet pas d'agir.

Mais si on change nos attentes pour qu'elles correspondent mieux à la vie telle qu'elle est souvent, c'est-à-dire capricieuse, imprévisible et sans garantie et si on développe des moyens de répondre nous-même à la plupart de nos nouvelles attentes plus réalistes, alors on se donne une plus grande marge de manœuvre. En fait, on se prépare à la vie comme si on avait affaire à un chien fidèle; mais comme elle sait aussi être grande, belle et terrifiante comme un loup sauvage, on a peur qu'elle ne nous mange et on se cache derrière des illusions de sécurité. Quand, au contraire, on apprend à répondre, le loup devient un allié. On a alors accès à toute la beauté du monde, à une vie pleine. Ce qui ne nous empêche pas d'aimer aussi les chiens fidèles.

Il y a en chacun-e de nous un désir d'être physiquement bien, un infini besoin d'aimer, une insatiable soif d'apprendre et une volonté profonde de contribuer au monde. C'est en répondant à ces besoins qu'on trouve un sens à notre vie et c'est de ce sens que découle notre joie de vivre. Au bout du compte, tout le reste importe peu.

L'autonomie constitue une première étape dans notre processus de développement; c'est une façon de penser et d'agir qui nous mène à être responsable, capable de répondre à nos besoins intérieurs en agissant à la fois sur nous-même et sur le monde. La seconde étape, c'est la synergie, la mise en commun de plusieurs énergies libres qui collaborent à former un nouveau tout, où chaque personne s'investit dans quelque chose de plus grand qu'elle-même.

La flexibilité est nécessaire parce que la vie est par essence imprévisible. Vivre dans la rigidité, comme si rien n'allait jamais changer, c'est risqué. Si on est plus réaliste, on voit qu'on a beaucoup d'outils à acquérir; on apprend alors à répondre à presque toutes les situations.

Quand l'univers ne se comporte pas comme on pense qu'il devrait le faire, ça ne prouve pas qu'il n'est pas «correct»! Ça démontre simplement que ce qu'on pense est en partie faux. On peut toujours se rapprocher d'une façon plus juste de comprendre le monde. On peut concevoir chacune de nos occasions de stress comme une situation qui nous invite à le faire.

Il ne s'agit pas d'avoir peur, il s'agit de se développer. Il ne s'agit pas de dire: «C'est de notre faute si on va mal!», mais plutôt: «On peut changer quelque chose quand on va mal.» Cette responsabilité ne s'applique qu'à ce qu'on peut faire maintenant, avec les ressources et les compétences dont on dispose; le restant, on peut prendre la responsabilité de l'apprendre. D'où l'importance de se familiariser avec une grande diversité d'approches pour pouvoir ajuster notre vitesse de croisière selon les circonstances.

Une fois qu'on a appris, on n'a plus peur et on peut contribuer. On peut s'associer, on peut aimer, non plus pour ne pas mourir, mais pour vivre plus pleinement et «poser notre pierre» pour que le monde soit une place plus belle. On ressent de la joie de vivre et on peut rayonner. L'autonomie, ce n'est pas la suffisance: c'est la base de la collaboration. Ce n'est pas la fin du processus de développement, c'est une étape préalable et un passage obligatoire pour vivre en synergie.

Où commencer?

Les pas à franchir pour retrouver un plus grand équilibre dépendent du point de départ de chacun-e; ils diffèrent donc forcément pour chaque personne. Dans les grandes lignes, on peut cependant penser à:

- Développer de l'estime pour soi. Toute démarche pour vivre mieux s'appuie sur une estime de soi suffisamment grande pour qu'on se décide à se faire du bien. Tant qu'on pense qu'on ne vaut rien, qu'on est méprisable, qu'on doit «payer» pour nos fautes, on ne peut mettre de l'avant de façon soutenue aucune stratégie qui nous aiderait à aller mieux.
- Prendre en considération nos symptômes de stress sans cependant en faire des montagnes. Utiliser les stratégies préventives ainsi que les remèdes traditionnels ou alternatifs pour réduire notre souffrance.
- Identifier nos dépendances, c'est-à-dire ce dont on pense ne pas pouvoir se passer, même si on en souffre beaucoup, et travailler à s'en affranchir. Ce peut être une personne, une idée, un principe, un objectif irréalisable ou une habitude nuisible.
- Garder notre corps énergique, par une alimentation saine, de l'exercice physique, un sommeil suffisant, etc.
- Apprendre à rester plus calme, en pratiquant des techniques de relaxation ou en méditant. Notre monde regorge d'étincelles; si on est une bombe ambulante, on risque d'exploser à chaque coin de rue.

Si, au contraire, on est plus calme, on est beaucoup moins atteint-e par tous les petits incidents de la vie.

- Soigner notre relation avec nous-même. Développer une bienveillance non naïve envers soi, apprendre davantage et juger moins.
- Soigner nos relations avec les autres. Être plus authentique, écouter mieux, avec respect et empathie, juger moins et s'affirmer davantage. Aider et donner sans se faire exploiter: partager et collaborer. Rompre les relations malsaines, même s'il nous en coûte.
- Être plus près de nos émotions et de nos désirs et les exprimer davantage.
- Agir: cesser de tolérer l'intolérable; cesser d'attendre qu'un miracle règle nos problèmes; de façon préventive, éviter de s'engager à fond de train dans des impasses.
- Expérimenter chacune de nos occasions de stress actuelles et à venir comme une occasion d'apprendre à y répondre, de façon à ce que tout nouvel obstacle du même genre ne soit plus jamais une source de déséquilibre. Accepter les pertes nécessaires.
- Continuer d'apprendre malgré nos erreurs. On ne peut pas apprendre à aimer sans de temps en temps faire du mal aux autres, on ne peut pas apprendre à s'affirmer sans à l'occasion y aller un peu trop fort. On ne peut pas apprendre à prendre soin de soi sans parfois être injuste. On ne peut pas essayer de s'en sortir sans occasionnellement rechuter. Si on abandonne nos cours de piano aux premières fausses notes, on n'apprendra jamais à en jouer.
- Remplacer la culpabilité et la culpabilisation par le désir d'apprendre; remplacer «C'est de ma/ta/sa faute» par «Qu'est-ce que je peux faire?» et «Qu'est-ce que j'ai besoin d'apprendre pour y arriver?»
- Concentrer nos énergies pour répondre en priorité à notre goût d'être physiquement bien, à notre besoin d'aimer et d'être aimé-e, à notre désir de savoir et à notre volonté de contribuer à un monde meilleur. Aller d'abord vers autre chose (l'argent, la gloire, le pouvoir, l'éternelle jeunesse, etc.), c'est investir dans une impasse ou dans des satisfactions toujours éphémères, inévitablement insuffisantes, parce qu'on aura jamais assez de ce qui ne peut pas nous combler.

On peut faire beaucoup pour rester en équilibre.

*   *   *

Notre travail consiste à aider les gens à aller mieux. Nous vous avons rencontré sous tellement de visages que nous vous connaissons bien. Nous avons côtoyé votre détresse et votre courage. Vous avez forcé notre admiration à tellement de reprises qu'il ne nous est plus permis de douter de cette merveilleuse capacité de guérir qui dort en chacun-e de nous.

Soignons avec patience et bienveillance nos vies blessées. Appliquons-nous, avec nos quatre clés, à entretenir un équilibre sain et affranchissons-nous de ces impasses dans lesquelles nous nous réduisons si souvent, pour que nous puissions propager tout l'amour dont nous sommes capables et dont notre monde a tellement besoin. Là, *ensemble*, nous trouverons notre joie de vivre.

GLOSSAIRE DES PRINCIPAUX TERMES

Action: Réponse par laquelle une personne utilise concrètement l'énergie engendrée par une occasion de stress pour rétablir son bien-être.

Attitude: Ensemble de pensées, de sentiments et de comportements qu'une personne a en regard d'un sujet particulier.

Autonomie: Attitude de l'individu qui peut répondre lui-même à la plupart de ses besoins.

Burn-out: Terme anglais correspondant à une chute survenue à la suite d'une trop grande charge de stress au travail. On le traduit habituellement par «syndrome d'épuisement professionnel».

Charge du stress: Relation entre les occasions de stress auxquelles un individu est soumis et sa capacité à y répondre.

Chute: État de stress caractérisé par l'incapacité de poursuivre la vie avec la même charge de stress, survenant le plus souvent à la suite d'une surcharge dont on n'a pas tenu compte.

Courbe de stress: Relation entre la joie de vivre et la charge des occasions de stress.

Dépendance: Attitude d'un individu qui a besoin qu'une personne particulière ou qu'un système particulier comble certains de ses besoins.

Ennui: État de stress caractérisé par une très légère charge de stress, où la personne manque beaucoup de stimulation.

État de stress: État de bien-être/mal-être où des symptômes de stress apparaissent et se maintiennent, en raison surtout d'une attitude particulière: ennui, sécuritose, équilibre, surcharge, chute.

Équilibre: État de stress caractérisé par le maximum de joie de vivre, où la charge du stress équivaut à ce à quoi les ressources de la personne lui permettent de répondre tout en continuant son développement.

Expression: Réponse par laquelle une personne prend conscience de ses émotions et les révèle, ou par laquelle elle livre ses opinions, partage ses valeurs.

Inhibition: Réponse par laquelle une personne retient l'énergie engendrée en elle par une occasion de stress.

Marge de manœuvre: Ensemble des réponses qu'une personne a la capacité et se donne la permission d'utiliser.

Occasion de stress: Tout ce qui peut créer de la tension chez un individu.

Réponse: Utilisation de la tension engendrée par une occasion de stress pour y faire face (l'expression, l'action) ou retenue en soi de cette énergie (l'inhibition).

Sécuritose: État de stress caractérisé par un arrêt du développement de la personne parce qu'il nécessite des changements dont elle a peur.

Surcharge: État de stress de la personne dont la vie se résume à accomplir du matin au soir une foule de gestes «parce qu'il le faut» plutôt que parce qu'elle le choisit, ou qui vit à la chaîne beaucoup de situations difficiles sur le plan émotif.

Symptôme de stress: Toute manifestation de la tension d'un individu, pouvant être d'ordre biologique, psychologique ou comportemental.

Synergie: Attitude de deux individus autonomes qui s'engagent librement dans des projets communs.

BIBLIOGRAPHIE

1. Santé globale, psychosomatique

Borysenko, Joan, *Minding the body, mending the mind*, Bantam Book, 1988.

Borysenko, Joan, *Penser le corps, penser l'esprit*, Paris, Inter Éditions, 1988.

Chopra, Deepak, *Perfect health. The complete mind/body guide*, New York, Harmony Books, 1991.

Cleghorn, John M., Lee Betty Lou, *Les maladies mentales. Un survol des progrès accomplis par la psychiatrie contemporaine*, Montréal, Le Jour Éditeur, 1990.

Dutot, Fabrice, Lambrichs Louise L., *Les fractures de l'âme*, Paris, Robert Laffont, coll. «réponses», 1988.

Goleman, Daniel, Gurin Joel, *Mind Body medicine. How to use your mind for better health*, New York, Consumer Reports Books, 1993.

Jaffe, Dennis, *La guérison est en soi. Des techniques psychologiques qui permettent de mieux se porter et de prévenir la maladie*, Paris, Robert Laffont, 1980

Kabat-Zinn, Jon, Ph.D., *Full catastrophe living. Using the wisdom of your body and mind to face stress, pain, and illness*, New York, Delacorte Press, 1990.

Moyers, Bill, *Healing and the mind*, New York, Doubleday, 1993.

Ornish, Dean, *Dr Dean Ornish's program for reversing heart disease*, New York, Ballantine, 1990.

Pelletier, Kenneth R., *Le pouvoir de se guérir ou de s'autodétruire. Une approche pour prévenir et guérir les maladies causées par le stress*, Montréal, Québec/Amérique, 1984.

Selye, Hans, *Stress sans détresse*, Montréal, éditions La Presse.

Siegel, Bernie S., *Messages de vie. Le seul échec, c'est de ne pas vivre tant qu'on est vivant*, Paris, Laffont, 1989.

Siegel, Bernie S., *L'amour, la médecine et les miracles*, Paris, Robert Laffont, 1989.

Simonton, Carl, Simonton, Stephanie Matthews, Creighton James, *Guérir envers et contre tout, Le guide quotidien du malade et de ses proches pour surmonter le cancer,* Paris, EPI, 1982.

Simonton, Stephanie Matthews, *La famille, son malade et le cancer. Coopérer pour vivre et pour guérir,* Paris, EPI.

2. S'occuper activement de ses symptômes de stress

Benson, Herbert, *Réagir par la détente,* Paris, Tchou, 1976.

Bertherat, Thérèse, *Le corps a ses raisons. Autoguérison et antigymnastique,* Paris, Seuil, 1976.

Gendlin, Eugene T., *Focusing: au centre de soi.* Montréal, Le Jour Éditeur, *Actualisation,* 1978.

Jacobson, Edmund, *Savoir relaxer pour combattre le stress,* Montréal, édition de l'Homme, 1980.

Kabat-Zinn, Jon, *Wherever you go there you are. Mindfulness meditation in everyday life,* New York, Hyperion, 1994.

Luthe, Wolfgang, *Les méthodes autogènes,* Montréal, Décarie éditeur, 1983.

3. Doser ses occasions de stress:

Covey, Stephen R., Merrill, A. Roger, Merrill, Rebecca R., *First things first,* New York, Simon & Schuster, 1994.

Dominguez Joe, Robin Vicky, *Your money or your life. Transforming your relationship with money and achieving financial independence,* New York, Penguin, 1992.

Frankl, Viktor E., *Découvrir un sens à sa vie avec la logothérapie,* Montréal, Actualisation, 1988.

Kushner, Harold S., *Le désir infini de trouver un sens à sa vie. La quête de l'Ecclésiaste,* Paris, édition du Roseau, 1986.

Kushner, Harold S., *Pourquoi le malheur frappe ceux qui ne le méritent pas,* Paris, Sand/Primeur, 1985.

Lauer, Robert H., Lauer Jeanette C., *Les grands virages,* Montréal, édition de l'Homme 1989

Monbourquette, Jean, Ph.D., *Aimer, perdre et grandir,* Saint-Jean-sur-Richelieu, Édition du Richelieu, 1984.

Mongeau, Serge, *La belle vie ou le bonheur dans l'harmonie,* Montréal. Libre Expression, 1991.

Mongeau, Serge, *La simplicité volontaire,* Montréal, Québec/Amérique 1985.

Servan-Schreiber, Jean-Louis, *L'art du temps,* Paris, Fayard 1983
Sheehy, Gail, Passages. *Les crises prévisibles de l'age adulte,* Montréal, Édition Sélect, 1977.

4. Mieux répondre

Comprendre les sources de l'inhibition

Bradshaw, John, *Retrouver l'enfant en soi. Partez à la découverte de votre enfant intérieur,* Montréal, Éditions le Jour, 1992.
Corkille Briggs, Dorothy, *Comment épanouir votre enfant,* Bruxelles, Elsevier, 1976.
Forward, Susan, *Parents toxiques. Comment échapper à leur emprise,* Paris, Stock, 1991.
Miller, Alice, *C'est pour ton bien,* Paris, Aubier.
Miller, Alice, *Abattre le mur du silence,* Paris, Aubier, 1991.

Se développer

Beattie, Melody, *Vaincre la codépendance,* Hazelden, coll. «cheminement», 1992.
Millman, Dan, *La voie du guerrier pacifique. Une pratique de chaque instant,* Paris, Édition du Roseau, 1994.
Peck, Scott, *Le chemin le moins fréquenté. Apprendre à vivre avec la vie,* Paris, Robert Laffont, 1978.
Pelletier, Denis, *Le bonheur en soi,* Paris, Marabout 1981.
Robbins, Anthony, *Pouvoir illimité,* Paris, Robert Laffont, PNL coll. «Réponses».
Viorst, Judith, *Les renoncements nécessaires. Tout ce qu'il faut abandonner en route pour devenir adulte,* Paris, Robert Laffont, coll. «Réponses», 1986.

Changer sa réponse

Alberti, Robert E., Emmons Michael L., *S'affirmer. Savoir prendre sa place,* Montréal, Édition Le Jour, coll. «Actualisation», 1992.
Bach, George, Goldberg, Herb, *L'agressivité créatrice,* Montréal, Édition Le Jour, coll. «Actualisation», 1981.
Bach, George, *Ennemis intimes,* Montréal, Édition Le Jour, coll. «Actualisation», 1984.
Finley, Guy, *Lâcher prise. La clé de la transformation intérieure,* Montréal, Montréal, Édition Le Jour, 1993.
Fisch, R., Weakland, J. H., Segal L., *Tactiques de changement,* Paris, Seuil, 1986.

Laborit, Henri, *Éloge de la fuite,* Paris, Seuil.

Posen, David B., *Always change a losing game,* Toronto, KeyPorter Books, 1994.

Watzlawick P., Weakland J., Fisch, R., *Changements, paradoxes et psychothérapie,* Paris, Seuil, coll. «Points», 1975.

Régler les conflits et grandir ensemble

Covey, Stephen R., *Les sept habitudes de ceux qui réalisent tout ce qu'ils entreprennent,* Paris, First, 1993.

Crum, Thomas F., *The Magic of Conflict- turning a life of work into a work of art,* Touchstone, New York, Simon & Schuster, 1987.

Fisher, Roger, Ury, William, *Comment réussir une négociation,* Paris, Seuil.

Welwood, John, *Journey of the heart. Intimate relationship and the path of love,* New York, Harper Collins, 1990.

Wile, Daniel B., *After the honeymoon. How conflict can improve your relationship,* New York, Wiley, 1988.

5. Assouplir ou changer ses attitudes

Auger, Lucien, *S'aider soi-même. Une psychothérapie par la raison,* Montréal, Les Éditions de l'Homme, 1974.

Beck, Aaron T., *Cognitive therapy and the emotional disorders,* New York, Meridian, 1976.

Branden, Nathaniel, *The six pillars of self-esteem. The definitive work on self-esteem by the leading pioneer in the field,* New York, Bantam Book, 1994.

Burns, David D., *Être bien dans sa peau,* Saint-Lambert, Héritage-Amérique, 1980.

Burns, David D., *Ten days to self-esteem,* New York, Quill, 1993.

Corkille Briggs, Dorothy, *Être soi-même,* Montréal, Les Éditions de l'Homme, 1977.

Cousins, Norman, *Head first. The biology of hope,* New York, Dutton, 1989.

Covey, Stephen R., *Les sept habitudes de ceux qui réalisent tout ce qu'ils entreprennent,* Paris, First, 1993.

Donovan, Priscilla et Wonder, Jocelyn, *La flexibilité. Savoir changer,* Montréal, Édition de l'Homme, 1991.

Ellis, Albert et Harper, Robert A., *L'approche émotivo-rationnelle. Une nouvelle façon de vivre,* Montréal, Éditions de l'Homme, 1992 (traduction de *A new guide to rational living.*)

Gruen, Arno, *La trahison du moi. Pour devenir un être pleinement humain, autonome, authentique, il importe d'accepter sa vulnérabilité,* Paris, Robert Laffont, coll. «Réponses», 1991.

Hanh, Thich Nhat, *La sérénité de l'instant,* Paris, Éditions Dangles, 1992.

Jourard, Sidney M., *La transparence de soi,* Sainte-Foy, Les éditions Saint-Yves Inc. 1971.

6. Autres ouvrages cités

Kazantzaki, Nikos, *Alexis Zorba,* Paris, Plon.

Serres, Michel, *Le contrat naturel,* Paris, François Bourin, 1990.

Achevé d'imprimer au Canada
en mars 2006